# Culture
# et
# comportement

Collection Cursus, série « Psychologie »
dirigée par Nicole Bacri, Colette Chiland,
Gabriel Moser, Fayda Winnykamen

À Carmel Camilleri

Geneviève Vinsonneau

# Culture et comportement

ARMAND COLIN

ISBN : 2-200-01528-3

*Masson & Armand Colin Éditeurs - 34 bis, rue de l'Université - 75007 Paris*

# *Introduction*

Qu'ils proviennent d'Afrique, d'Amérique, d'Asie, d'Europe ou d'Océanie, tous les humains, on le reconnaît désormais, sont producteurs de cultures irréductibles les unes aux autres et soumises à de nécessaires échanges, à d'incessantes transformations.

À l'aube du XXIe siècle, alors que les sociétés sont en proie à des turbulences inédites : envahissements par la technologie, bouleversements sociopolitiques, mouvements migratoires intensifiés, phénomènes d'urbanisation exacerbée… de quel secours sont les sciences de l'Homme? Se montrent-elles capables de rompre avec le modèle ethnocentrique de la recherche, fondé sur une captation unilatérale des savoirs, pour élaborer, en concertation avec les acteurs sociaux en situation, des questionnements pertinents concernant les phénomènes qui surgissent de la rencontre des cultures?

C'est en se donnant pour objet la connaissance de l'universalité des lois du psychisme humain que la psychologie prétendit s'édifier comme une science de type naturaliste. L'anthropologie s'employa, d'un autre point de vue, à comprendre la spécificité des productions des groupes sociaux et de leurs membres en les resituant dans les conditions de leur émergence.

Une nouvelle perspective s'impose aujourd'hui : la psychologie et l'anthropologie doivent s'allier, pour permettre une meilleure saisie des phénomènes humains dans leur globalité. Il s'agit de les éclairer à la fois sous le jour de leurs composantes universelles et sous celui des particularités qui les marquent, dans telle ou telle situation spécifique, notamment dans la rencontre des cultures.

Dans les pays occidentaux, l'intensification croissante des mouvements de population, spécialement depuis quelques décennies, bouleverse les repères familiers des acteurs sociaux. Pris dans des turbulences auxquelles nul n'est préparé, ces derniers doivent s'adapter et faire face aux changements rapides et parfois répétés, en se donnant de nouveaux cadres de référence, de nouvelles grilles d'interprétation du réel, une autre place dans le monde.

Il n'est guère étonnant que le thème de l'interculturel soit apparu précocement dans les champs respectifs de la psychopathologie et des sciences de l'éducation car certaines populations, aux prises avec les avatars de l'acculturation, ont manifesté des cortèges de symptômes qui furent vite associés à l'affrontement de systèmes de normes et de valeurs culturelles contradictoires. Les sciences humaines furent donc initialement interpellées pour répondre à des besoins sociaux et pour résoudre des séries de difficultés pratiques, principalement liées à l'insertion des migrants au sein des sociétés dites « d'accueil ».

Fortement marquées par l'influence du modèle évolutionniste darwinien, et par des perspectives globalement intégratives, psychosociologie, psychopédagogie et psychopathologie ont donc conjugué leurs efforts, incitant à la conformité des individus, issus d'horizons culturels divers, qui tendaient fâcheusement à se disperser loin des normes dominantes de sociétés « d'accueil » qui se pensaient détentrices d'un degré avancé de civilisation.

Aujourd'hui, les choses n'apparaissent plus nécessairement sous ce jour : le relativisme culturel s'est immiscé dans les pratiques, faisant découvrir l'inversion des regards et l'interrogation des dynamiques relationnelles. L'interaction sociale est devenue un objet de réflexion privilégié et l'on s'intéresse aux systèmes que forment des partenaires pris dans le contact interculturel.

Il s'agit aussi de rendre compte de phénomènes reliés à l'histoire : la compréhension des interactions sociales présentes passe par la compréhension des conditions socio-historiques de leur production. La perspective interculturelle invite, par exemple, à considérer l'écolier comme un véritable acteur social porteur de sens et de cognitions largement marqués par des déterminants concrets, notamment par l'appartenance socio-ethnique et culturelle.

Dans ces circonstances, chercher à comprendre un individu, c'est le resituer au sein du cadre où il évolue ; c'est mettre au jour l'interprétation qu'il se donne de sa propre situation ; c'est observer ses comportements en relation avec ceux des autres, c'est-à-dire en dégager le sens dans la configuration d'ensemble où ils prennent place. Analyser la situation scolaire dans une perspective interculturelle, c'est s'attacher à reconnaître les différents sens qui circulent dans le champ scolaire où surgissent les phénomènes auxquels on s'intéresse. En psychopathologie et en psychologie clinique interculturelle, il s'agit de comprendre les signes qu'expriment les sujets comme autant d'expressions de personnes souffrant à l'entrecroisement de cultures, là où se combinent des réseaux de sens et de valeurs hétérogènes.

Adopter un tel point de vue, c'est reconnaître l'individu comme un être de culture : à la fois produit de culture et producteur de culture. C'est la société dans laquelle il vit qui définit pour le sujet le modèle de ce qu'est un individu, ou une personne, et les prescriptions sociales qui lui sont assignées selon sa position dans la dynamique du corps social élargi. Si l'anthropologie culturelle s'est jadis largement attachée à l'étude de la formation collective qu'est la personnalité de base, les psychologues ont pris le relais, en cherchant, par exemple, à cerner les « théories implicites de la personnalité » ; ils poursuivent toujours un même but en tentant de définir les « ethnothéories » qui dictent les conduites des uns et des autres dans les diverses circonstances de la vie sociale.

Toutes les sous-disciplines de la psychologie se rejoignent donc pour mieux éclairer les mécanismes par lesquels la culture s'enracine dans l'acteur social et lui donne forme : jusqu'à ce que corps et esprit soient modelés, pétris des symboles et de la logique qui président à l'univers socioculturel dans lequel il est intriqué.

Il s'agit donc de comprendre comment sont saisis les divers éléments du monde par le sujet qui s'approprie sa culture. Par quels procédés les signifie-t-il? Comment s'établissent les liaisons entre les situations concrètes traversées, les significations qui s'y associent et les conduites produites pour y répondre? Quels sont les procédés de la transmission culturelle et de quels phénomènes psychosociaux s'accompagne le changement? Quelles sont les régulations formelles et informelles qui interviennent dans les rencontres entre porteurs de codes culturels distincts? Reconnaît-on des lois propres aux phénomènes de l'intégration, de l'assimilation, de l'exclusion, de la séparation des acteurs sociaux… dans la rencontre interculturelle?

Pour rechercher des réponses à tous ces questionnements, depuis plusieurs décennies divers courants d'études se font jour. La *Cross cultural psychology*, née en Amérique du Nord, propose une approche comparée des cognitions et des conduites à travers le monde, pour éclairer le sens des variations imputables aux facteurs de culture. Une perspective transculturelle s'attache simultanément à abstraire des universaux, ou invariants fonctionnels, qu'il s'agit de délier des formations où ils s'enchevêtrent avec divers effets de culture. Une telle recherche de processus à l'état pur, en quelque sorte, s'apparente aux objectifs de la psychologie générale ; la diversité des cultures n'est alors scrutée que dans la mesure où elle réalise un certain potentiel de diversité de facteurs externes, pour mieux permettre de spécifier le système psychique et ses diverses modalités de fonctionnement.

Que penser d'un tel souci de recherche des universaux, à travers des conduites qui s'expriment dans des cultures humaines souvent fort éloignées les unes des autres?

Les hommes ont toujours manifesté leur capacité à se différencier entre eux, à produire des variations culturelles, repérables à travers leurs coutumes, leurs langues, leurs modes d'appréhension du réel, leurs façons de structurer des institutions… Dans la confrontation avec la multiplicité des cultures, les hommes ont été régulièrement gênés par l'existence de la différence.

Comment traiter, en effet, cette inquiétante différence? Transformer en un état de nature ce qui est de l'ordre du fait social? Réduire, au nom de principes humanistes, ces différences dérangeantes?

Et si nous appréhendions le monde à travers la dynamique transformatrice de l'altérité…

# 1 *Choc des cultures et épreuve de l'altérité*

> « Il faut mettre l'accent non sur la distance entre les cultures mais sur la capacité des individus à construire un projet de vie. Et le lien avec le milieu d'origine, avec la famille en particulier, est important pour résister aux obstacles et aux pressions auxquels se heurte celui qui doit marcher sur le sol mouvant d'un changement à la fois collectif et personnel… On devrait donc moins parler de rencontre entre des cultures et davantage d'histoire d'individus qui passent d'une situation à une autre et qui reçoivent de plusieurs sociétés et de plusieurs cultures les éléments dont sera formée leur personnalité. »
>
> Alain Touraine, *Qu'est-ce que la démocratie ?*

> « Étrange, en effet, la rencontre avec l'autre – que nous percevons par la vue, l'ouïe, l'odorat, mais "n'encadrons" pas par la conscience. L'autre nous laisse séparés, incohérents ; plus encore, il peut nous donner le sentiment de manquer de contact avec nos propres sensations, de les refuser ou, au contraire, de refuser notre jugement sur elles – sentiment d'être "stupides", "floués". »
>
> Julia Kristeva, *Étrangers à nous-mêmes.*

## 1. L'Autre : celui que l'on découvre ailleurs…

Quel que soit le lieu d'où il surgit, l'éclairage prévu pour expliquer les comportements humains met régulièrement au jour des sentiments d'appartenance à certains univers dont les horizons varient d'un individu à l'autre. Pour les uns, ils se dessinent là ou demeurent les époux, les parents, la progéniture ; la famille restreinte ou étendue, le clan, le village ou le groupe de villages, le quartier, la région, la nation… Pour les autres, c'est avec les frontières socio-ethniques, politiques, religieuses que se confondent ces horizons.

Au cours de la vie sociale, l'un d'eux s'impose toutefois, de manière variable et plus ou moins nette, condamnant parfois les autres jusqu'à l'effacement. Au-delà règne l'ailleurs, le monde des étrangers…

De tout temps les sociétés humaines ont été dynamisées par la curiosité, par le désir d'explorer les mondes lointains, de découvrir les sociétés les plus éloignées. Mais, en même temps que les hommes subissaient l'attrait de l'inconnu, la peur les paralysait.

La quête de l'altérité et le souci de découvrir autrui n'épuisent pas le registre des mobiles qui poussent les hommes les uns vers les autres. Les besoins de conquêtes territoriales, économiques, idéologiques… à ce propos sont, sans nul doute, à mettre au premier plan. Ce qui n'empêche pas le mouvement dialectique, fait d'attrait et de répulsion, qui conduit les acteurs sociaux (individuels et collectifs) à vivre l'expérience sans cesse renouvelée de l'altérité, d'être une réalité première de la dynamique sociale.

C'est à partir des images de soi et du groupe d'appartenance qu'un tel mouvement surgit. Il se lie, en effet, au processus de comparaison par lequel deviennent saillantes les carences de l'étranger : lorsque le sujet est satisfait de son propre groupe (il peut alors manifester de la condescendance et de la protection paternaliste à l'égard de l'étranger, ou encore chercher à l'exclure) ; ou, au contraire, par lequel les attributs exotiques de l'étranger deviennent fascinants : lorsque le groupe d'appartenance du sujet ne lui procure pas une bonne image de lui-même.

## 2. L'Autre, cet être imparfait

Comment traiter cet Autre dont on ignore tout? Quel statut lui assigner, quand on est dépourvu de toute information le concernant? L'histoire montre que lorsqu'ils ont été confrontés à ce problème, le plus souvent, les hommes se sont empressés de s'octroyer une nature d'essence supérieure, tout en reléguant les étrangers dans un univers subalterne. C. Lévi-Strauss (1961) observa comment la diversité culturelle est rarement apparue aux hommes « pour ce qu'elle est » : un phénomène naturel, résultant des rapports directs ou indirects entre les sociétés.

> « On refuse d'admettre le fait même de la diversité culturelle, on préfère rejeter hors de la culture, dans la nature, tout ce qui ne se conforme pas à la norme sous laquelle on vit. »

Ainsi l'étranger est-il fréquemment privé de sa réalité, perçu comme non civilisé, non humain, voire fantomatique…

À l'époque de la Renaissance, lorsque les Européens s'employèrent à explorer le Nouveau Monde, ils s'interrogeaient, par exemple, pour savoir si les habitants des espaces nouvellement découverts appartenaient véritablement à l'humanité. Afin de décider si ces êtres étaient ou non dotés d'une âme, ils adoptèrent des critères pour le moins édifiants. C. Lévi-Strauss rapporte que :

> « Dans les Grandes Antilles, quelques années après la découverte de l'Amérique, pendant que les Espagnols envoyaient des commissions d'enquête pour rechercher si les indigènes possédaient ou non une âme, ces derniers s'employaient à immerger les Blancs prisonniers afin de vérifier, par une surveillance prolongée, si leur cadavre était, ou non, sujet à la putréfaction. »

C'est par le manque que se dessine essentiellement l'Autre : manque de spiritualité, manque de langage… Dans l'Antiquité, les Grecs rejetaient dans la barbarie toutes les populations qui parlaient des langues inintelligibles pour eux : tous ceux qui ne parlaient pas le grec. La méconnaissance du langage de l'Autre a régulièrement conduit à la négation de l'existence de sa culture et elle a toujours été source de malentendus. L'usage de gestes a de même fait conclure au mutisme et/ou à la surdité, alors que fréquemment cette pratique représente l'un des langages possibles et non le seul. C'est aussi le cas des langues sifflées ou des percussions, auxquelles les hommes recourent pour communiquer à distance. De tels codes fonctionnels, qui enrichissent réellement la gamme des outils de la communication humaine, ont été interprétés en des termes réducteurs, ramenant leurs usagers à la condition animale.

L'Autre manque aussi de culture physique : il peut, par exemple, être dépourvu de vêtements ; ou être vêtu de peaux de bêtes, ce qui est signe de sauvagerie. Il peut se nourrir dans des postures archaïques, avec ses propres mains, ce qui n'est pas moins inquiétant !… Tout concourt alors à ce que ces êtres, si lointains, soient appréhendés comme l'envers des civilisés, « sur le mode du bestiaire. Et ce discours sur l'altérité, qui a sans cesse recours à la métaphore zoologique, déploie sa longue litanie de l'absence : sans morale, sans religion, sans loi, sans écriture, sans État, sans conscience, sans raison, sans but, sans art, sans passé, sans avenir » (F. Laplantine, 1987).

Comment ces « primitifs » sans avenir, dont Hegel lui-même estimait que « nous n'avons rien à attendre », s'ils ne sont pas objets de rejet et d'exclusion, pourraient-ils échapper aux entreprises salvatrices de ceux qui les découvrent et s'emploient à les faire évoluer jusqu'à un degré correct de civilisation ?

Au XVIe siècle, dans l'*Histoire générale des Indiens*, Gomara se félicitait du fait que les Espagnols se soient montrés capables « d'avoir fait accepter aux Indiens un seul Dieu, une seule foi et un seul baptême [et qu'ils leur aient] enlevé l'idolâtrie, les sacrifices humains, le cannibalisme, la sodomie et encore d'autres grands et méchants péchés […] ». À la même époque, dans l'*Histoire des Indes*, Oviedo écrivait :

> « Les gens de ce pays, de leur naturel sont si oiseux, vicieux, de peu de travail, mélancoliques, couards, sales, de mauvaise condition, menteurs, de molle constance et fermeté […]. Notre Seigneur a permis, pour les grands abominables péchés de ces gens sauvages, rustiques et bestiaux, qu'ils fussent jetés et bannis de la superficie de la terre. »

Cornelius de Parme véhiculait des images tout aussi navrantes des Indiens d'Amérique du Nord et il expliquait que :

> « La qualité du climat, la grossièreté des humeurs, le vice radical du sang, la constitution de leur tempérament excessivement flegmatique, peuvent avoir diminué le ton et le trémoussement des nerfs de ces hommes abrutis. »

Plus tard, dans son *Introduction à la philosophie de l'histoire,* Hegel soutint la thèse selon laquelle la nature relègue certains peuples en deçà de « l'histoire » et de la « conscience de soi ». Bien des populations ont été découvertes depuis les Indiens des Amériques et Hegel estime qu'en Afrique la situation est paroxystique : « C'est le pays de l'enfance, qui au-delà du jour et de l'histoire consciente, est enveloppé dans la couleur noire de la nuit. » ; quant au « Nègre » : « il tombe au niveau d'une chose, d'un objet sans valeur »...

## 3. Et si l'Autre était doté de toutes les vertus ?

Si l'étrangeté de l'Autre est souvent inquiétante, elle peut toutefois servir aux projections des hommes en mal de prodiges. Pétrie d'imperfections, leur vie quotidienne les laisse en effet assoiffés de ces merveilles, que l'on ne peut trouver qu'ailleurs : en des lieux paradisiaques – voire au paradis terrestre, là où tout n'est qu'abondance et bien suprême ! Le monde de l'Autre est donc le lieu de tous les rêves exotiques. On en convoite la découverte à la fois pour fuir les vicissitudes du quotidien et pour quérir des nouveautés qui ne peuvent manquer d'être délectables. C'est ainsi qu'« à partir des mêmes faits différemment observés, des philosophes partiront à la quête du Bon Sauvage ou du Sage Législateur, à moins que ce ne soit à la poursuite de l'Homme sans-dieu, sans-économie et sans-classes-sociales, à l'origine du "premier communisme" » (J. Servier, 1986). Tandis que, issus de divers horizons de par le monde, des messagers de Dieu s'en vont à la recherche d'un royaume divin perdu, ou en vue de sa reconquête, en opérant un retour parmi ceux qu'ils imaginent être des « Bons Sauvages », protégés des effets corrupteurs de la civilisation.

Confrontés aux peuples qu'ils destinaient à les rejoindre en leur royaume, les hommes de Dieu ont bien souvent manifesté un réel souci de respect de ceux qu'ils découvraient, même si leur motivation profonde visait à domestiquer les différences de ces hommes, pour les rendre plus acceptables dans une perspective assimilationniste. Les évangélisateurs apprirent en effet la langue des peuples conquis, et leurs entreprises de conversion furent génératrices d'authentiques échanges et productions interculturels, non réductibles aux seuls méfaits que l'on dénonce dans la colonisation. Les missionnaires créèrent, par exemple, des lieux de transmission culturelle : écoles et universités, dont certaines, remarquablement florissantes, sont devenues de véritables lieux de production de culture (par exemple l'université de Mexico et celle de Lima au Pérou, fondées en 1553 et 1557), où le souci d'altérité fut suffisamment présent pour que l'on se préoccupe de la compréhension et du maintien des cultures existantes et du droit des peuples. Le dominicain François de Vitoria (1480-1546) développa des cours sur ce sujet à l'Université de Mexico, posant des conditions édifiantes à l'occupation espagnole de sorte que « tout se passe sans faire aucun tort aux Barbares [...] en agissant toujours et en tout, plus à l'avantage des Barbares qu'au profit personnel (des occupants espagnols) ». Bien que les missionnaires se soient encore arrogé le privilège de définir à la place des Barbares ce qui était supposé les avantager, on doit reconnaître qu'un profond élan humaniste a traversé leurs entreprises et l'on sait quels sacrifices ils consentirent, de fait, en s'élevant contre les abus des esclavagistes. Le Saint-Siège lui-même (Pie II en 1462, Paul III en 1537 et plus tard Pie V) condamna de telles pratiques des « ministres du démon, qui, poussés par [...] leur avarice et leurs injustes passions, osent affirmer que les Indiens orientaux et occidentaux [...] doivent être traités et assujettis au service des Européens comme des animaux » (Paul III, 1567). Au cours des siècles suivants, la vigueur des protestations s'amenuisa toutefois. Un regard paternaliste emprisonna alors, pour longtemps, les populations conquises dans la vision réductrice « du monde de l'enfance, ayant besoin d'être guidée, protégée, soumise à une autorité extérieure... », conforme aux théories évolutionnistes : les « primitifs » conquis ne représentent que des stades archaïques du développement humain.

À ce titre, les sauvages méritent d'être étudiés : en s'intéressant à leur cas, le voyageur se donne à la fois l'occasion de se découvrir lui-même (par comparaison, en faisant en lui la part de la nature et de la culture) et d'accomplir une bonne œuvre (en offrant aux populations observées des moyens pour s'élever jusqu'à un meilleur degré de civilisation). C'est dans cet esprit laïc que se développa la philosophie du Siècle des lumières. Il s'agissait alors de reconnaître en l'homme un produit de la nature, sa diversité attestant de l'extrême complexité des conditions de son évolution parmi les espèces.

Dans ces circonstances, la tentation est grande d'octroyer à une élite l'apanage du plus haut degré de civilisation. Qu'elle soit occidentale ou asiatique, qu'elle soit située dans l'Atlantide ou au nord des États-Unis, la minorité qui prétend affirmer sa suprématie cherche à le faire au nom d'un prestigieux lignage. Lorsque les exigences de l'histoire coloniale s'allient aux compulsions classificatoires des évolutionnistes, l'idée de « race », mal définie, s'érige en hypothèse de recherche, et tous les moyens possibles sont mis en œuvre pour en démontrer le bien-fondé.

Il suffit pourtant de séjourner parmi les hommes, « sur le terrain », pour reconnaître l'existence de l'altérité. L'Autre est, lui aussi, porteur de logique, de morale, de philosophie, de métaphysique. Il est, lui aussi, producteur de vie, de sens, de culture... La couleur de sa peau, la forme de son crâne, les dimensions de son corps ne sauraient, à eux seuls, absorber tout le phénomène de l'altérité.

## 4. De la découverte de l'Autre à sa destruction

On comprend comment l'histoire de la rencontre entre les groupes sociaux est une histoire d'affrontements, plus ou moins violents, de colonisations et d'autres entreprises de conversions et assimilations diverses. Elle est parfois

### La communication interculturelle : une aventure périlleuse

Durant trois millénaires, la Chine et l'Occident s'ignorèrent. Si au XIIIe siècle l'intrépide Marco Polo s'introduisit dans la profondeur de « l'Empire du Milieu » pour en découvrir les merveilles, son épopée fut si exceptionnelle que l'aspect magique de cette expédition perdure encore aujourd'hui.

Dans une série d'ouvrages publiés depuis 1989 (*L'empire immobile ou le choc des mondes, Un choc de cultures, La vision des Chinois, Le regard des Anglais, L'œil des missionnaires*), A. Peyrefitte s'est employé à étudier les phénomènes liés à la rencontre entre la Chine et l'Occident. Cet auteur rapporte notamment comment, en 1792, la mission Macartney, qui visait l'établissement de liens diplomatiques entre la Chine et l'Angleterre, fit naufrage. Quialong, alors empereur de Chine, occupait dans son pays la position de « Fils du Ciel », de Dieu vivant d'un empire céleste, situé au centre de l'univers (d'où son nom d'« empereur du Milieu ») et à la périphérie duquel se trouvaient reléguées diverses populations « barbares ». Macartney, messager du roi d'Angleterre, dut se comporter dans la Cité interdite comme tout autre sujet de l'empire : il dut notamment se plier au rite séculaire du Kotow, lequel exige que l'on s'agenouille en posant neuf fois la tête au sol face à l'empereur. Le messager occidental éprouva de telles exigences de subordination comme autant d'épreuves humiliantes et sa mission ne déboucha que sur l'échec et le malentendu, compromettant durablement les rapports entre la Chine et l'Angleterre.

De telles difficultés débordent, évidemment, le seul usage de la langue. Le code linguistique peut être maîtrisé par des interlocuteurs porteurs de codes culturels distincts sans pour autant qu'ils puissent se comprendre. E.M. Lipiansky, qui s'est beaucoup intéressé à la communication interculturelle, remarque que si « le code linguistique joue un rôle central », c'est « en interférence avec d'autres : les codes intonatifs et rythmiques, les codes non verbaux (gestuels, mimiques, posturaux...); les codes conversationnels et narratifs (la façon de mener une conversation, d'interagir avec l'interlocuteur, de construire un récit, d'argumenter...); les codes rituels (que l'on désigne souvent par le "savoir-vivre", la "politesse") ».

Pour maximiser les chances de réussir la communication avec des personnes issues d'autres cultures, il faut donc veiller au respect des rituels d'interactions et à l'alignement des contenus échangés sur ce que prescrivent les séries de normes en présence. Il faut également veiller à ne pas projeter sur les signes qu'émettent les personnes étrangères des interprétations qui ne sont pertinentes qu'eu égard à la culture d'appartenance de celui qui les appréhende : de telles interprétations ne coïncident probablement pas avec les significations que les sujets avaient initialement à transmettre.

aussi une histoire d'ethnocides : lorsque les cultures humaines sont méthodiquement exterminées, quand bien même certains hommes qui les ont véhiculées parviennent à survivre. La destruction d'une culture, quelle qu'elle soit, implique en effet l'éclatement identitaire des acteurs sociaux qui en sont porteurs. Si la possibilité ne leur est pas offerte d'être accueillis au sein d'un nouvel univers culturel (on a alors affaire à un processus d'acculturation, par lequel le sujet sauve son être individuel : il échappe au monde condamné et se confond avec le groupe dominant), les individus issus de la culture désintégrée sont relégués jusqu'à une mort sociale différée, parfois jusqu'à la déchéance physique et morale.

À la fin des années 1960, R. Jaulin fit connaître les circonstances dans lesquelles les Indiens d'Amérique du Sud furent dramatiquement victimes d'un tel processus d'ethnocide. Après la venue de Colomb, en 1492, au nom du christianisme les rois catholiques d'Europe rivalisèrent pour « extirper l'idolâtrie » qui d'après eux sévissait alors dans le Nouveau Monde. Ils usèrent de la force pour interdire, réprimer et détruire tous les éléments sacrés des cultures indiennes, jusqu'à en faire expirer l'âme, pour faire ainsi accéder les populations à ce qu'ils considéraient comme la « civilisation ». Aujourd'hui, l'occidentalisation du monde n'est plus considérée d'une manière uniformément favorable : par exemple, du point de vue de R. Jaulin il s'agit d'un processus de « décivilisation » et non de « civilisation ». D. Latouche estime de son côté que « déculturation et occidentalisation du monde sont les deux faces d'un même phénomène » (1989), car la pulvérisation des cultures comprend non seulement la disparition des valeurs et traditions culturelles mais, du fait de l'industrialisation, elle s'accompagne encore d'une destruction des relations sociales et de l'effondrement des pratiques de l'artisanat et de l'agriculture traditionnelles. Attirées par les richesses qu'une minorité occidentalisée détient dans les métropoles, des masses humaines grandissantes se déracinent, pour s'exiler vers des destins chimériques. Ainsi, les identités distinctives traditionnelles s'évanouissent-elles sur la route de l'Occident : les langues sont broyées et les traditions proscrites, sans pour autant qu'une culture de remplacement soit nettement proposée. Chacun se retrouve alors face à lui-même pour assumer les avatars de l'acculturation, car le monde industriel occidental est implacablement dominé par les modèles individualistes. S. Latouche estime que :

> « La mentalité individualiste constitue un ferment de décomposition du lien social [...]. La détérioration économique et sociétale fait moins apparaître un nouvel ordre international, ou même un ordre mondial, qu'un désordre ou un chaos. »

Si les cultures des Indiens d'Amazonie sont condamnées à la disparition, si les aborigènes d'Australie et les Inuits s'évanouissent respectivement au sein de ce qui semble être un nouvel ordre mondial, cela signifie-t-il pour autant que règne l'uniformité? D'un autre point de vue, la modernisation n'occasionne-t-elle que la seule « déculturation »?

Il faut répondre négativement à ces questions, car on voit naître de nouvelles productions, symboliques et pratiques, qui procèdent en elles-mêmes de nouvelles formes culturelles, intrinsèquement ni pires ni meilleures que les éléments produits durant les épisodes passés ou à venir. Quant à savoir si les productions nouvelles sont plus ou moins fonctionnelles que les précédentes, cela exigerait des études répétées, cas par cas. Au Japon, par exemple, la tradition paraît s'allier fréquemment à l'harmonie avec la modernité. En Inde, le même phénomène d'adaptations rapides et apparemment réussies se fait jour, et c'est la même chose dans de nombreux autres pays à travers le monde. Le jugement d'après lequel l'industrialisation, la modernité et l'occidentalisation seraient forcément synonymes d'uniformité et de déchéance culturelles procède donc d'une idéologie négativiste : les cultures sont multiples, irréductibles les unes aux autres, et leur dynamisme est tel qu'il ne saurait générer exclusivement qu'un mode de réactions négatives à l'envahissement par les technologies (quels que soient l'industrialisation et leur degré de standardisation). De multiples formes d'intégration des innovations qu'impulse l'Occident se développent au sein des cultures non occidentales, faisant incessamment naître de nouvelles formes de cultures et de nouvelles perspectives de différenciations. Ainsi le spectre de «l'homme unidimensionnel» que brandissait H. Marcuse (dans les années soixante-huit et suivantes, alors que l'on redoutait l'écrasement de l'être sous le poids des idéologies et des méfaits de la société de consommation) se trouve-t-il écarté.

Étant donné que les circonstances géographiques, historiques, sociologiques… traversées par les groupes sociaux diffèrent les unes des autres, et étant donné le caractère inédit des rapports qui se nouent entre ces groupes, on peut postuler à l'instar de C. Lévi-Strauss, l'irréductible diversité des cultures humaines et de leurs dynamiques. Les cultures se distinguent entre elles, et ceci sur des plans à chaque fois différents et de manière différente. D'un autre point de vue, il faut se garder d'imaginer que les cultures peuvent demeurer statiques et homogènes : nulle n'échappe aux conflits internes et les mouvements qui en résultent ne peuvent se confondre les uns avec les autres.

## 5. Vers une étude scientifique du phénomène de l'altérité

Lorsqu'il est question de rendre compte des conduites humaines, le choc de la découverte de l'existence de l'Autre peut constituer le déclic à partir duquel seront repérés et pris en compte les facteurs de culture aptes à permettre la compréhension de cet être qui, d'une manière ou d'une autre, diffère de soi.

Une telle expérience est parfois fortuite; mais elle peut aussi être recherchée dans un souci d'observation, non de l'insolite, de l'exceptionnel et de l'exotique, mais de ce qui est caractéristique et essentiel, c'est-à-dire des faits qui permettent la définition précise des phénomènes.

C'est seulement avec le recueil de faits que l'altérité prend véritablement corps. L'Autre s'érige alors dans la réalité de ce qui le relie à soi, la réalité des similitudes et des différences qui permettent simultanément de s'en rapprocher et de s'en éloigner. Pour mieux éprouver les frontières entre soi-même et l'Autre, il convient de mettre au jour le processus dialectique dans lequel s'affrontent les forces contraires qui conduisent respectivement à l'assimiler et à l'exclure. Par-delà l'observation des faits, on peut identifier des systèmes de pensée, des théories, qui doivent conduire à expliquer l'altérité, à rendre compte de ce qui est observé. Dans le meilleur des cas, ces théories permettent d'accepter l'existence de conceptions étrangères, de reconnaître qu'il existe d'autres manières de vivre l'espace, le temps…, de se représenter l'homme et sa position dans le monde, jusqu'à ce que l'esprit de la culture de l'Autre soit saisissable.

Une telle préoccupation ne s'est accompagnée que tardivement – au début du XXe siècle – d'une exigence de rigueur scientifique. Anciennement, c'est au hasard des navigations, des missions diplomatiques et commerciales que fut fournie aux hommes les plus éloignés les uns des autres l'opportunité de se rencontrer.

Ainsi, la plupart des commerçants ne rapportèrent de leurs périples que les richesses matérielles qu'ils étaient allés chercher, faisant surgir parmi les peuples « découverts » des désirs nouveaux, des besoins qui allaient servir leur propre enrichissement et celui de leur communauté d'origine. Ils colportèrent aussi de fabuleux récits, toute l'imagerie exotique qui permit ultérieurement de justifier l'expansionnisme économique et idéologique de l'Occident. Comment cette imagerie caractérisa-t-elle la préhistoire des sciences de l'Homme? Les peuples lointains ne furent guère perçus que sur un mode instrumental par l'observateur ; ou tout du moins à partir de dimensions aptes à exciter sa motivation. Ce qui touche à l'alimentation fut, par exemple, d'une très grande importance ; de sorte que l'objet-nourriture devint critère de civilisation procédant du même ethnocentrisme que les autres tentatives faites pour rationaliser les différences entre les hommes. Les représentations de l'altérité répondent à la même loi : on se figure l'autre d'après la dimension de son être utile à celui qui le découvre. Les arts anciens de la Méditerranée comprennent, par exemple, d'innombrables figures humaines réduites à un rôle, à une fonction (procréation, combat, rituels d'offrande aux dieux…). L'usage des noms est relativement récent et il est tout aussi instrumental : il permet, par exemple, d'inventorier les vaincus au terme d'une guerre.

Mais celui qui se déplace pour découvrir le monde est découvert à son tour. Ce processus de perception réciproque n'a probablement jamais donné lieu à des études de caractère scientifique. Il est pourtant intéressant d'adopter le point de vue de l'Autre pour se découvrir soi-même.

Dans les temps anciens, les navigateurs et les géographes rapportèrent de leurs voyages bien des témoignages édifiants à ce propos. Leurs récits montrent que régulièrement les habitants des terres conquises s'estimaient les seuls détenteurs de la « civilisation ». Eux aussi rejetaient hors de l'humanité les voyageurs qui leur venaient de l'au-delà des mers. Ainsi les ont-ils considérés comme des ombres, des êtres échappant à l'humanité ; « à leur arrivée dans les Nouvelles-Hébrides, par exemple, les Européens furent d'abord pris pour des fantômes. On appelait leurs vêtements peaux de fantômes et leurs chats rats de fantômes » (Deacon, *Malekula*) ; tandis que les Australiens transformèrent les premiers cavaliers parvenus sur leurs rivages en « monstrueux enfants de l'Autre Monde», chevauchant «leurs sorcières de mères». Fréquemment, les nouveaux arrivants étaient également réduits à l'animalité : pâles, aux poils blonds ou roux et aux yeux clairs, ils étaient perçus comme des sortes de fauves, d'étranges monstres. Ainsi, les officiers de la Marine impériale russe, sanglés dans des uniformes aux boutons étincelants, apparurent initialement aux yeux des Inuits de la mer de Behring comme des «poissons scies». L'errance des navigateurs européens par-delà les mers les confina parfois dans l'inhumanité aux yeux des peuples abordés; et si leur teint blême impressionnait ceux qui les découvraient, il ne suscitait pas la vénération, comme les Européens se l'imaginaient volontiers, mais la terreur. On a vu en eux des «cadavres sans sépultures, sans âmes, privés de tout sens moral et de la conscience même de leurs actes», condamnés à l'infinie errance.

Ainsi, la perception de l'altérité va de pair avec une exacerbation des caractéristiques par lesquelles l'Autre se trouve au-delà de l'univers de celui qui le perçoit, hors de la civilisation et de l'humanité.

De faits trop hâtivement observés et falsifiés, de distorsions perceptives où l'influence de l'imaginaire mythologique est entrée pour une grande part, diverses tentatives de rationalisation ont émergé, et elles ont notamment conduit à justifier, au nom de théories évolutionnistes, la domination du monde par les Occidentaux. Le même déterminisme simpliste est régulièrement invoqué : l'influence éco-environnementale; c'est-à-dire le climat et le relief hostiles à la vie humaine qui servent à rendre compte de la monstrueuse altérité à laquelle l'observateur se trouve confronté et qu'il se met en devoir, en quelque sorte, d'exorciser.

Pourtant, depuis longtemps, nous disposons des outils nécessaires pour que soit fondée une science apte à éclairer les phénomènes de l'altérité. Les conditions politiques n'ont pas permis que ces outils soient organisés en science. La conception de l'Autre suit, en effet, des objectifs largement déterminés par le contexte politique.

Si l'Autre n'avait pas été ramené à l'état d'enfant que l'on doit assister, de primitif vestige d'un épisode archaïque des origines de l'humanité, on aurait pu reconnaître en ses productions des faits de culture, en ses coutumes des règles, en ses superstitions une religion, en sa manière d'être l'expression de sa philosophie de l'homme et de la place de l'homme dans le monde.

Les missionnaires, qui s'employaient à expliquer l'Occident aux populations qu'ils tentaient de rallier à leur vision du monde, cherchèrent parfois aussi à les comprendre. Ils nous ont laissé sur le sujet de remarquables études, de quasi-modèles pour les anthropologues modernes, et ceci bien avant l'avènement des sciences de l'homme. J. Servier (1986, p. 55) recommande l'étude du *Recueil des Lettres édifiantes des missionnaires de la compagnie de Jésus* à tout ethnologue qui s'apprête à partir sur un terrain inconnu. Ces lettres furent en effet écrites par des observateurs qui vécurent de très longues années immergés parmi les hommes dont ils relatèrent les modes de vie. Ils parlaient leur langue et partageaient leurs modes de vie, de sorte qu'ils ont constitué : « des matériaux sérieux, bien recueillis, à la disposition de ceux qui pourraient être des ethnologues, des dessins qui feraient honneur à des ouvrages plus récents : instruments de musique, armes d'apparat avec, constamment, un souci de la description précise. Un autre intérêt présenté par ces travaux est de rendre compte d'un changement profond de l'humanité hors de la civilisation occidentale : le choc culturel caractéristique des temps modernes y est décrit, du moins dans ses principaux effets ».

## POUR ALLER PLUS LOIN


BALDWIN J., MEAD M., *Le racisme en question,* Calmann-Lévy, Paris, 1972.

BASTIDE R., *Le prochain et le lointain,* Cujas, Paris, 1970.

CONDOMINAS G., *L'exotique est quotidien,* Plon, Paris, 1977.

— *Nous avons mangé la forêt,* Flammarion, Paris, 1982.

COPANS J., *Anthropologie et impérialisme,* Maspéro, Paris, 1975.

FRAZER J.G., *Le rameau d'or,* 4 tomes, Robert Laffont, Paris, 1981-1984.

HEGEL, G.W.F., *La raison dans l'histoire. Introduction à la philosophie de l'histoire,* Paris, 10/18, 1979.

HERSKOVITZ M.J., *Les bases de l'anthropologie culturelle,* Payot, Paris, 1967.

JAULIN R., *Politique et pratique de l'ethnocide,* Complexe, Bruxelles, 1974.

LAPLANTINE F., *L'anthropologie,* Seghers, Nantes, 1987.

LATOUCHE S., *Faut-il refuser le développement ?*, PUF, Paris, 1986.

— *L'occidentalisation du monde,* La Découverte, Paris, 1989.

LEIRIS M., *L'âge d'homme,* Gallimard, Paris, 1973.

LÉVI-STRAUSS C., *Race et histoire*, Denoël, Paris, 1961.

SERVIER J., *L'ethnologie*, « Que sais-je ? », PUF, Paris, 1986.

# 2 *Culture et sciences de l'Homme : perspective historique*

« Toute culture en effet, loin d'être un donné, constitue un procès ; le résultat de négociations continuelles avec le monde extérieur, à travers lesquelles s'affirme, comme un horizon, une identité qu'on ne peut définir que comme une création continue, le résultat de l'action des individus et des interactions avec la société globale. Du fait de ces négociations constantes – en quoi se résument les phénomènes analysés par les anthropologues en termes d'emprunts, d'oublis et de réinterprétations d'éléments particuliers – la culture forme un système, au sens non rigoureux du terme. Elle constitue une construction ou une dynamique qui doit être analysée dans les termes de réinterprétations culturelles. »

Dominique Schnappner, *La France de l'intégration.*

« Ce grand monde, que les uns multiplient encore comme espèces soubs un genre, c'est le miroüer où il nous faut regarder pour nous connoistre de bon biais.
Tant d'humeurs, de sectes, de jugements, d'opinions, de loix et de coustumes nous apprennent à juger sainement des nostres ; et apprennent nostre jugement à reconnoistre son imperfection et sa naturelle foiblesse ; qui n'est pas un legier apprentissage. »

Montaigne, *Essais*, Livre II, chapitre XXVI.



## 1. Les facteurs culturels aux origines de la psychologie scientifique

Deux tendances contradictoires ont marqué les origines de la psychologie sociale : il importe de les connaître pour mieux comprendre cette science et les conflits qui la traversent, en divisant aussi bien ses fondateurs que les auteurs contemporains.

Un courant prétendit initialement expliquer l'organisation et les processus sociaux à la fois d'après les dispositions des individus et d'après la « nature humaine » en général. On trouve déjà la notion de « nature humaine » chez Platon, qui développe une théorie du parallélisme entre l'individu et la société. Un tel parallélisme ne serait pas accidentel : « Chacun de nous porte en lui les mêmes espèces de caractères et les mêmes mœurs que la société ; car elles n'y peuvent provenir que de nous » (Platon, *La République*). Cette conception psychologisante, d'abord reprise par Aristote, inspira largement le point de vue de T. Hobbes. Pour ce philosophe anglais du XVIIe siècle, les hommes, qui seraient naturellement égaux, ne se rassembleraient en sociétés que pour satisfaire d'insatiables besoins de compétition (visant l'obtention de richesses, de pouvoirs...). Dans une telle perspective, la psychologie consiste à analyser les passions et les processus interpersonnels relatifs à l'ambition, à la domination, au sentiment d'insécurité...

Il est intéressant de confronter cette conception à celle de J.-J. Rousseau. Si pour rendre compte de l'organisation des individus en groupes ces deux auteurs invoquent la notion de contrat social, T. Hobbes considère que la nature humaine rend nécessaire l'établissement de ce contrat, tandis que J.-J. Rousseau, qui remet en cause sa légitimité, prétend que ce sont les conditions de la vie en société qui transforment la nature de l'homme (c'est ce dont traite le *Discours sur l'origine et les fondements de l'inégalité parmi les hommes*, 1755).

Un second courant de pensée développe donc la thèse selon laquelle les institutions joueraient un rôle essentiel sur la psychologie des individus. Cette idée, déjà présente au Ve siècle avant J.-C. chez Hippocrate (*Traité des airs, des eaux et des lieux*), apparut chez Platon et Aristote et elle devint familière avec J.-J. Rousseau. Ce dernier estime que la nature n'a pas fait l'homme *a priori* « social » ; la société elle-même résulterait de causes fortuites, les qualités « naturelles » de l'homme n'étant, le plus souvent, que des virtualités susceptibles de se développer dans la mesure seulement où certaines conditions sociales sont réunies. C'est la vie sociale qui forme l'homme : les liens familiaux et la piété filiale naissent au sein de la famille (qui n'est pas une institution naturelle), l'amour est un produit social ; c'est la propriété qui occasionne les processus psychosociaux de la concurrence, de la rivalité, etc. La société développe aussi les fonctions de la mémoire et de l'imagination et ce sont encore les conditions sociales qui forment et transforment la personnalité. Le comportement des hommes serait donc essentiellement social et l'on doit s'attendre à ce que la psychologie des individus varie suivant l'état social.

En développant un tel point de vue, J.-J. Rousseau a presque mis au jour les notions de statut et de rôle sociaux, essentielles lorsque l'on cherche à comprendre les développements de la personnalité.

Dans une même perspective, soucieux de transformer les structures sociales dans un sens avantageux pour les hommes, C. Fourier (*Théorie des quatre mouvements*, 1808 ; *Théorie de l'unité universelle*, 1822) fut réellement un précurseur de la psychologie sociale. D'après cet auteur, seule l'étude de l'homme et de ses passions peut permettre de constituer le corps de connaissances nécessaire à la construction d'un système social réellement désirable, c'est-à-dire capable de prendre en compte les passions humaines et d'autoriser l'harmonie psychologique. Le socialisme de C. Fourier se fonde donc bien sur une psychologie sociale, même si celle-ci est demeurée inconnue.

## Aux origines de la psychologie sociale : une pensée occidentale préoccupée de conformité et d'intégration

On peut facilement reconnaître la parenté entre les modalités du développement de la psychologie sociale et la tradition de la pensée occidentale en se référant à des textes qui traitent des rapports sociaux ou de l'enculturation des individus.

Si on considère *La République*, par exemple, on comprend comment, dans la structure sociale aristocratique et esclavagiste divisée en classes (chefs, gardiens, artisans et commerçants) dont traite Platon, la préservation des institutions (qui sont « raisonnables ») et le maintien de chacun à la position qui lui est assignée doivent permettre selon lui l'établissement de l'ordre et de la justice et le passage de la « cité de nature » à la « cité juste » : « ce qui donne naissance à une cité [...], c'est l'impuissance où se trouve chaque individu de se suffire à lui-même et le besoin qu'il éprouve d'une foule de choses » (*La République*, Livre II).

Dans le même ordre d'idées, pour Aristote l'enfant n'est qu'un nain qui n'atteint la maturité que vers quarante ans et qui ne peut contribuer au maintien de l'équité sociale qu'en se conformant à l'ordre établi : « le juste nous fait nous conformer aux lois et à l'égalité » (*L'éthique de Nicomaque*, Livre V).

Sous le règne d'Alexandre, les bouleversements sociaux sont tels qu'il devient nécessaire de penser la variété des coutumes et des institutions rencontrées : l'opposition classique entre le Grec et le Barbare ne suffit plus ! À travers le courant stoïcien s'érige donc un idéal moral de cosmopolitisme et de relativisme culturel, fondé sur une notion de « nature humaine » qui serait universelle.

« La cause universelle agit comme un torrent; elle entraîne tout. Quels êtres vulgaires que ces petits hommes qui jouent les politiques et s'imaginent agir en philosophes ! Ils sont pleins de morve. Ô Homme que fais-tu ? Fais ce que ta nature présentement exige. Ne t'attends pas à la République de Platon... Car qui pourrait changer les principes des hommes ? Et sans changer leurs principes que leur reste-t-il sinon le joug qui pèse sur des esclaves qui gémissent et font semblant d'obéir ? » (Marc-Aurèle, *Pensées pour moi-même*, Livre IX-XXIX).

Avec les mouvements qui ultérieurement transforment les sociétés – sous l'effet de l'essor de la bourgeoisie et des « grandes découvertes » – la thématique nature/culture s'exacerbe : Montaigne se préoccupe d'éducation (*Essais*), Montesquieu se soucie de politique et de diversité culturelle (les *Lettres persanes*; *L'esprit des lois*) et Rousseau s'interroge quant à l'état de nature (l'*Émile*). Le nouvel idéal moral, édifié par ces auteurs qui relativisent les institutions politiques, allié au rejet du colbertisme économique par la classe montante, va conduire le régime monarchique au naufrage.

Au cours des XVIII^e^ et XIX^e^ siècles, l'effervescence que provoque l'industrialisation ne laisse guère de place aux anciennes préoccupations éthiques : on s'emploie alors à faire face aux problèmes économiques et l'ancienne philosophie sociale perdure. On s'imagine volontiers que toutes les misères humaines pourraient disparaître avec l'âge d'or d'une production accrue, capable de satisfaire les besoins de tous, comme le prétend Saint-Simon.

D'un autre point de vue, le positivisme d'Auguste Comte pose la science comme invincible : on s'attend à ce que la sociologie fournisse d'ultimes réponses aux questionnements sociaux...

Au début du XXe siècle les théories de L.F. Ward eurent en revanche un grand succès aux USA et elles contribuèrent largement au développement de la psychologie sociale. D'après lui, la nature humaine serait fondée sur la quête de l'avantage maximum. Une telle doctrine est à la fois utilitariste et évolutionniste : originairement isolés, les hommes se regrouperaient en développant, par un processus d'évolution, l'état social où ils se trouvent actuellement. Les origines de l'évolution seraient donc à la fois biologiques et sociopsychologiques [forces essentielles – de préservation (nutrition) et de reproduction – + forces non essentielles – esthétiques, émotionnelles (vie sociale), intellectuelles].

La pensée de L.F. Ward s'enrichit ensuite des études de l'Allemand A.W. Small, qui présenta une classification des intérêts humains qui permit ultérieurement à W. McDougall, auteur britannique installé aux USA, de développer sa fameuse « théorie des instincts », qui joua un rôle déterminant dans le développement de la psychologie sociale préscientifique (même si elle fut l'objet de vives polémiques).

W. McDougall tenta d'édifier une psychologie sociale qui serait une sociologie psychologique, en montrant comment les faits sociaux se fondent sur la psychologie (*Introduction à la psychologie sociale*, 1908). Jusqu'alors les psychologues se limitaient à l'étude de la conscience et les sociologues, tels que A. Comte et E. Durkheim, rejetaient la psychologie hors des sciences sociales. W. McDougall s'efforça d'éclairer les bases innées de la psychologie humaine et le rôle des « tendances primitives » et des « instincts » dans la vie sociale. Une nature humaine existerait, composée d'instincts spécifiques et de tendances générales, chaque instinct s'accompagnant d'un aspect affectif : l'émotion primaire. Les émotions primaires donneraient naissance à des émotions complexes et à des sentiments, notamment à la conscience de soi et au respect de soi-même. Toute la vie sociale reposerait ainsi sur un ensemble d'instincts et de tendances dérivées.

E.L. Thorndike montra par la suite le rôle des apprentissages et de l'éducation dans la formation des habitudes, ce qui relégua à l'arrière-plan les facteurs innés du comportement au bénéfice de ceux qui sont acquis.

La découverte du réflexe conditionné et la diffusion des travaux des Russes I.P. Pavlov et V.M. Bechterev vinrent au même moment influencer J.B. Watson dans le sens d'un renversement de la perspective qu'avait établie W. McDougall. On n'envisagea plus désormais la dimension innée de l'homme comme déterminante dans ses comportements. À partir de 1920, l'acquis eut la primauté et l'on s'efforça de dégager les facteurs des conditionnements les plus précoces. F.H. Allport systématisa cette nouvelle doctrine dans *La psychologie sociale* (1924).

On peut dire que depuis lors la réflexion sur les phénomènes comportementaux individuels en relation avec le milieu physique et social a conduit à mettre en relief le caractère dynamique et formateur du milieu. Dans les *Principes de psychologie* (1891), W. James montra comment la vie sociale est directement soumise aux instincts humains et comment la personnalité des individus, résultant de ces instincts notamment sous la forme du « moi social », se développe simultanément dans des conditions également sociales (émergence de rôles différenciés en liaison avec les divers statuts sociaux) à partir de l'attention que lui accordent les autres hommes ; autrement dit, à partir de la « recognition » sociale dont elle est l'objet.

Plusieurs auteurs reprirent ces idées, pour les organiser en des théories qui fondent les développements actuels de la psychologie sociale. Par exemple, J.M. Baldwin (sociologue antibiologiste et antidarwinien), considère que le psychologique ne produit pas le social, pas plus que le social ne produit le psychologique. La dichotomie individu-société ne possède pas de réel fondement : l'individu et le social font partie d'un même ensemble, l'individu ne devant pas être considéré dans un vide social. Étudiant le développement de la conscience de soi et des autres chez l'enfant, J.M. Baldwin distingua plusieurs stades de la formation du moi : le premier est un stade « objectif », au cours duquel les relations sont impersonnalisées, quels que soient les stimuli subis ; le suivant est « projectif », l'enfant se projetant alors sur les réactions d'autrui (qui lui représentent l'imprévisible) ; le troisième est dit « subjectif », lorsque l'enfant prend conscience des réactions qu'autrui lui exprime (il peut alors s'imiter lui-même comme s'il était un autre). La conscience de soi qui émerge se construit donc à partir de l'image que chacun se fait des conduites des autres envers soi-même. Finalement, lors du stade « éjectif » le processus se retourne : c'est d'après l'image de lui-même que le sujet se fait une image des autres.

Une telle théorie ne prend plus la conscience de soi pour une donnée. C'est dans l'interaction que la conscience de soi et la conscience des autres se construisent. La conscience de l'existence d'autrui apparaît donc corrélativement à la conscience de soi.

Au début du XXe siècle, C.H. Cooley estima que l'individu et la société ne peuvent être dissociés. De son point de vue, les habitudes et les attitudes de base qui fondent les conduites résultent des interactions familiales précoces. Il en serait de même pour les idées et les valeurs qui émergent de la vie réelle, successivement dans les groupes primaires (famille, groupes de jeu) et les groupes secondaires (vie professionnelle). C.H. Cooley prolongea donc la théorie de J.M. Baldwin, en évoquant l'influence des institutions sociales sur les relations interpersonnelles par-delà la formation du moi.

Mais c'est avec G.H. Mead (1863-1931) que culmina la réflexion sur l'origine et la nature sociale de la personnalité et sur la conscience de soi. Pour G.H. Mead, le moi naît dans la conduite : quand pour sa propre expérience l'individu devient un objet social. L'expression du moi à l'égard d'autrui dans la conduite est un rôle. Quand nous agissons, nous jouons des rôles. Nous agissons comme les autres attendent que nous agissions, ou, plus exactement, comme nous nous imaginons qu'ils s'attendent à ce que nous agissions. Selon G.H. Mead, pour l'individu le moi est donc donné socialement. Se comporter

## Psychologie expérimentale et compréhension des conflits entre groupes étrangers

Parmi les premières tentatives d'expérimentations sur les groupes en milieu naturel, les études que M. Shérif conduisit entre 1949 et 1954 aux États-Unis méritent d'être connues. Il s'agissait d'un programme de recherches portant sur des situations d'interactions compétitives et s'inscrivant dans le cadre de la théorie du « conflit d'intérêts ». Des garçons de 11 à 12 ans, dont les coordonnées personnelles et sociologiques étaient rigoureusement contrôlées, étaient réunis dans un camp de vacances réel, pour une durée de trois semaines environ, sans connaître le projet d'observation dont ils étaient l'objet.

Dans un premier temps, des pseudo-moniteurs observèrent les conséquences de la division arbitraire de l'ensemble des enfants en plusieurs groupes. Après huit jours de vie commune dans ces groupes, les sujets choisissaient majoritairement leurs amis dans leur nouveau groupe aux dépens des amitiés spontanées préexistantes. Une structure se mit en place dans chaque unité, avec une distribution spécifique des statuts et des rôles; des normes de fonctionnement émergèrent et se différencièrent d'un groupe à l'autre, tandis que les discours véhiculés dans les formations respectives établissaient une distance sociale entre les groupes : en séparant les coéquipiers, désormais désignés par le pronom « nous », des adversaires, qui devinrent « eux ».

Les auteurs s'attachèrent ensuite à l'étude des conflits qui surgirent entre ces groupes, initialement pacifiques. Ils introduisirent en l'occurrence une série de buts incompatibles, le succès d'un groupe ne pouvant s'obtenir qu'au prix de l'échec de l'autre. En d'autres termes, ils instaurèrent une situation de compétition. Les faits montrèrent que la compétition tend à se changer peu à peu en rivalité hostile : entre les groupes en présence et entre les membres des groupes protagonistes des attitudes méprisantes et des images stéréotypées, également défavorables, se répandirent et devinrent familières, établissant une distance sociale précise au sein du groupe d'appartenance et entre les différents groupes. Dans chacune des formations en présence la solidarité et l'autovalorisation s'accrurent, de sorte que les coéquipiers tendaient à surestimer systématiquement leurs possibilités, tout en sous-estimant, au contraire, celles des membres du groupe adverse. L'organisation et les habitudes établies dans chacun des groupes se transformèrent en même temps.

La troisième série d'observations consistait en une entreprise de réduction des conflits engendrés par les buts incompatibles. Soucieux de rétablir la bonne entente parmi les jeunes garçons transformés expérimentalement en farouches adversaires, les auteurs de l'expérience échouèrent dans leurs tentatives de pacification : aussi bien lorsqu'ils s'employaient à développer des discours moralisateurs que lorsqu'ils fournirent des opportunités de contacts interindividuels agréables à travers les frontières des groupes ennemis.

L'apaisement du conflit ne s'avéra possible qu'après la réalisation d'une série de « buts supraordonnés » : objectifs à la fois d'importance vitale pour les groupes en présence et exigeant l'interdépendance coopérative de tous leurs membres.

Ces expériences démontrent finalement que les conflits entre groupes sont indépendants d'éventuelles tendances névrotiques individuelles : au plus fort du conflit entre groupes étrangers, la solidarité et la coopération se renforcent en chacune des parties adverses tandis que leurs structures et les distributions respectives de statuts et de rôles se transforment. Les discours pacificateurs et la multiplication des contacts agréables n'engendrent aucun effet réducteur des conflits, à moins qu'ils ne s'ajoutent à une série d'activités interdépendantes entre les groupes et qui tend vers un but suprême.

Mais dans ces circonstances, peut-on encore parler de situation de rencontre entre groupes?

personnellement, c'est jouer un rôle, conformément à l'image que l'on véhicule à propos de ce rôle.

Si le jeu de rôles n'est pas l'apanage de l'enfant, chez lui il prend toutefois une importance très grande, car le jeu comporte des règles et c'est sur le modèle de ces règles que s'introduisent l'ordre et l'organisation dans la personnalité. Le jeu habitue, de plus, à remplir simultanément plusieurs rôles en mettant en œuvre l'interaction sociale dans le sujet; et il permet à chacun d'apprendre à se mettre à la place d'autrui.

Si l'individu assume des rôles multiples, la somme des rôles joués ne se confond pourtant pas avec la personnalité. L'intégration du moi dépend, en effet, de l'aptitude de l'individu à développer des idées et des attitudes générales, en prenant comme point de départ les expériences concrètes et les rôles spécifiques assumés. Ce qui signifie que chez l'adulte la personnalité intégrée est plus « sociale » que chez l'enfant : elle englobe les attitudes sociales des proches et aussi celles des groupes de plus en plus élargis et abstraits dans lesquels évolue l'individu.

## 2. Pour traiter des aspects socioculturels des conduites humaines, une nouvelle perspective : la psychologie sociale

Les sciences de l'Homme ne comportent probablement aucune discipline à laquelle la psychologie sociale n'aurait pas fait d'emprunts profitables. L'archéologie et l'histoire de l'art montrent, par exemple, ce que la perception des formes et des mouvements doit aux traditions. La linguistique met au jour divers types de pensées, (dont certains sont dépourvus de catégories temporelles). Le droit du travail met en lumière, par exemple, la consécration, dans la législation positive, de la structure sociale spontanée des statuts à l'usine, (surimposée aux exigences de l'organisation technologique).

D'un point de vue opératoire, on peut dire que la psychologie générale recourt à des modèles d'analyse qui tendent à ramener le psychisme à des entités générales, abstraites. Elle postule qu'à travers tous les cas observés certains traits sont partagés, certaines structures étant invariantes. En d'autres termes, la psychologie générale propose d'abstraire l'objet étudié, de l'extraire de la réalité qui l'a fait naître et lui donne un sens, pour « fabriquer », en quelque sorte, des phénomènes artificiels. Elle tend, d'un autre côté, à expliquer le psychisme par lui-même ou par l'organisme. Elle privilégie donc un modèle de maturation et sa perspective est internaliste. Dans ces circonstances, si l'influence du milieu est reconnue et repérée, ce n'est que pour être éliminée au mieux dans le souci d'écarter des variables parasites, afin de cerner les effets d'un psychisme qui serait pur. Le groupe, au sein duquel s'élaborent les conduites individuelles, est donc volontiers occulté ; son étude, en tant que générateur de structures chez l'individu, est exclue. Dans une large mesure, la naissance de la psychologie sociale a donc répondu à la nécessité de combler des lacunes. Comme on l'a vu précédemment, aux USA, W. McDougall, C.H. Cooley, G.H. Mead et J.M. Baldwin se sont efforcés dans un souci pratique de cesser de théoriser sur des abstractions pour agir, enfin, sur l'homme concret. Pour que la psychologie sociale apparaisse, il a fallu toutefois que certaines conditions historiques soient réunies : la naissance de la pensée sociologique d'une part et l'avènement des travaux des culturalistes américains d'autre part.

La psychologie sociale se rallie à la sociologie en étudiant des comportements d'individus en groupe, ou situés soit face à des cadres collectifs, soit au sein du contexte collectif que la psychologie générale met entre parenthèses. Ainsi traitent-elles toutes deux, par exemple, de situations liées à l'âge, à l'habitat... ; d'institutions sous leur forme régulatrice (comme la famille) ou sous leur forme opératoire (telles que le deuil) ; de processus sociaux (comme la concurrence). Les points de vue adoptés par ces disciplines sont toutefois distincts. La sociologie envisage les comportements dans leurs déterminations sociales, alors que la psychologie sociale s'intéresse aux comportements de sujets aux prises avec leurs déterminations propres et se connaissant comme tels. La séparation entre la psychologie sociale et la sociologie fut circonstancielle. Elle résulte notamment des développements de la pensée de Durkheim et de l'apparition du marxisme.

E. Durkheim expliqua comment le collectif se distingue d'une juxtaposition d'individus et les marxistes s'efforcèrent de rendre compte de la vie sociale à partir de causes profondes, ignorées de l'individu en situation : d'un inconscient collectif. C'est E. Durkheim qui tenta initialement de rattacher la sociologie à des structures de « base objective » (économiques, écologiques, géographiques, démographiques), tout en dévalorisant les raisons individuelles dans les séries de représentations collectives.

En prétendant ne tenir compte que des raisons collectives déduites des structures objectives, cet auteur réduisit le psychisme individuel à un simple maillon reliant les structures objectives et le psychisme inconscient collectif. Dans une telle perspective, les représentations, qu'elles soient individuelles ou collectives, ne sont dotées d'aucune autonomie, d'aucun dynamisme propre, d'aucune causalité propre : tout est supposé résulter mécaniquement de déterminants concrets. En adoptant ce postulat de matérialisme méthodologique (par lequel on occulte la causalité propre des séries subjectives), la sociologie abandonna deux champs d'études à la psychologie sociale : en premier lieu celui qui concerne les processus « d'information » sociale des fonctions psychologiques (de la mise en forme de ces fonctions par le social), en second lieu celui qui concerne les modalités d'intervention des variables subjectives sur les phénomènes sociologiques.

Parallèlement aux entreprises sociologiques qui visaient à éclairer la causalité objective, les études comparatives des culturalistes américains démontraient que certains traits psychologiques non rattachables à de quelconques déterminants concrets possèdent leur propre causalité et leur dynamisme. On découvrait, d'un autre point de vue, que certains systèmes de significations peuvent, par eux-mêmes, déréaliser, dénaturer des dimensions spécifiques du réel, ou encore en transformer l'utilisation première. De sorte que les séries subjectives apparurent capables d'être autonomes, causales, jusqu'à transformer les déterminants concrets que le matérialisme méthodologique avait prétendu poser comme constituant un palier primordial.

De nouvelles perspectives de recherches s'ouvrirent donc à la psychologie sociale, nettement différenciées de celles qui préoccupent respectivement les sociologues et les psychologues généralistes.

Au moment de son apparition aux USA, la psychologie sociale ne visait pas à développer de grandes constructions théoriques. Sa mission consistait à résoudre des problèmes délimités, pratiques, dans une optique intégrative. Une certaine représentation de l'efficacité conduisait alors à rechercher des solutions à court terme, pour des problèmes psychosociaux limités. Un tel mode de réflexion et de telles pratiques sociales situationnelles préservent évidemment les structures globales, tout en favorisant l'accentuation de la dimension et de l'action psychologiques : les réponses aux questions qui se posent doivent aboutir à fournir les moyens d'aligner les individus sur des structures sociales qu'il ne s'agit pas de mettre en cause. La psychologie sociale naissante étudia donc en premier lieu l'écart entre l'individu et l'institution, pour inférer un savoir sur les mécanismes de la déviance, en relation avec la subjectivité des membres du groupe. On analysa systématiquement la mise en relation des individus et des groupes, avec tous les aspects de la transcendance sociale, constituant ainsi du social objectivé. En ce sens, on peut dire que la psychologie sociale observe la manière dont les individus vont à l'institution et la vivent.

Si à ses origines la psychologie sociale s'est préoccupée des moyens de soumettre les individus aux exigences d'une structure sociale qu'elle ne remettait pas en question, elle a su par la suite développer un corps de connaissances, à valeur essentiellement critique, sur les mécanismes de l'intégration et de l'aliénation. Les techniques sociométriques et sociodramatiques, qui mettent en évidence certains réseaux de relations informalisées, peuvent, par exemple, être détachées de l'optique intégrative de laquelle elles sont nées pour servir d'autres objectifs que ceux de l'adaptation forcée des individus au sein d'un tissu social inchangé.

Une enquête réalisée par E. Mayo à Hawthorme a ainsi marqué l'histoire naissante de la psychologie sociale. Il s'agissait de reconnaître le mouvement des relations humaines, allant de l'informel au formel, en vue de pratiquer certaines manipulations pour améliorer le rendement au sein d'une usine qui servait de cadre à l'étude. Les chercheurs devaient intervenir sur le réel dans un but d'efficacité limitée et immédiate. Lorsqu'il est question de rechercher une efficacité, l'importance de la dimension psychologique dans la relation sociale prise en compte s'accroît, car lorsqu'il faut exercer une action ponctuelle, ajustée et immédiate (pour limiter au minimum les déchets et échecs liés au travail et à l'énergie humaine), l'analyse des structures objectives de la société dans sa globalité ne peut, en effet, fournir aucun renseignement utile.

Plus on s'éloigne des particularités du réel, dans le but d'analyser les mécanismes abstraits des phénomènes sociaux des sociétés industrielles, plus les structures observées semblent être dotées de leur logique interne et se suffire à elles-mêmes (c'est-à-dire qu'elles semblent fonctionner par elles-mêmes). Par sa logique propre, la société industrielle développe en effet des mécanismes abstraits qui la particularisent. À mesure que l'observation se précise au niveau de sous-groupes « situés » dont on cherche à prévoir les fonctionnements, il devient en revanche nécessaire d'envisager les agents sociaux eux-mêmes, dans leurs existences particulières. Il s'agit alors de délaisser les structures pour se rapprocher de la dimension psychologique des individus, de leur vécu, comme point de départ de leur action, et de prendre en compte leurs attitudes et leurs représentations.

À partir de ce moment, pour peu que l'on essaie d'isoler les variables en jeu afin de rechercher une explication précise, il peut même devenir pertinent de recourir aux procédures de l'expérimentation en provoquant certains phénomènes pour mieux en maîtriser les facteurs. La méthode expérimentale propose notamment d'observer des groupes restreints ; elle s'efforce aussi d'isoler certains processus collectifs, en reconstituant des situations spécifiques au laboratoire. Quelle que soit la problématique envisagée, il s'agit dans ces circonstances de mettre en place une procédure qui devra fournir les moyens de manipuler un facteur à la fois, pour observer les effets qui s'y rattachent dans des conditions spécifiées.

On peut finalement dire que lorsqu'elle se préoccupe du social la psychologie étudie les modalités que la vie en groupe introduit dans le psychisme des individus. Elle se préoccupe en particulier de la mise en forme sociale, par le groupe, des diverses fonctions des psychismes individuels et consiste, notamment, en une investigation des attitudes et des représentations collectives, intermédiaires entre la causalité sociale objective et la conduite effective des agents sociaux. Dans cette optique, la psychologie se penche sur les variables subjectives de la causalité sociale. Elle traite de la relation qu'entretiennent les groupes et les individus avec le social formalisé, c'est-à-dire avec les institutions et traite aussi de la sociabilité informelle, les rapports sociaux spontanés, en liaison avec la sociabilité que formalisent les institutions.

Cette psychologie sociale comprend nécessairement l'élaboration d'un éventail de techniques, à partir desquelles s'édifie le corps de connaissances qui lui est propre.

## 3. Anthropologie, ethnologie et psychologie sociale : des éclairages diversifiés

On opposait jadis la psychologie, science des esprits individuels, à l'ethnologie, science de la culture. Une telle opposition, qui opérait encore voici quelques dizaines d'années, est sous-tendue par une conception dépassée de la nature humaine. Et c'est précisément en raison des problèmes liés à la notion de « nature humaine » que la psychologie sociale et l'ethnologie se sont rencontrées.

À travers l'expérience de l'ethnologie, la psychologie sociale a cherché à reconnaître l'étendue possible des variations du comportement humain. Les recherches classiques de psychologie n'observent en effet les différences comportementales individuelles qu'immergées dans la culture occidentale. C'est le cas, par exemple, pour l'étude des temps de réaction, des possibilités de l'attention et de la mémoire, pour l'étude de l'affectivité, chez l'adulte et chez l'enfant, en situations dites « normales » ou en psychopathologie, ce qui n'offre, somme toute, qu'une médiocre gamme des variations possibles de la nature humaine...

Du côté des ethnologues le besoin s'est fait sentir d'apporter un nouvel éclairage qui prendrait en compte les aspects individuels de la « nature humaine ». Indépendamment de la dimension et de la structure des sociétés observées, des différences irréductibles séparent en effet les individus les uns des autres et le problème de l'intégration culturelle s'exprime largement en termes psychologiques. Il en est de même pour la dynamique culturelle, sous son double aspect des changements culturels et de la socialisation des individus. Par exemple, pour expliquer l'absence de symptômes de troubles psychologiques au cours de l'adolescence chez les jeunes filles des îles Samoa et le renversement des rôles de sexe en Nouvelle-Guinée, M. Mead eut recours à la psychologie. Elle montra comment la « crise d'adolescence », que les psychologues occidentaux posaient comme un dogme, résulte d'un mode particulier de distribution des statuts sociaux parmi les adolescents.

D'arbitraires tentatives pour offrir des modèles explicatifs, ethnologiques aux psychologues, et psychologiques aux ethnologues, apparurent dans un premier temps avec C.G. Jung (pour qui la libido se lie à un inconscient collectif identifiable dans les mythes des différents peuples) et avec S. Freud (qui expliqua la prohibition de l'inceste et le totémisme par l'effet de processus psychologiques individuels). Entre 1920 et 1930, quelques développements d'auteurs doctrinaires – tels que C.G. Seligman en Angleterre et M. Mauss en France – étayèrent ces points de vue, et des recherches empiriques furent entreprises pour valider les modèles théoriques. Ainsi B. Malinowski démontra-t-il, par exemple, qu'au sein de la société matriarcale et matrilinéaire des îles Trobriand, le complexe d'Œdipe n'existe pas. Il faut encore citer les études de G. Bateson, R. Benedict, G. Devereux, J. Dollard, C. Dubois, E.H. Erikson, A.I. Hallowell, A. Kardiner, R. Linton, M. Mead, E. Sapir, J.W. Whiting… qui contribuèrent respectivement à établir des rapports très concrets et positifs entre la psychologie sociale et l'ethnologie.

L'ethnologie apporta donc certaines informations pertinentes à la psychologie sociale – à propos des réactions biologiques internes, du comportement sexuel, des habitudes motrices, de la perception, de la pensée, de l'affectivité, de l'imagination et des processus inconscients, des traits de personnalité… ; tandis que la psychologie sociale proposait à l'ethnologie certaines méthodes qui lui sont indispensables – tests (d'intelligence, de personnalité…), interviews, méthodes d'échantillonnage, méthode expérimentale… Une telle coopération a entraîné des conséquences pour les deux disciplines. La psychologie sociale est devenue comparative, son souci d'étendre son champ d'information la conduisant moins à rechercher un « dénominateur commun » des conduites qu'à éclairer l'étendue des possibilités de « la nature humaine » ; tandis que l'expérience ethnologique augmentait la visibilité sur les gammes de variations possibles des situations et des comportements observables, tout en changeant le caractère des variations observées. Au cours des études psychologiques limitées à une société, la norme sociale est constante et l'on étudie les variations individuelles qui s'y rapportent, alors que la méthode comparative traite de variations individuelles rapportées à une norme sociale qui change, de sorte que les variations ne sont plus des déviations : les cas extrêmes deviennent eux-mêmes des cas normaux.

En découvrant les perspectives que la psychologie sociale ouvre, l'ethnologie a considérablement étendu le domaine de ses intérêts. D'un autre point de vue, elle a vu surgir de nouvelles, et très importantes, possibilités d'explication psychologique. Entre comportement individuel et normes culturelles de comportement, la causalité apparaît désormais circulaire : réduire une explication du comportement à un effet de culture, ou rendre compte de la culture par le comportement est trop simpliste. On va voir comment de nouvelles perspectives de recherches ethnologiques se sont développées avec la mise au jour de la notion de structure personnelle fondamentale (A. Kardiner), et comment celles-ci peuvent se confondre avec la psychologie sociale lorsqu'il s'agit, par exemple, de comprendre le caractère national (O. Klineberg, M. Mead, E. Fromm).

Pour chercher à faire la part entre ce qui revient aux instincts et ce qui dépend des facteurs sociaux dans la formation de la personnalité, M. Mead entreprit des séries d'observations, en Océanie, dans des sociétés alors fort mal connues. Elle put ainsi montrer comment des propriétés jusque-là attribuées à la nature (par exemple liées aux sexe) dépendent en réalité du milieu et de l'éducation. Ainsi les théories biologiques de S. Freud se trouvèrent-elles mises en cause. De la même manière, les observations de B. Malinowski (en Mélanésie) et de R. Benedict (chez les Indiens d'Amérique) contribuèrent à élargir les théories psychanalytiques. Si S. Freud lui-même s'était tardivement soucié d'aborder des questions de psychologie collective (*Totem et Tabou*, 1913), il l'avait fait sans se soucier des réalités du terrain et en subordonnant les facteurs sociaux à ses modèles théoriques qui donnaient la primauté aux « pulsions sexuelles ». K. Horney, de l'institut psychanalytique de New York, s'est plus récemment employée à rendre compte des conflits psychiques à partir des conditions stressantes et frustrantes de la vie moderne dans les grands centres urbains (*La personnalité névrotique de notre temps*, 1953), ce qui réduit considérablement le rôle que S. Freud assignait à la libido refoulée. À la même époque, et dans le même ordre d'idées, F. Alexander, directeur de l'Institut de psychanalyse de Chicago, estima que la névrose résulte largement du milieu social et non de pulsions érotiques et conflictuelles. L'œuvre du freudo-marxiste E. Fromm montre comment l'homme, privé à sa naissance de comportements prédéterminés, doit à la culture les troubles névrotiques qui le caractérisent. La vie en groupe serait à l'origine du caractère des acteurs sociaux : la structure de la société imprime en effet en eux des besoins spécifiques et des formes particulières de frustrations. C'est pourquoi la compréhension de la psychologie des individus doit nécessairement passer par une analyse du social (*Escape from freedom*, 1941 ; *Man for himself*, 1947…). Tout aussi soucieux d'imbriquer la psychologie sociale et la psychopathologie, H.S. Sullivan développa une théorie des « interactions personnelles » (*Introduction to the study of interpersonnal relations*, 1938) qui rend compte des phénomènes de l'angoisse – voire de la dissociation du psychisme individuel – à partir des conflits entre les tendances individuelles d'un côté et les pressions sociales de l'autre. En France, à la même époque, le psychanalyste D. Lagache attribua un rôle essentiel aux relations intersubjectives dans la formation de la personne, ce qui le conduisit de la psychanalyse à la psychologie sociale. En France également, J. Lacan a fait plus récemment appel à la linguistique, à l'ethnographie et à la phénoménologie pour développer un modèle original de psychanalyse anthropologique où confluent des éléments très divers de la vie culturelle.

De nouveaux champs de l'ethnologie surgissent par ailleurs, avec l'étude des conditions du développement de l'enfant. On voit comment l'avènement de la psychologie sociale a considérablement enrichi les perspectives de l'ethnologie classique.

Bien que celle-ci soit souvent confondue avec l'anthropologie culturelle, ces deux disciplines se distinguent, particulièrement dans la pratique. D'après C. Camilleri (1985, p. 7), il faut voir dans l'ethnologie :

«[...] Devant la variété des comportements humains, l'évolutionnisme unilinéaire s'attache à définir des étapes, des phases, des stades; le diffusionnisme retrouve des reflets ou des rapports, des connexions; les morphologistes, comme Boas et Lowie, enregistrent des modalités, des aspects, des formes; le fonctionnalisme veut repérer des rouages en mouvement, intimement associés au dynamisme global de la mécanique sociale solidaire; le structuralisme, quant à lui, cherche à dégager les modèles, les schèmes inconscients, qui font des institutions et des mœurs un ensemble signifiant. Ce sont là les notions maîtresses caractérisant, nous semble-t-il, chacune de ces grandes tendances.

Quant à l'ethnologie, [...] il serait facile de lui trouver des précédents lointains, avec Posidonius, Hérodote et bien d'autres. Ensuite, l'Italien Vico, les philosophes français du "Siècle des lumières", et l'Allemand Herder, ont été des précurseurs. Mais la naissance de l'ethnologie se place en Allemagne au XIXe siècle; les fondateurs sont Lazarus et Steinthal, qui ont nommé et organisé la *Völkerpsychologie* en 1851, et entrepris, à partir de 1850, la publication de la *Zeitschrift für Völkerpsychologie und Sprachwissenschaft.* Le philosophe français Alfred Fouillée a anticipé sur les recherches du "caractère national" avec ses deux ouvrages *Psychologie du peuple français* (1898) et *Esquisse psychologique des peuples européens* (1902). Avec l'Allemand Wundt (1832-1920) et les dix volumes de sa *Völkerpsychologie*, l'ethnopsychologie a été fondée sur des bases scientifiques. Richard Thurnwald, dont l'apport se marque sur un autre plan, a cependant été "professeur d'ethnologie et d'ethnopsychologie" à Berlin. En France, l'historien Henri Berr a conçu une "éthologie collective" (après Stuart Mill) vers 1925, sans sortir du domaine théorique. Plus tard, le mouvement sera relayé par les ethnologues américains de l'école dite Culture et personnalité.»

Jean Poirier,
*Histoire de l'ethnologie*, «Que sais-je?», © PUF,
Paris, 1984, p. 48 et 49.

«[...] une science spéciale, réservée de vieille date à l'analyse de sociétés dont les petites dimensions, la relative simplicité de structure, les changements si lents que beaucoup les ont crus inexistants, permettaient aux chercheurs d'atteindre cet objectif précieux entre tous : étudier ces groupes comme un tout. Par ailleurs, l'absence plus ou moins apparente de l'inextricable fouillis de variables relatives au dynamisme socio-historique des grandes sociétés complexes facilitait la perception quasi évidente de celle qui va nous occuper : la variable dite «culturelle» qui, dans un tel contexte, finit par apparaître comme quasiment autonome».

Ce sont ces caractéristiques des sociétés que certains ethnologues érigèrent en objets de leurs études «culturalistes» qui occasionnèrent l'assimilation des variables de culture à un facteur indépendant, voire unique, d'explication du social.

Quant à l'anthropologie culturelle, au sens large, on peut dire qu'elle rassemble la science de l'homme et de ses œuvres (M.J. Herskovits), c'est-à-dire la science des civilisations. Il ne s'agit pourtant pas de confondre la sociologie avec l'anthropologie physique, qui étudie les caractères morphologiques des divers types raciaux en procédant de la biologie. Si, pour des raisons d'ordre méthodologique, les anthropologues étudient de façon privilégiée les sociétés dites «primitives», l'archéologie, qui s'intéresse aux faits de civilisation pour eux-mêmes (abstraction faite des structures sociales et des cultures au sein desquelles ils s'élaborent) ne doit pas non plus être assimilée au corps de l'anthropologie sociale.

Avec G. Balandier (1956), on peut distinguer l'objet de l'ethnographie, celui de l'ethnologie et celui de l'anthropologie proprement dite de la manière suivante : l'ethnographie est la démarche initiale, qui permet d'observer sur le terrain et d'analyser les mœurs et les institutions des groupes humains (considérés dans leurs spécificités et dans la perspective que soit ultérieurement restituée, aussi fidèlement que possible, la vie qui les caractérise). L'ethnologie reprend ensuite systématiquement les données précédemment obtenues, afin de reconstruire les structures institutionnelles de la société, de retrouver l'histoire de son évolution culturelle ou de comparer diverses sociétés et diverses cultures, en ajustant des connaissances relatives à des groupes voisins. L'anthropologie consiste en une interprétation théorique des faits de culture, qui tend à transcender la diversité et à rechercher des propriétés générales qui pourraient caractériser toute vie en groupe.

Tous les facteurs s'accordent pour prêter le même sens à la démarche ethnographique. Quant au terme d'«ethnologie», il tend à tomber en désuétude : les Anglo-Saxons lui préfèrent désormais les appellations d'anthropologie sociale et/ou culturelle, l'anthropologie sociale traitant plutôt des institutions, considérées comme des systèmes de représentations, et l'anthropologie culturelle s'intéressant aux techniques et aux institutions, envisagées comme des techniques au service de la vie sociale.

En réalité, ethnologie et anthropologie font toutes deux appel à toutes les démarches interprétatives possibles, pour tenter de transformer les données brutes en matériel scientifique et en conceptions théoriques. C'est précisément d'après le style de cette interprétation, liée à l'optique et aux desseins du chercheur, que se distinguent les diverses écoles anthropologiques.

Les premiers ethnologues (L.H. Morgan, J.G. Frazer, E.B. Tylor, W.H. Rivers) se sont souciés de rechercher un schéma des origines et de l'évolution des civilisations. Ils s'imaginaient que cette évolution allait dans le sens d'un progrès, de la barbarie jusqu'à la civilisation. Une telle préoccupation ne visait donc pas plus à découvrir la structure des institutions des sociétés qu'à éclairer le fonctionnement de leurs cultures. Il s'agissait de reconstruire le cours hypothétique de l'évolution des peuples. On comprend donc comment des divergences théoriques ont pu opposer les «évolutionnistes», attachés à démontrer le développement unilinéaire d'un peuple, et les «diffusionnistes», d'après qui les contacts historiques auraient permis la diffusion des éléments culturels entre les sociétés au cours de l'histoire.

## À PROPOS DES DÉVELOPPEMENTS DE L'ANTHROPOLOGIE

Qu'elle se dise sociale ou culturelle, l'anthropologie vise toujours à appréhender l'homme total, envisagé soit à partir de ses productions pratiques, soit à partir de ses productions symboliques.

Dans l'histoire de son développement, on peut distinguer : le courant américain (représenté par F. Boas, A.L. Kroeber, R. Benedict), le courant britannique (notamment B. Malinowski et A.R. Radcliffe-Brown) et le courant français (dont E. Durkheim, M. Mauss et M. Griaule). Leurs domaines d'investigation ne se confondent pas : tandis que les Américains s'intéressèrent intensément aux effets des cultures sur les personnalités et aux processus de diffusions, de contacts et d'échanges entre les différentes cultures, les Britanniques étudiaient les modes d'organisation des systèmes sociaux et les Français s'orientaient principalement vers l'analyse des représentations sociales.

Ils firent respectivement appel à une grande diversité de modèles théoriques : l'évolutionnisme et le néo-évolutionnisme (modèles historiques des Américains), le diffusionnisme (modèle géographique, *id.*), la psychanalyse qui servit les culturalistes, (*id.*), les modèles synchronique et fonctionnaliste (des structuralistes anglais), les modèles intellectualistes, philosophiques et sociologiques (qui sous-tendent les études des Français) et, enfin, le structuralisme et le marxisme (*id.*).

F. Laplantine identifie aujourd'hui cinq courants de l'anthropologie. En premier lieu, l'anthropologie symbolique, qui vise à éclairer les symboles compris dans les religions, les mythologies… pour en dégager le sens. En second lieu, l'anthropologie sociale, qui se rattache à l'économie, son champ se confondant avec celui de la sociologie. Cet axe ne traite pas de la manière dont les hommes vivent les choses, mais de l'organisation interne des groupes qu'ils forment, ce qui doit permettre l'analyse de leurs systèmes de pensée, de connaissance, leur langage… L'anthropologie culturelle représente un troisième courant, largement empirique, quel que soit le modèle (psychologique, biologique, linguistique) sur lequel se fondent les recherches. Celles-ci prétendent cerner le sens plus que la norme et/ou le système et elles s'efforcent de repérer les liens (continuité/discontinuité) entre l'ordre de la nature et l'ordre de la culture (dans la perspective de la discontinuité, on cherche, par exemple, à repérer simultanément la cohérence interne des cultures et la différence entre elles). Un quatrième courant, l'anthropologie structurale et systémique, s'intéresse à plusieurs domaines de la pensée anthropologique; ils peuvent être fondés sur un modèle psychanalytique, économique, linguistique, mathématique, etc., mais ils permettent toujours de réaliser le passage de la fonction à la norme, du conflit à la règle, du sens au système… Il s'agit donc de reconnaître les structures inconscientes de l'esprit, à l'œuvre dans les formations sociales vécues (telles que la parenté, le mythe, l'œuvre d'art…). L'anthropologie dynamique regroupe finalement un axe de recherches proches de la sociologie et soucieuses de comprendre les rapports de pouvoir, dans une perspective historique.

Que dire à propos du développement de l'anthropologie française ?

En premier lieu qu'elle n'apparaît pas parmi les courants d'anthropologie sociale et culturelle de la seconde moitié du XIXe siècle : c'est l'anthropologie physique qui alors intéresse les Français, tandis qu'un corps considérable de connaissances empiriques et théoriques se constitue aux USA et en Grande-Bretagne (où des anthropologues de formation universitaire sont mis au service des administrateurs). À cette époque, la France s'en remet d'une part aux descriptions que rapportent les coloniaux, (dépourvus de formation théorique), d'autre part aux réflexions de théoriciens, manquant d'expérience sur le terrain. Il faut attendre l'entre-deux-guerres pour que l'anthropologie commence à prendre réellement corps en France, avec M. Griaule, qui effectue une première mission scientifique en 1931, « Dakar-Djibouti », et avec le séjour prolongé du missionnaire protestant M. Leenhardt en Nouvelle-Calédonie (à partir de 1946).

L'anthropologie française est aujourd'hui en plein essor. Ses développements théoriques éclairent utilement la pratique (notamment anglo-saxonne, de tradition plutôt empirique). L'étude des « représentations sociales » est florissante avec une méthodologie revivifiée sous l'impulsion des modèles structuraliste et marxiste.

D'après F. Laplantine,
*L'anthropologie*,
Seghers, 1987.

C'est en réaction contre les reconstructions historiques arbitraires des ethnologues que l'anthropologie moderne s'est constituée, proposant d'expliquer les caractéristiques culturelles et raciales des peuples d'après leurs mouvements, leurs mélanges ou la diffusion de leur culture.

C'est ainsi que R.W. Brown et B. Malinowski ont abandonné les aléas de l'historicisme, pour envisager les sociétés élémentaires en tant qu'entités actuelles dont il faut saisir les relations entre les parties et l'ensemble. R.W. Brown, qui fut à l'origine du développement de l'école anglaise d'anthropologie sociale, s'intéressa toutefois davantage aux structures sociales (entendues comme systèmes d'institutions) qu'aux cultures (entendues comme coutumes, modes de vie...) et il récusa le point de vue psychologique, auquel s'attachait fortement B. Malinowski, pour faire de l'ethnologie une science séparée à la fois de la psychologie et de l'histoire.

E.E. Evans-Pritchard, qui fut l'un des représentants les plus typiques de l'école anglaise d'anthropologie sociale, considérait de son côté que cette branche de l'ethnologie doit étudier le comportement dans ses formes institutionnalisées (comme la famille, l'organisation politique, les règles juridiques...). Dans cette perspective, la culture est envisagée comme le fondement des structures sociales. Toute institution se traduit par un système de comportements prescrits que les individus doivent apprendre. Dans la mesure où la culture est l'élément appris du comportement humain, il n'est pas question de faire abstraction des sujets qui apprennent. Un tel point de vue exige l'adoption d'une approche « compréhensive » : la culture correspond en effet à l'aspect humain du social. D'un autre côté, il serait impossible d'expliquer la relative stabilité culturelle des groupes humains sans faire intervenir les processus par lesquels se réalise la transmission culturelle : l'enculturation individuelle et les mécanismes de socialisation, les changements culturels ne faisant que traduire la manière dont les individus interprètent et infléchissent les modèles culturels qu'ils transmettent tout en contribuant à en créer de nouveaux.

## 4. L'étude des liens entre culture et personnalité

Ainsi la définition de la « culture » a évolué. Les « culturalistes » en fournirent initialement une conception « objectiviste », la culture étant envisagée comme une chose en soi. On se la représenta par la suite d'une manière « subjectiviste », c'est-à-dire telle qu'elle est vécue par les individus. Il fallut toutefois attendre M. Mead, vers 1930, et R. Benedict pour que les auteurs utilisent d'une manière systématique l'outil d'analyse que leur offre la psychologie scientifique.

L'anthropologie psychologique se développa donc aux antipodes de l'anthropologie sociale anglaise (E. Evans-Pritchard). Elle fut d'abord représentée par M. Mead, qui chercha à relier certaines caractéristiques psychologiques des individus aux conditions particulières de la culture dans laquelle ils évoluent. Puis R. Benedict (1934) apporta à son tour une contribution essentielle à l'anthropologie psychologique en tentant d'expliquer la formation de l'individualité comme un phénomène caractéristique de chaque culture. Elle observa comment toute culture produit et véhicule un modèle spécifique de personnalité, prédominant et approuvé, que l'ethnologue doit découvrir. À la naissance, tout individu est porteur de potentialités multiples, le milieu sélectionnant certaines d'entre elles en fournissant des modèles (ou « patrons », *patterns*, sur lesquels chacun doit s'aligner pour s'adapter à la vie du groupe. À la suite des travaux de R. Benedict, le couple culture-personnalité (C-P) fit l'objet de nombreuses études, principalement centrées autour des thèmes de l'apprentissage culturel, de la personnalité typique, des modes d'intervention des mécanismes sélectifs (on peut citer à ce propos les écrits de B.B. Whiting, A. Kardiner, G. Bateson, D. Bidney, G. Gorer, C. Kluckhohn…).

R. Benedict postula l'isomorphisme entre la culture et la personnalité. Ni la psychologie, ni la sociologie ne peuvent pourtant se satisfaire d'un point de vue aussi simpliste. Il s'agit donc de chercher à élaborer une théorie susceptible de rendre compte des mécanismes psychologiques en jeu dans la saisie de la culture par l'individu et qui serait la plus profitable possible à l'anthropologue. On peut considérer à ce propos les apports des théories de l'apprentissage.

Le modèle théorique du behaviorisme de J.B. Watson est la référence première. Dans cette perspective, l'enculturation s'effectuerait selon le processus classique de la formation des habitudes : avec un renforcement des réponses socialement désirables, celles-ci étant récompensées à leur apparition tandis que les réponses socialement indésirables sont éliminées, sous l'effet de la sanction infligée au sujet qui les produit. L'individu est alors considéré comme une organisation de comportements matériels et extérieurs appris. G.A. Miller et J. Dollard (1941) assimilent ainsi la socialisation à un ensemble de conditionnements. B.B. Whiting (*Becoming a Kwoma*) se réfère aussi à des schémas behavioristes pour expliquer, par exemple, comment l'enfant né chez les Indiens kwoma devient progressivement un complexe de comportements appris, spécifiquement kwomas.

Il n'est pourtant pas possible de réduire la personnalité à des séries d'apprentissages moteurs car elle constitue un système de tensions, d'inhibitions et de pulsions acquises, formant une «intériorité». Il faut donc être en mesure de comprendre les modalités d'intériorisation des normes et des valeurs culturelles, ce que M. Shérif et H. Cantril nomment des *ego involvements* (*Psychology of ego involvements*, 1947). À ce propos, certains anthropologues proposèrent de faire appel à la psychanalyse qui fournit en effet les modèles d'identification et d'introjection par lesquels on peut expliquer comment l'individu devient conforme à certaines prescriptions du groupe. Elle explique de quelle façon les contraintes institutionnelles contribuent à former des conduites très différentes de ce que sont de simples habitudes, sous l'effet de mécanismes de défense, de réactions internes aux obstacles, etc. La psychanalyse apporte encore à la psychologie de l'enculturation certaines conceptions théoriques importantes à propos du rôle des images paternelle ou maternelle, des frustrations… Les psychanalystes ont développé de réels efforts pour s'«ouvrir» aux problèmes qui surgissent avec la diversité culturelle. Avec A. Kardiner, E.H. Erikson, G.H. Thomson, H.S. Sullivan, K. Horney, E. Fromm, une psychanalyse «culturaliste» s'est développée, ce qui explique pourquoi l'impact de la culture sur la personnalité s'est progressivement exprimé à travers des concepts néo-freudiens et non plus behavioristes.

M. Mead et R. Benedict avaient perçu en chacune des cultures qu'elles avaient observées l'existence d'une personnalité «commune» ou «approuvée», typique de ces cultures respectives. C'est toutefois A. Kardiner qui donna d'une telle formation l'interprétation la plus visible à l'anthropologie psychologique, en invoquant la notion de schéma psychologique. Il proposa de définir une réalité, à la fois individuelle et culturelle, empiriquement observable et logiquement déductible. A. Kardiner envisageait cette réalité sous le jour d'un noyau complexuel profond qui, tout en étant «modal» (ceux qui s'attachent aux traits communs, inférés directement dans une société à l'aide des statistiques parlent en effet de «personnalité modale») plonge dans la vie authentiquement personnelle par les biais des mécanismes psychanalytiques dont il résulte. Ce noyau fut appelé la «personnalité de base» (P.B.). Dans l'esprit de A. Kardiner, il s'agit d'un instrument «opérationnel», de valeur à la fois logique et empirique.

Deux points sont essentiels dans ce modèle. En premier lieu, la personnalité de base se forme exclusivement au cours de l'enfance des individus. En second lieu, elle est un puissant facteur d'intégration sociale. «Congénitaux» aux institutions, les traits typiques de la personnalité de base rendraient en effet l'individu réceptif aux normes et idéologies du groupe, ce qui lui permettrait de s'adapter à la culture et d'y trouver un équilibre. La personnalité de base n'est pourtant pas réductible à un reflet de la culture : elle est essentiellement un facteur de son existence et de sa stabilité.

A. Kardiner s'est intéressé à l'enculturation en elle-même, comme processus originaire de personnalité de base (formée dans l'enfance). Par la suite, E. Fromm et les auteurs qui ont travaillé dans son sillage (M. Mead, E.H. Erickson, G. Gorer) étudièrent de leur côté la congruence de la personnalité modale avec la société. Ces derniers ne parlent plus de personnalité de base mais ils s'efforcent de cerner une formation qu'ils appellent le « caractère national » (C.N.). Une telle formation cimenterait la structure sociale : du point de vue de l'individu elle le pousserait à agir conformément à ce que prescrit son rôle social et du point de vue de la société elle permettrait l'intériorisation et l'automatisation des obligations institutionnelles.

Les théoriciens du caractère national tendent à s'intéresser à toutes les caractéristiques de personnalité relativement permanentes chez les membres adultes d'une société. De telles caractéristiques seraient organisées en un noyau de structure caractérielle, résultant des expériences de base et du mode de vie communs que requiert la société. Ainsi l'individu désire-t-il agir comme la société le lui demande, les caractéristiques du caractère national se confondant à la fois avec des produits et des facteurs de culture.

On peut finalement estimer que la tâche de l'anthropologie psychologique vise à rendre compte aussi bien de l'enculturation que du rôle de l'individualité à la fois dans le maintien de la stabilité culturelle et dans le changement. Pour réaliser une telle tâche, il est nécessaire de construire des concepts nouveaux; c'est ce à quoi s'est employé R. Linton, dans *Le fondement culturel de la Personnalité* (*The cultural background of personality*, 1945) dont il va maintenant être question.

## 5. Vers une étude des dynamiques des comportements humains

R. Linton proposa de déterminer les bases conceptuelles d'une collaboration organique entre la psychologie et l'anthropologie; autrement dit, de contribuer à l'édification d'une théorie unitaire des sciences de l'Homme. Dans son esprit, un tel effort devait se déployer en vue de répondre à des questions précises, de résoudre des problèmes concrets. C'est pourquoi, dans cette perspective, l'individu doit être appréhendé à travers ses conduites personnelles, l'accent étant mis sur la dimension individuelle des comportements sociaux. La définition opératoire des liens entre la culture et les comportements pourrait fonder une véritable ethnopsychologie, dont le langage pourrait être intelligible à la fois aux psychologues et aux anthropologues.

Pour R. Linton, le concept de culture recouvre plusieurs dimensions : la « culture réelle » se distingue de la « culture construite », qui comprend l'organisation structurée des conduites. Si la culture est immanente aux conduites, elle n'existe toutefois que dans et par les comportements individuels. La réalité de la culture est en effet saisie et médiatisée lors de l'enculturation des individus : ils apprennent à produire des réponses appropriées aux diverses situations auxquelles ils sont soumis et sur lesquelles ils projettent leur propre réalité psychologique.

C'est ainsi que se constitue l'ambiguïté essentielle du modèle culturel, phénomène nécessairement psychologique aussi bien que sociologique, fait à la fois d'idéal et de réalité. R. Linton nous apprend avant tout que par-delà les constructions et les modèles, ce sont les règles telles qu'elles sont perçues et vécues par les sujets qui existent, en relation avec leur implication dans des situations particulières. On peut dire que l'approche de R. Linton est un « psychologisme » qui légitime le recours aux symboles de culture exclusivement dans la mesure où ils s'érigent en outils pratiques, à valeur prédictive. Ainsi le modèle culturel n'a valeur de réalité qu'en tant qu'il est intériorisé par les acteurs sociaux. Une fois organisés, les éléments culturels seraient constitutifs des structures sociales, de sorte que la société dépendrait de la culture (et non l'inverse comme l'a prétendu Lévi-Strauss qui accordait la primauté aux structures dans la définition des cultures) se rattachant directement à des conduites collectives acquises.

Par quels processus les modèles culturels s'insèrent-ils dans les acteurs sociaux, jusqu'à infléchir leurs conduites et s'ériger en des séries d'habitudes dont la configuration forme la culture ?

Pour répondre à cette question, R. Linton propose le recours à des outils conceptuels, centrés sur la notion de personnalité, dans une perspective dynamique. L'intériorisation des modèles culturels se réalise, en effet, tout au long du développement de la vie sociale des individus, simultanément aux transformations qui affectent leurs conduites. Soumis à la double pression de leurs besoins humains fondamentaux et des modèles de comportements socialement prescrits (c'est-à-dire qui représentent les voies d'obtention des satisfactions admises), les acteurs sociaux expriment des conduites qui rassemblent à la fois des réponses établies et d'autres en cours de formation. Ces comportements émergent sous l'effet de divers apprentissages par imitations, essais et erreurs…

Une telle approche privilégie donc nécessairement le concept d'attitudes puisque l'on considère que l'individu est préparé, en quelque sorte, à agir d'une certaine manière qu'il est orienté vers la production de réponses spécifiques. Une telle disposition est collective : elle est communément acquise au sein du groupe social et elle permet aux membres d'un même groupe de répondre de manière stable et identique à diverses situations perçues comme équivalentes. Pour R. Linton, il faut distinguer les réponses spécifiques, que génère un nombre réduit de situations-stimulus, et les réponses généralisées, par lesquelles se réalise le passage des conduites individuelles aux conduites sociales.

Les complexes de réactions généralisées à des schèmes situationnels typiques sont, pour R. Linton, des « systèmes valeurs-attitudes ». Ces systèmes procèdent à la fois de la dynamique de la personnalité (qui est le siège de la réponse produite à la situation traversée) et de celle de la société (qui prescrit ce type de réponse). La compréhension des systèmes valeurs-attitudes renvoie donc simultanément à une théorie de la personnalité qui permet de rendre compte du mode d'émission d'une réponse, et à une théorie de l'idéologie groupale qui permet d'expliquer la formation des idéologies.

À ce propos, la notion de personnalité de base, ou personnalité modale, précédemment évoquée (et que l'on doit à A. Kardiner) ne convient guère à R. Linton, spécialement quand il s'agit de considérer les sociétés complexes, auxquelles participe un grand nombre de subcultures. Tous les acteurs sociaux ne sont pas, en effet, dotés d'un même patrimoine culturel, les situations groupales qu'ils traversent respectivement ne représentent pas une expérience partagée. C'est pourquoi R. Linton fut amené à construire des outils conceptuels spécifiques pour traiter des phénomènes psychosociaux qui dépendent des positions respectives qu'occupent les divers individus dans le corps social. À chaque position concrète se relie un ensemble de droits et de devoirs qui forment le statut social des individus occupant cette position. Au statut social est rattaché un rôle (ou une série de rôles) ; l'adoption de ce rôle traduit à la fois l'appartenance (à la position statutaire) et le mode d'alignement (ou non-alignement) sur les prescriptions groupales associées au statut. Le corps social est catégorisé : il comporte des systèmes de catégories croisées, telles que les catégories de sexe, d'âge, les catégories socioprofessionnelles... de sorte que la culture se subdivise en secteurs distincts respectivement assignés à telle ou telle catégorie.

La participation de l'individu à la culture dépend donc directement de la position que cet individu occupe dans la société : elle dépend à la fois des statuts et des rôles assignés à cette position et de la manière dont chacun assume la constellation des modèles culturels qui s'y rapportent.

R. Linton, qui emprunte à l'analyse marxiste le concept de « classe sociale » (liée à un certain type de rapports de production), estime que les attitudes des acteurs sociaux sont forcément conditionnées en premier lieu par les appartenances de classes. En ce sens, elles sont fondamentalement aliénées, en quelque sorte, du fait que dès l'enfance une « personnalité de classe » se construirait, inexorablement. Le rôle que jouent les acteurs sociaux est pourtant dynamique : à travers la manière de s'en emparer et de le jouer, chacun peut faire œuvre de créativité, d'innovation, de changement social, par-delà le joug des obligations nécessairement attachées à la personnalité statutaire.

Quoi qu'il en soit, la conduite de rôle contribue très largement à la socialisation des individus dans le groupe : c'est par la médiation des rôles joués que s'édifient les divers aspects de la personnalité des acteurs, en liaison avec les positions sociales qu'ils occupent (ces positions étant elles-mêmes génératrices des rôles qui lui sont assignés).

Le travail de R. Linton a été réalisé en vue de fournir des outils méthodologiques et de développer les conditions d'une intégration de la psychologie et de l'anthropologie. Bien que l'auteur n'ait jamais considéré les phénomènes psychologiques comme le substrat des faits sociaux, on lui a reproché de porter une attention excessive aux dimensions psychologiques et subjectivistes. Il faut dire que R. Linton traite des phénomènes culturels en occultant l'histoire. Pourtant, comme l'affirme C. Lévi-Strauss, « seul le développement historique permet de soupeser et d'évaluer dans leurs rapports respectifs les éléments du présent, et très peu d'histoire vaut mieux que pas d'histoire du tout ». Comme toute science humaine, la psychologie ne peut se concevoir hors de l'histoire. La connaissance des dynamiques par lesquelles les acteurs sociaux infléchissent les cultures dans lesquelles ils évoluent ne prend son sens, en effet, qu'à partir de la compréhension de leur développement historique.

## POUR ALLER PLUS LOIN


BASTIDE R., « Psychologie et ethnologie », dans Poirier J. (éd.), *Ethnologie générale,* Gallimard, Encyclopédie de la Pléiade, Paris, 1968.

LEACH E., *Critique de l'anthropologie,* PUF, Paris, 1968.

LÉVI-STRAUSS C., *Anthropologie structurale,* Plon, coll. « Agora », Paris, [1958], 1985.

LINTON R., *Le fondement culturel de la personnalité,* Dunod, Paris, 1968.

LOWIE R., *Histoire de l'ethnologie classique,* Payot, Paris, 1971.

MAUSS M., *Sociologie et anthropologie,* PUF, Paris, 1960.

MERCIER P., *Histoire de l'anthropologie,* PUF, Paris, 1966.

MUELLER F.L., *Histoire de la psychologie de l'Antiquité à nos jours,* Payot, Paris, 1968.

PANOFF M., *Ethnologie : le deuxième souffle,* Payot, Paris, 1977.

POIRIER J., « Histoire de la pensée ethnologique », *in Encyclopédie de la Pléiade. Ethnologie générale,* vol. publié sous la direction de Jean Poirier, p. 3 à 179, Gallimard, N.R.F., Paris, 1968.

— *Histoire de l'ethnologie,* « Que sais-je? », n° 1338, PUF, Paris, 1969.

REUCHLIN M., *Histoire de la psychologie,* PUF, Paris, 1957.

ROHEIM G., *Psychanalyse et Anthropologie,* Gallimard, Paris, 1967.

# 3 *Comment saisir les liens entre la culture et les acteurs sociaux ?*

« On parle souvent de l'idéologie que portent avec elles, de façon discrète ou bavarde, les "sciences humaines". Mais leur technologie même, ce petit schéma opératoire qui a une telle diffusion (de la psychiatrie à la pédagogie, du diagnostic des maladies à l'embauche de main-d'œuvre), ce procédé si familier de l'examen, ne met-il pas en œuvre, à l'intérieur d'un seul mécanisme, des relations de pouvoir qui permettent de prélever et de constituer ce savoir ? »

Michel Foucault, *Surveiller et punir, naissance de la prison.*

« La compréhension approfondie d'un seul cas nous permet souvent, phénoménologiquement, une application générale à des cas innombrables. Souvent ce qu'on a saisi une fois se retrouve bientôt. Ce qui importe en phénoménologie, c'est moins l'étude de cas innombrables que la compréhension intuitive et profonde de quelques cas particuliers. »

Karl Jaspers, *Psychologie générale.*

## 1. Se préoccuper simultanément de la culture et des individus qui en sont porteurs : une nécessité pour les sciences de l'Homme

La plupart des études de psychologie classique ne cherchent pas à cerner la dimension culturelle des comportements. Par ailleurs, les études anthropologiques ne se soucient guère de l'aspect psychologique de la vie des individus immergés dans la culture. Se préoccuper simultanément de la culture et des individus qui en sont porteurs suppose l'adoption d'une perspective souvent qualifiée d'« interculturelle » par les psychologues, alors que les anthropologues considèrent qu'elle procède d'une « anthropologie psychologique ».

Depuis quelques années les psychologues comprennent qu'il est impossible de chercher sérieusement à expliquer les conduites humaines sans tenir compte des données contextuelles. L'orientation actuelle est en l'occurrence essentiellement environnementale et l'on fait même appel au concept d'« écosystème » pour rendre compte des comportements.

Il faut tout d'abord souligner lorsqu'on envisage ces études récentes l'extrême prudence qu'elles exigent. L'interprétation des comportements à travers les frontières culturelles est en effet une opération fort délicate, la principale difficulté

## Saisir les liens entre culture et comportement

Les phénomènes liés aux interrelations entre l'individu, la culture et la société sont depuis toujours tacitement reconnus. Jusqu'au début du XX^e siècle, leur examen était toutefois le fait du philosophe et du théologien plus que du scientifique. Quoiqu'il en soit, les efforts déployés pour aborder ce nouvel objet d'étude n'ont pas été couronnés d'un succès uniforme : quantité de techniques, reconnues comme scientifiques, ne sont pas applicables purement et simplement aux phénomènes de ce genre. La méthode expérimentale, par exemple, au premier abord, n'est guère appropriée pour traiter un tel objet.

Les qualités intrinsèques des cultures et des sociétés sont telles qu'il est impossible de les reproduire, de les commander ou de les étudier dans des conditions rigoureusement contrôlées. Dès sa petite enfance, l'individu lui-même véhicule déjà un capital d'expériences et de possibilités innées, déterminées biologiquement, et dont le contrôle exigerait la manipulation des dynamiques héréditaires, ce qui paraît difficilement réalisable.

D'un autre point de vue, la recherche scientifique n'a pas mis au point de techniques permettant la saisie des configurations globales que sont respectivement la personnalité, la culture et la société. Or, il s'agit bien de considérer des ensembles, dont il importe plus de comprendre l'organisation et le modelage des parties en structures que les éléments qui les composent. Les scientifiques se sont employés à l'analyse des parties, mais les configurations en tant que telles leur échappent largement, faute de techniques capables de les saisir.

L'absence d'unités exactes et vérifiables pour mesurer la plupart des phénomènes sociaux et culturels interdit enfin l'usage d'un grand nombre de techniques mathématiques qui ont fait leurs preuves dans d'autres secteurs de la recherche.

La contribution des études de psychologie a toutefois permis de réaliser un important progrès technique dans la compréhension des relations entre l'individu, la culture et la société, notamment grâce à la mise au point d'un nombre considérable de tests et au recours aux études et comparaisons d'histoires de vie, telles qu'on peut les obtenir des individus eux-mêmes. Mais il reste beaucoup à faire pour développer des techniques permettant le développement d'études qui prétendraient à l'objectivité.

Longtemps les chercheurs eurent recours à la méthode naturaliste : ils observaient et comparaient les matériaux recueillis. Mais il est maintenant nécessaire de mettre au point des techniques descriptives adéquates, afin de saisir d'une manière croissante la complexité de l'objet et l'interdépendance fonctionnelle, extrêmement étroite, qui existe entre l'individu, la société et la culture, en situation d'homogénéité culturelle aussi bien que dans les multiples situations possibles de rencontre entre cultures distinctes.

résultant de l'exportation des techniques d'investigation hors des cultures occidentales où elles ont été produites, ou de leur application à l'étude de populations issues de cultures non occidentales. Ce problème est devenu visible notamment avec l'abus des tests d'intelligence, dont on peut sérieusement mettre en cause les conditions de validité et d'étalonnage. L'utilisation intempestive des techniques de recherche occidentales peut conduire d'une part à l'échec – par exemple lorsqu'il s'agit de tenter d'apporter une aide dans le domaine de la santé mentale ; elle peut d'autre part, et plus dangereusement encore, servir à véhiculer certaines idéologies – qui prônent, par exemple, la supériorité de certains groupes humains comparativement à d'autres, en se basant sur des tests d'intelligence transposés hors de l'environnement au sein duquel ils ont été créés.

Désormais, l'influence de la culture est toutefois clairement reconnue : qu'il s'agisse des comportements individuels (tels que ceux qui se lient aux activités perceptives, cognitives, mémoriques...) ou collectifs (communication, croyances, coutumes, valeurs, division du travail entre les catégories de sexe, d'âge, etc.), on sait qu'à des degrés variables tous les comportements humains sont influencés par la culture et qu'en conséquence ils sont susceptibles de varier d'un milieu culturel à l'autre.

Se pose alors le problème de savoir comment réaliser des comparaisons entre les cultures : faut-il comparer les sociétés deux à deux? Multiplier le nombre des unités de comparaison, comme le propose D. Campbell qui pense de la sorte diminuer les risques de retenir à titre de différences ce qui ne serait que de simples artefacts? Ou faut-il plutôt isoler les variables pertinentes, pour les manipuler expérimentalement en vue d'observer leurs effets, au laboratoire ou sur le terrain?

Ce sont le plus souvent des études « monoculturelles » qui jusque-là ont été réalisées, au sein d'une seule société. Certaines de ces recherches se basent sur des données recueillies à partir d'une procédure unique, différant éventuellement d'un modèle plus ancien ayant permis une découverte initiale. D'autres sont de simples études monoculturelles, conduites au nord des États-Unis, qui étaient supposées révéler des variables pertinentes. De nombreuses études de ce genre se développent de nos jours, en Europe et plus généralement hors des USA.

Une société regroupe généralement de multiples populations, elle comprend donc nécessairement des cultures variées. De nombreuses études récentes illustrent ce phénomène au Canada. C'est le cas, par exemple, des recherches de J. Berry, qui affirme qu'une psychologie interculturelle n'est complète que si elle comprend des études « interethniques ».

## 2. Définir les acteurs sociaux d'après leurs appartenances : culturelles, ethniques, socio-économiques...

Les minorités ethniques, qui pour des raisons sociales (handicaps scolaires, déviance, marginalité...) retiennent fréquemment l'attention des chercheurs, se confondent, de façon très générale, avec des populations défavorisées. Leurs difficultés, considérées comme résultant de différences culturelles ou ethnoculturelles, ont parfois été assimilées à des difficultés d'origine économique.

À ce propos, C. Camilleri (1985) s'interroge : dans ces circonstances, en quoi la variable culturelle se distingue-t-elle réellement de la variable économique?

Quelle est sa spécificité? Certains auteurs proposent de confondre ces deux types de facteurs : quelle que soit leur culture d'origine, les acteurs sociaux les moins bien pourvus doivent surmonter certaines difficultés configurables, alors qu'à l'intérieur d'une même culture les différences l'emportent entre riches et pauvres.

Comme on le voit, la question se complique d'une dimension idéologique. La notion de culture peut, en effet, permettre d'escamoter les conséquences psychosociales des inégalités économiques et de l'absence de justice. L'instauration d'une psychologie des différences, entre cultures et/ou entre ethnies, à l'intérieur d'une société divisée et hiérarchisée, peut permettre d'éluder la réflexion fondamentale à propos de cette division et des inégalités qui en résultent. C. Camilleri observe qu'on peut utiliser la problématique culturelle comme un alibi : cela fait partie, dit-il, des effets nocifs de la manipulation des cultures par les acteurs sociaux. Une telle pratique n'est toutefois possible que sur la base de l'ignorance avérée ou de la falsification théorique. Pour être resitué convenablement, le débat doit donc tenir compte des observations suivantes :

Dans les milieux sociaux privilégiés l'absence de handicap chez les acteurs sociaux «ethniquement différents» ne prouve pas l'inexistence de différences liées à la culture, car cette absence peut s'expliquer de bien des façons, entre autres par une acculturation réussie, la possession de moyens de lutte efficaces contre les effets nocifs de la disparité culturelle, etc.

Des séries de représentations relevant de la culture anthropologique se lient aux appartenances socio-économiques. Les «handicaps» que l'école inflige aux élèves des milieux sociaux défavorisés résultent d'une constellation (ou configuration globale) articulant les différences culturelles et les facteurs économiques [que K.S. Chan et R. Rueda (1979) isolèrent sous l'étiquette de «pauvretés»]. Il est donc injustifié de présenter les logiques socio-économique et culturelle comme exclusives, en obligeant à choisir l'une aux dépens de l'autre.

En France et aux USA certaines recherches soucieuses d'isoler ces deux séries de variables se développent actuellement. Elles montrent notamment que dans la plupart des mesures concernant les aptitudes cognitives, les scores des enfants diffèrent selon l'appartenance ethnique d'une part, et la classe sociale d'autre part. Les mesures concernant l'intelligence occasionnent une plus forte différenciation entre les groupes que celles qui portent sur la mémoire. Les performances des classes défavorisées sont généralement inférieures à celles de la classe moyenne et les performances des Noirs sont généralement inférieures à celles des Blancs.

En situation ethnique minoritaire une source spécifique de handicaps liés au facteur culturel paraît donc se cumuler, sans se confondre, avec les handicaps attachés au statut socio-économique. On voit avec évidence qu'il est nécessaire de repérer, puis de dissocier, les séries de variables par des méthodes appropriées, avant toute conclusion basée sur les données observées.

### Ne pas confondre l'analyse des variations d'un phénomène et la recherche de ses causes

«[...] les maçons appartenant à deux catégories, disons des Bretons et des Jurassiens, construisent un mur en superposant des briques; je peux compter les rangées et estimer la part de chaque catégorie de maçons dans la hauteur totale. Au bout, par exemple, d'une année d'observation, je constaterai que les maçons bretons ont posé 80 % des briques, les Jurassiens 20 %; je serai alors en droit d'affirmer que le résultat final est déterminé pour 80 % par les premiers, pour 20 % par les seconds; je pourrai analyser réellement les causes de ce résultat. Mais si les Bretons sont chargés de faire le ciment, et les Jurassiens de placer et sceller les briques, cette analyse n'a plus aucun sens; il serait absurde de chercher à attribuer une part à chaque groupe dans le déterminisme du résultat final puisque, seule, leur interaction est efficace; ni les Bretons, ni les Jurassiens ne construisent à eux seuls la moindre portion de mur.

Cependant, au cours de l'année sur laquelle porte notre observation, l'absentéisme a touché les deux catégories, entraînant une variation de la production journalière, cette variation peut être mesurée par la variance V de la surface de mur élevée chaque jour. Je peux regrouper toutes les journées où l'effectif des Bretons était le même et calculer la variance de cette surface; elle est due aux fluctuations d'effectifs des Jurassiens, désignons-la par $V_j$; de même je peux évaluer $V_B$, variance de la production calculée sur l'ensemble des jours où l'effectif des Jurassiens était constant. Si, par chance, le total $V_B + V_j$ est proche de V, je peux estimer pour le rapport $V_B/V$ la part de la variabilité totale qu'explique la variation de l'effectif des Bretons, et de même par $V_J/V$ l'influence des Jurassiens sur les variations constatées dans la production journalière.

Dessinons un graphique en portant en ordonnée la surface S de mur construite chaque jour et en abscisse le nombre $E_J$, d'ouvriers jurassiens présents; nous obtenons des séries de points situés sur des courbes dépendant du nombre $E_B$ d'ouvriers bretons. S'il n'y a aucune interaction entre les deux catégories (par exemple, si chaque ouvrier, quelle que soit sa catégorie, pose des rangées de briques) le graphique sera constitué de droites parallèles (figure 1). Mais si leurs

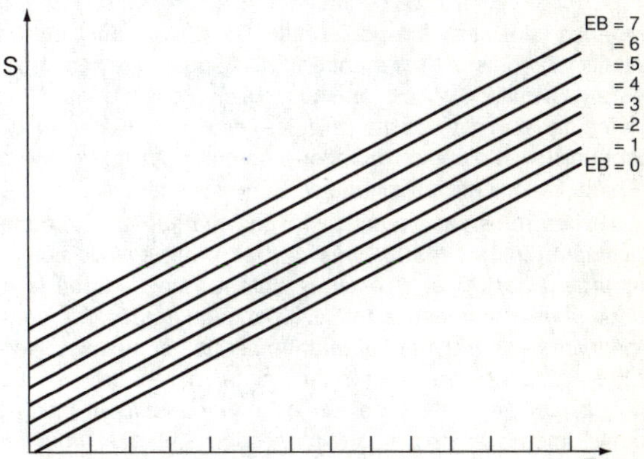


Figure 1

activités sont interdépendantes (par exemple, si les premiers font tourner des bétonnières, les seconds élèvent le mur) les courbes risquent fort de ne plus être des droites parallèles; des phénomènes de seuil apparaîtront : s'il n'y a aucun ouvrier breton, les Jurassiens dépourvus de ciment ne pourront rien construire quel que soit leur nombre; s'il n'y a qu'un Breton cette surface sera vite limitée, etc., nous obtiendrons un graphique semblable à celui de la figure 2.

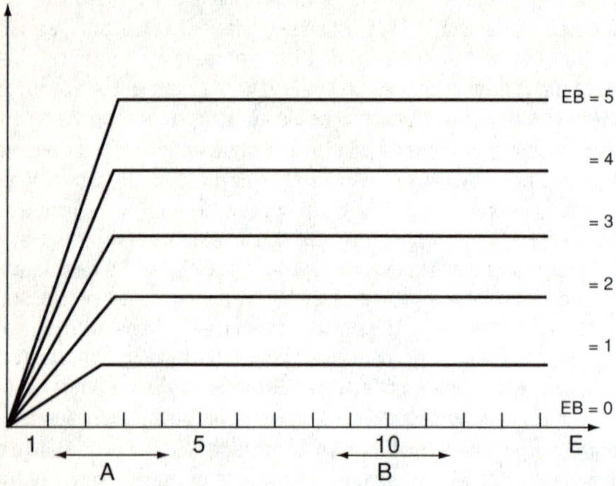


Figure 2

Remarquons tout d'abord que, dans ce cas, l'analyse de variance aboutit à des résultats différents selon la plage de dispersion des effectifs de Jurassiens.

Sur un chantier A où ces effectifs ont varié entre 1 et 4, nous constatons que la variance totale est due pour l'essentiel à $V_J$ et pour une faible part à $V_B$; sur un chantier B où ils ont varié entre 8 et 12, dans une zone où l'effet de seuil se manifeste, la variance $V_J$ est presque nulle, l'essentiel de V étant représenté par $V_B$. Même dans un cas aussi simple, les résultats de l'analyse de variance peuvent être contradictoires d'une observation à l'autre; en aucun cas ils ne peuvent nous fournir la moindre indication sur le mécanisme sous-jacent.

Malheureusement, cette technique mathématique, parfaitement légitime dans de nombreux cas, est utilisée par les praticiens de nombreuses disciplines, qui accordent parfois aux résultats obtenus un sens qu'ils ne peuvent avoir. Dès qu'un phénomène est quantifié, il est toujours possible de faire subir aux mesures observées des traitements mathématiques complexes, aboutissant à l'estimation de divers paramètres; cependant, si ces paramètres n'ont pas de sens précis, les calculs qui permettent de les estimer constituent une activité rigoureusement inutile, même si des algorithmes subtils et des ordinateurs puissants ont été utilisés. La complexité des mathématiques utilisées pour répondre ne suffit pas à donner du sens à une question absurde. Tel est souvent le cas pour la recherche des parts des diverses "causes" dans le déterminisme d'un caractère; sauf circonstances exceptionnelles, cette recherche correspond à une interrogation dénuée de toute signification. »

Albert Jacquard,
*Éloge de la différence, La génétique et les hommes,*
© Seuil, Paris, 1978, p. 154 à 157.

Si, au sein d'une même société, on compare les écarts respectifs entre groupes économiques distincts d'une part et groupes ethnoculturels distincts d'autre part, si l'on tient compte à la fois de la vigilance qu'exigent ces circonstances, du nombre réduit des recherches réalisées à ce propos et de leurs qualités méthodologiques douteuses, on est actuellement disposé à attribuer un effet plus dysfonctionnel aux écarts entre ethnocultures qu'aux écarts entre subcultures nationales. Les causes invoquées pour rendre compte de ce phénomène reposent cependant plutôt sur l'intuition ou sur le raisonnement que sur les résultats des recherches empiriques qu'il faudrait réaliser pour satisfaire aux exigences d'une approche scientifique.

Ainsi la différence de langue est-elle fréquemment invoquée. On pense également que les conflits de valeurs entre cultures dominantes et dominées sont nettement moins aigus pour les nationaux défavorisés qu'ils le sont pour les étrangers (même nés dans le pays d'« accueil ») : ces derniers sont volontiers considérés comme inaptes à assimiler la longue tradition culturelle qui perdure dans les familles de nationaux à travers la diffusion d'une multitude de signes transmis d'une génération à l'autre. D'un autre point de vue, C. Camilleri remarque encore que les avatars qui affectent les relations interculturelles vécues – non entre les cultures en tant que telles, mais entre les individus et les groupes qui les portent – avec les réactions possibles de condescendance, de mépris, de rejet, de haine… sont autrement plus intenses et spectaculaires lorsqu'elles concernent des immigrés même comparés aux nationaux des classes les plus démunies. L'étranger ethniquement minoritaire peut en effet être malade de son identité et de la honte dont il l'entoure, en raison des liens que sa communauté d'origine entretient avec la société d'« accueil ».

On ne peut donc pas confondre la situation d'un acteur social ethniquement minoritaire avec celle d'un individu en mauvaise position au sein du groupe dominant. Une telle pratique réductrice occulte en effet la différence entre les relations qu'entretiennent ces individus avec la société élargie dans laquelle ils sont immergés.

Finalement, la problématique culturelle oblige à prendre en considération la dimension socio-économique : cette dimension est l'un des éléments constitutifs essentiels de la dynamique culturelle.

## 3. La culture : un phénomène à définir ou à ne pas définir ?

Au sens étymologique, le terme de culture se rapporte à l'agriculture, la culture du sol. Au sens figuré, il désigne le travail de l'esprit, l'activité intellectuelle et le résultat de ce travail : d'une part une somme de connaissances, ayant trait aux diverses sciences ou aux arts ; d'autre part l'organisation de ces connaissances, le fait qu'elles soient structurées, assimilées, qu'elles forment un tout cohérent. Ce terme désigne enfin un certain développement des facultés intellectuelles, considérées, chez l'homme « cultivé », comme ayant une certaine primauté par rapport à d'autres facultés.

Au sens sociologique, la culture se confond avec l'ensemble des caractères formant le mode de vie spécifique à chaque groupe social. Ainsi, M. Mead considère la culture comme « l'ensemble des formes acquises de comportement d'un groupe d'individus, unis par une tradition commune, qu'ils transmettent à leurs enfants et, en partie, aux immigrants adultes qui viennent s'incorporer à ce groupe ». Pour P. Foulquié, elle comprend les « manières collectives de penser et de sentir, l'ensemble de coutumes, d'institutions et d'œuvres qui, dans un milieu donné, sont à la fois l'effet et le moyen de la culture personnelle de ceux qui appartiennent à ce milieu ».

R. Linton réintroduit dans le concept de culture le rôle des individus, en considérant que « la culture est la configuration générale des comportements appris et de leurs résultats dont les éléments sont adoptés et transmis par les membres d'une société donnée ». Dans la même perspective, J.-C. Filloux écrit que « le culturel se présente comme le social en tant qu'inscrit dans les conduites individuelles » et M.J. Herskovits observe qu'« une société se compose d'individus, la manière dont ils se comportent constitue leur culture ». Pour définir la culture, R.L. Munroe et R.H. Munroe évoquent ce qui la constitue : son modèle de subsistance, ses institutions sociales et politiques, les langues et les règles qui y gouvernent les relations interpersonnelles, la manière dont on y répartit le travail selon les sexes ou les ethnies, la densité de sa population, le mode d'habitat qui y est en vigueur… Ces dimensions se confondant avec les variables indépendantes de la psychologie interculturelle.

Pour M. Segall, il n'est pas nécessaire de définir la culture ; il suffit de considérer les variables indépendantes pertinentes au sein de chaque « culture » ; par exemple la langue, les règles de communication interpersonnelle, etc., ce qui doit permettre de comprendre les différences de comportements qui apparaissent entre des cultures différentes.

R.P. Rothner estime au contraire qu'il faut définir la culture. Après avoir passé en revue les définitions données par la littérature anthropologique, il la caractérise donc comme « la totalité des significations (valeurs) apprises et transmises d'une génération à l'autre ». C'est pourquoi la psychologie culturelle doit s'intéresser aux significations apprises, partagées et transmises.

G. Jahoda occupe une position intermédiaire : il ne partage pas l'avis de Rothner à propos des « significations », mais il n'admet pas non plus qu'à l'image de M. Segall on refuse d'enfermer la culture dans une définition, aussi difficile que soit la réalisation d'une définition opératoire de la culture.

Quoi qu'il en soit, la culture ne saurait se confondre avec une variable en soi : aucune culture ne peut rendre compte d'un comportement en tant que produit culturel.

Au sens sociologique, la culture s'exprimerait donc à travers le genre de vie propre à chaque groupe social. En ce sens, elle ne se différencie pas beaucoup de la civilisation, du moins chez les auteurs américains. On pourrait penser, en effet, que le terme de « culture » désigne seulement les caractères intellectuels, spirituels, religieux, artistiques, esthétiques, etc., propres à tel genre de vie. En réalité, dans les « bases de l'anthropologie culturelle », M.J. Herskovits introduit sous ce terme bien d'autres caractères, directement pratiques : les procédés d'éducation, de construction des maisons… Dès lors, ce qui pourrait séparer la civilisation et la culture, ainsi comprise, d'un groupe humain se confond avec l'ensemble de la production excédant le biologique.

De nombreux auteurs se sont attachés à caractériser les cultures d'après leurs contenus. Ils ont fourni des définitions énumératives peu satisfaisantes : de telles listes peuvent en effet s'emparer de n'importe quel événement, objet, phénomène ; de n'importe quel « stimulus » issu de l'environnement ou des individus eux-mêmes. La délimitation de la culture ne saurait donc venir du contenu (tel que A.C. Kroeber et C. Kluckhohn tentèrent de le décrire et le classer) mais elle dépend du « contenant » où il prend place. Il s'agit alors de rechercher la réalité de la culture du côté des structures, des configurations, des formes qui impriment leur marque dans des matériaux divers sans pourtant se confondre avec eux.

Au cours de la première moitié du XXe siècle, l'école culturaliste américaine s'est engagée dans cette voie (F. Boas, R. Benedict, M. Mead, A. Kardiner et R. Linton), en introduisant la notion de « modèle culturel » ou *pattern*. Un tel modèle se situe au niveau terminal d'une certaine philosophie, d'une attitude générale envers l'existence : il s'agit d'un sens d'ensemble, auquel renvoient ceux, plus particuliers (dégagés par l'observateur de la multitude des comportements et situations usuels) qui permettent de l'approcher progressivement. Ces sens plus limités se découvrent dans ce qu'on appelle habituellement des « sous-systèmes culturels », dans la mesure où ceux-ci convergent suffisamment pour pouvoir être saisis dans une unité significative plus générale (et en principe plus profonde) qui rend possible le repérage du modèle terminal.

Autrement dit, une culture n'existe que dans la mesure où elle renvoie à une configuration « intégrée » où la cohérence l'emporte sur la contradiction, l'accord sur le conflit.

Comment un acteur social « porteur de culture » peut-il transmettre les significations particulières jusqu'au modèle global ?

Tout individu est immergé au sein d'un système symbolique qui se forme et évolue tout au long de son existence, intégrant les significations individuelles et collectives, dont celles qui proviennent de la culture. Comme C. Camilleri le précise, il ne faut pas qualifier de « culturelles » la totalité des significations que fournit le groupe (à qui nous devons le plus clair de nos idéologies, opinions, ralliements à des modes, engouements et stéréotypes divers). Sont (ou deviennent) « culturels » exclusivement les traits consensuels qui s'étendent, synchroniquement le plus loin à travers le groupe (par-delà les divisions entre sous-groupes) et diachroniquement le plus durablement à travers le temps. La distinction entre ces deux catégories est plus facile dans les sociétés dites « traditionnelles » (car le changement y est plus lent et le consensus y est plus profond et étendu) que dans les sociétés industrielles modernes et complexes.

Pour toutes ces raisons, C. Camilleri (1985) estime que la culture « est l'ensemble plus ou moins lié des significations acquises les plus persistantes et les plus partagées que les membres d'un groupe, de par leur affiliation à ce groupe, sont amenés à distribuer de façon prévalante sur les stimuli provenant de leur environnement et d'eux-mêmes, induisant vis-à-vis de ces stimuli des attitudes, des représentations et des comportements communs valorisés, dont ils tendent à assurer la reproduction par des voies non génétiques ».

Parmi les constructions de sens effectuées par l'homme, ce sont les modèles culturels qui contribuent à structurer les groupes sociaux de la façon la plus large, la plus profonde et la plus durable. C'est pourquoi de telles formations s'avèrent capables de maintenir l'unité groupale au-delà des facteurs de division et d'éclatement.

### *3.1. La culture : une acquisition des acteurs sociaux*

M.J. Herskovits considère que la culture est l'élément appris du comportement humain. Elle est en l'occurrence apprise de différentes façons, et en premier lieu par l'éducation, facteur le plus apparent, car il suscite souvent des réactions d'opposition, voire même de défense et chacun en fait nécessairement l'expérience. L'éducation est en général à l'origine des principaux modes de différenciation des comportements, des relations sociales, des réactions à un certain nombre de situations définies, de gestes précis (façons de manger, de s'asseoir, de s'habiller, de donner une poignée de mains…) qui sont transmis directement : il s'agit d'apprentissages réalisés à partir de démonstrations et répétitions.

Mais l'éducation va plus loin en permettant, notamment, l'intériorisation de certaines façons de penser, de réfléchir, d'envisager le monde. Elle joue un rôle essentiel dans le développement des fonctions intellectuelles, esthétiques, morales, spirituelles. À ce niveau, les méthodes d'éducation n'interviennent pas directement, mais indirectement.

Si les modèles d'éducation varient selon les sociétés, ils demeurent étroitement liés à la culture. Lorsqu'il s'avère que tel modèle n'est plus adapté à la culture présente d'une société, on peut observer que ce qui perdure exprime encore la culture passée.

Parfois, l'éducation est identifiée, confondue avec la culture elle-même car elle peut, en effet, être considérée comme une fin en soi : il s'agit alors d'acquérir une culture promotionnelle. Dans cette perspective, l'homme « cultivé » est celui qui maîtrise à la fois les savoirs qui lui permettent d'aller le plus loin possible dans la connaissance des aspects du réel (il manie avec aisance les méthodes et équipements mentaux à l'aide desquels il peut multiplier et approfondir cette science) et qui est, d'autre part, doté de possibilités du même ordre dans le domaine de l'imaginaire où il est capable, par exemple, d'appréhender et de produire des formes artistiques inaccessibles à ceux qui ne sont pas « cultivés ». Ce type de culture comprend finalement un corpus d'informations et de valeurs privilégiées par le groupe dominant au sein de la société d'appartenance. L'individu peut y accéder grâce à un système d'apprentissages particuliers. À partir de là, il devient à son tour capable de générer ces formes élues de la culture. Du point de vue anthropologique, on a en réalité affaire à une « subculture », caractérisant un sous-groupe parmi les autres. C. Camilleri remarque que si les autres subcultures et cultures inscrivent les différences entre collectivités et individus sans introduire de hiérarchie, la subculture des gens « cultivés » hiérarchise habituellement, après compétition et sélection, le long d'une échelle de prestige et de pouvoir liée (ou censée l'être) à la compétence et à l'aptitude créatrice. La différence observable est donc acquise et elle l'est dans le sens vertical. Cette subculture est ainsi perçue comme promotionnelle et constitue l'enjeu de luttes et stratégies diverses. Elle est également, partout, l'objet d'une initiation. Dans les sociétés occidentales cette initiation fait en grande partie appel à l'institution scolaire.

Il n'existe pas de société sans éducation. Toute société propose ou impose à ses membres un certain nombre de règles, de lois, de normes, de manières de faire ou de penser qui forment un système d'éducation plus ou moins souple, raffiné, soumis à une morale conformiste ou anticonformiste.

En marge des entreprises éducatives, la culture est aussi transmise par l'imitation à l'intérieur d'une même société, entre des individus de même groupe ou de groupes divers, et même entre plusieurs sociétés distinctes. L'éducation et l'imitation procèdent finalement du conditionnement. Elles se réalisent d'une manière à la fois consciente et inconsciente. Le plus souvent, l'individu est profondément marqué par les modes de vie au sein de son groupe, jusqu'à accomplir « naturellement » telle ou telle tâche sans en connaître la raison, la signification, peut-être l'utilité ; et le comportement peut devenir un réflexe automatique, considéré comme « naturel », à la limite n'ayant plus besoin d'être justifié.

On parle d'enculturation pour désigner ce « processus de conditionnement (conscient ou inconscient) qui se manifeste dans les limites sanctionnées par un système de coutumes ». Il s'agit en l'occurrence de l'influence que la

## Les tests peuvent-ils être « indépendants » de la culture ?

« La construction de tests applicables à des sujets appartenant à des groupes culturels différents a été envisagée depuis très longtemps (Anastasi, 1968, chap. 10); depuis 1910 aux États-Unis où coexistent de nombreux groupes culturels d'origine ethnique et nationale différente, et où se posait le problème de l'examen d'enfants d'immigrants récents possédant mal l'anglais. C'est donc pour répondre à des objectifs essentiellement pratiques que furent construits les premiers tests indépendants de la culture, *culture-free tests.* Aucun test ne peut être considéré comme absolument indépendant de la culture, car, si l'intelligence a été longtemps considérée comme un potentiel inné, il lui faut pour s'exercer un certain contenu : l'acte intelligent, quelle que soit la définition que l'on donne de l'intelligence, consiste toujours à résoudre un problème dont les données sont constituées par des éléments, objets ou symboles, eux-mêmes imprégnés de culture, c'est-à-dire supposant un minimum de familiarité avec eux pour être compris.

Si aucun test ne peut être considéré comme indépendant de la culture, on peut pourtant envisager des tests indépendants de certaines variables culturelles, en éliminant ces variables du contenu du test, en particulier des tests indépendants du langage, permettant donc de tester des étrangers, des illettrés, des sourds-muets. L'élimination du langage peut se faire de façon plus ou moins radicale. À un premier niveau, on éliminera tous les problèmes relatifs au langage, c'est-à-dire à la connaissance du vocabulaire, à son utilisation adéquate, à la compréhension de phrases ou de textes, ce que l'on considère comme relevant du facteur "verbal". À un autre niveau, on pourra éliminer les symboles verbaux qui servent à exprimer les items, par exemple dans les problèmes classiques d'arithmétique, et on n'utilisera que des symboles non verbaux, des dessins significatifs ou non, ou des objets. Le langage sera aussi éliminé de la réponse des sujets : ils devront exécuter une tâche avec des objets ou choisir une des réponses proposées. [...] Enfin, le langage écrit pourra être éliminé de la consigne.

[...] Un autre paramètre qui varie avec les cultures et qu'il pourra être nécessaire d'éliminer des tests *culture-free*, c'est l'exigence de rapidité : ainsi, remarque Cattell (1940), il n'est pas sûr que, dans d'autres cultures, la rapidité en réponse à une consigne de vitesse soit liée, comme dans la nôtre, avec l'intelligence générale, et il fournira avec son test *culture-free* des étalonnages avec et sans limite de temps.

On peut enfin chercher à éliminer du test d'autres éléments culturels que le langage, en particulier des connaissances ou même des savoir-faire que les différentes cultures ne donnent pas les mêmes occasions d'acquérir ou d'exercer; les individus appartenant à différentes cultures peuvent aussi être inégalement motivés pour acquérir ces connaissances ou exercer ces savoir-faire. C'est ce genre de biais culturel que l'école de Chicago s'est employée à détecter dans les échelles classiques.

Parmi les tests considérés comme indépendants des variables culturelles qui semblent les plus importantes, on peut citer le *Leiter International Performance Scale*, test individuel appliqué sans limite de temps, construit pour explorer des fonctions variées considérées comme semblables à celles que mesure une échelle verbale, et le test du Bonhomme de Goodenough (Harris, 1963) qui prétend discerner les facultés d'observation et le développement de la pensée conceptuelle en demandant au sujet de dessiner un homme aussi beau que possible; il semble que ce test dépende pourtant de l'expérience d'un art pictural représentatif, expérience variable selon les cultures.

En menant jusqu'au bout ce processus d'élimination des éléments culturels variables, l'idéal serait, à l'intérieur d'une certaine marge de variabilité culturelle, de ne conserver comme éléments constitutifs du test que des éléments communs à toutes les cultures considérées : il s'agirait, non pas d'un test indépendant de la culture, mais d'un test de culture commune; on risque alors d'appauvrir considérablement son contenu et à la limite de ne plus pouvoir construire du tout de test. Une autre voie consisterait à introduire dans le test des éléments équilibrés du point de vue culturel, c'est-à-dire des problèmes relevant de chacune des cultures considérées, dans des proportions telles qu'aucune des cultures ne soit favorisée : une telle tentative n'a pratiquement jamais été réalisée en ce qui concerne la culture des différentes classes sociales, comme elle l'a été, dans les échelles les plus classiques, pour équilibrer les différences liées au sexe, sans qu'il soit nécessaire de poser le problème de l'origine génétique ou culturelle de ces différences ».

M. Demangeon,
*Cultures et conduites,*
M. Reuchlin, Paris, © PUF, 1976, p. 85 à 87.

société exerce sur l'individu, cette influence s'étendant à tous les segments de l'existence. Pendant l'enfance, l'enculturation consiste en l'acquisition d'habitudes élémentaires : c'est la première éducation, d'une importance extrême. Pendant la vie adulte, l'enculturation perdure, jusqu'à la mort, sous une forme inconsciente (d'habitudes acquises et/ou renouvelées) et sous une forme consciente : face aux situations nouvelles, des comportements sont choisis et adaptés en fonction des coutumes et de la pression sociale.

### *3.2. La culture : une structure singulière*

La culture ne consiste pas en une juxtaposition de traits, de manières de penser ou d'agir qui seraient incohérents, désordonnés; elle tend, au contraire, à l'ordre, à l'unité et à la cohérence.

Dans une culture donnée, on relève en général des thèmes dont le nombre varie en fonction du degré de complexité de cette culture. Toutes les institutions, coutumes, pratiques, lois, règles, prennent leur sens par rapport à ces thèmes.

Quand il s'agit de comprendre la culture en tant que structure, deux points de vue se distinguent : le point de vue fonctionnaliste et le point de vue configurationnel. B. Malinowski cherche à expliquer les faits culturels d'après leur fonction, « par le rôle qu'ils jouent dans le système intégral de la culture ». Il observe chacun des éléments pour les intégrer dans le schéma culturel complet dont ils proviennent. En ce sens, il envisage la culture comme une totalité.

D'un autre point de vue, R. Benedict met l'accent sur la sélectivité de la culture : la culture est universelle et le fait que chaque peuple possède une culture propre résulte de ce que chacun choisit plus particulièrement tels ou tels thèmes. Dans cette perspective, la sélection est la première condition pour qu'une culture soit intelligible, car « le type culturel de toute civilisation utilise un certain segment du grand arc des buts et motifs humains potentiels… Le grand arc au long duquel sont répartis les comportements possibles est bien trop vaste et plein de contradictions pour qu'une seule culture puisse en utiliser un segment considérable ». Tout cela revient, en définitive, à affirmer l'irréductible singularité de chaque culture dans sa structure : éléments, complexes, aires et types de culture. Quand il s'agit de scruter une culture donnée, à l'intérieur des thèmes (ou schémas généraux) se distinguent des éléments plus particuliers. Un élément culturel est un détail spécifique : c'est la plus petite unité identifiable. Les éléments se situent sur plusieurs plans : matériel, technique (outils, armes, habitations, vêtements… Par exemple, dans la tribu Pomo en Californie, Giffard et Kroeber ont dénombré 45 éléments en ce qui concerne la pêche et 57 pour la chasse. Cinq ans plus tard, pour la pêche les mêmes auteurs indiquèrent le chiffre de 72 et pour la chasse le chiffre de 130), social, religieux (pour les Pomo, la mort comprend 110 éléments), esthétique, moral…

Un groupe d'éléments en rapport étroit forme ce que les culturalistes appellent un « complexe culturel ». Dans un complexe plusieurs éléments s'associent en un tout unifié. Une liturgie, par exemple, comprend de nombreux rites, tous ordonnés selon une même fin. L'unité, qui est un caractère essentiel du complexe culturel, peut ne pas être apparente. On peut évoquer le cas du *dakpwe*, groupe de travail masculin au Bénin, qui joue un rôle à la fois économique et religieux – il s'occupe des funérailles – en combinant le travail, le chant et la danse. De telles occupations peuvent sembler dépourvues de liens aux yeux d'un observateur extérieur, mais dans la logique des Béninois il est tout à fait normal que les personnes qui travaillent la terre et la font produire y ensevelissent également les morts qui sont considérés comme retournant à la terre. Le *dakpwe* a donc le droit de « déranger la terre » en la cultivant ou en y enterrant les défunts. En définitive, aucune discordance ne marque les prescriptions sociales pour ces populations.

Les anthropologues intéressés par les cultures ont appelé « aire de culture » une région qui rassemble des cultures proches. L'aire de culture est définie empiriquement par des ensembles d'éléments, positifs et négatifs, regroupés en noyaux. M.J. Herskowits utilise la notion de « clim-ax » pour désigner un centre de culture, c'est-à-dire la région où l'on trouve « des éléments plus nombreux et des types plus franchement marqués et reliés ». À partir de là, on repère des cultures marginales, analogues à la culture des noyaux de l'aire, mais différentes selon un degré croissant à mesure que l'on s'en éloigne. L'aire de culture est toutefois un concept qui n'a guère de valeur psychologique pour les groupes qu'elle intéresse : si le regard anthropologique tend à considérer surtout les ressemblances entre les groupes, les membres de ces groupes considèrent, eux, surtout les différences qui les opposent !

### L'HOMME UNI À L'UNIVERS : EXEMPLE D'UN MODÈLE CULTUREL RÉGULATEUR DE LA VIE D'INDIENS DU NOUVEAU-MEXIQUE

R. Benedict a développé diverses études descriptives qui permettent de comprendre ce qu'est un modèle culturel. La tribu Zuni des Indiens pueblos du Nouveau-Mexique cultive, par exemple, le goût de la paix et de la modération en toutes choses. Ses membres ne se livrent pas à la guerre : ils préfèrent éviter les conflits ou recourir à d'autres procédures pour les régler; ils ne s'épuisent pas en compétitions, rivalités, luttes interpersonnelles... en recherchant du pouvoir ou du profit. Ces choses peuvent certes se produire mais elles sont contraires à leur art de vivre. Chacun se trouve plutôt encouragé à exercer son activité calmement, à sa place, au sein d'un univers social où règne un ordre que réactualise sans cesse un cérémonial minutieux auquel est consacré le plus clair de l'existence. Évitant tout sentiment excessif l'individu vit les rapports interpersonnels paisiblement. Tout ce qui manifeste une quelconque violence est inconvenant : le suicide, par exemple, ou les scènes conjugales. Pour se séparer, un couple en désaccord dispose de procédures discrètes. L'autorité personnelle est la chose la plus mal vue, elle est donc évitée partout, y compris dans la famille et dans l'éducation des enfants, qui sont choyés et ne subissent pas de disciplines contraignantes. Enfin, il paraîtrait que l'idée de faute personnelle, de péché, serait étrangère aux Zunis; ils transposent dans leur philosophie la notion d'absence de conflit que justifie le principe de l'unité de l'homme avec l'univers.

Certains anthropologues reprochent à un tel tableau son caractère d'image d'Épinal. Sans nier les possibilités de simplification outrancière, on comprend toutefois qu'il s'agit de présenter un modèle, dont la fonction rappelle celle de « l'idéal type » de Max Weber : une construction de l'esprit, abstraite de la réalité; une formation limite, en quelque sorte, rarement atteinte mais qui joue un rôle normatif et régulateur à l'égard du réel.

Ainsi, on a établi des cartes des aires de culture selon diverses méthodes possibles. En voici un exemple (proposé par C. Wissler en Amérique du Nord) :

- une attention particulière a été accordée aux facteurs géographiques et écologiques,
- les cultures ont été traitées comme n'ayant pas d'équivalence historique,
- les centres (ou « clim-ax ») de culture ont été définis aussi précisément que possible,
- on a recherché les relations de subordination à l'intérieur des cultures et entre elles.

Les culturalistes ont abondamment utilisé la notion de « modèle culturel » ou *pattern*, car « toute conduite, dans une civilisation, est modelée », comme l'explique M.J. Herskowits. Il existe en effet des types et des modèles culturels que cet auteur définit comme « les formes prises par les éléments d'une civilisation, lorsque les modèles de conduite qui apparaissent chez les membres d'une société convergent et créent une façon de vivre cohérente, continue et distincte». À un modèle correspond donc un type de conduite accepté, défini par la société. Lorsqu'ils se trouvent dans une même situation, tous les individus de cette société conforment en général leurs conduites au modèle. La façon de se marier constitue un de ces modèles culturels. Les individus qui se marient le font suivant une plus ou moins grande conformité avec l'un des types de mariage qui a cours dans leur société : avec ou sans fiançailles, avec ou sans don d'une bague, cérémonie civile accompagnée ou non d'une cérémonie religieuse, toilette blanche rituelle pour la mariée ou non, festin, cadeaux, dot, etc.). Généralement, le modèle culturel n'est pas une contrainte absolue : il indique seulement la ligne de conduite à suivre globalement; à part quelques cas particuliers où les moindres détails d'une conduite sont minutieusement réglés. Autrement dit, dans une société donnée et dans les sociétés complexes qui sont les nôtres aujourd'hui, on ne trouve pas un modèle exclusif qui régirait les comportements de manière rigide, mais une multiplicité de modèles auxquels les acteurs sociaux se conforment, suivant leurs caractères distinctifs (âge, sexe, profession, position sociale, fortune, etc.); ceci par-delà un certain dénominateur commun aux conduites au sein de chaque «civilisation».

### *3.3. La culture : un processus dynamique et évolutif*

Les auteurs intéressés par les cultures et par les facteurs qui s'y rapportent n'ont pas tous considéré que ces formations sont des entités pouvant faire l'objet de descriptions et/ou d'inventaires, qui figent le réel en un quasi-état de nature. Dès la fin du XIX^e^ siècle, certains anthropologues (en particulier Morgan et Tylor) commencèrent à envisager la culture comme une dynamique évolutive.

D'après la théorie de l'évolutionnisme culturel, pour accéder à son état présent l'homme aurait connu différents stades d'évolution allant de l'inférieur au supérieur. Dans cette optique, les ancêtres des hommes actuels les plus civilisés sont envisagés comme des «sauvages».

Trois traits principaux caractérisent la théorie de l'évolutionnisme culturel : cette perspective ramène l'histoire de l'humanité à une série unilinéaire d'institutions et de croyances; les similitudes qui marquent cette série révèlent le principe de l'unité psychique de l'homme; la comparaison des manifestations des institutions et croyances humaines parmi les peuples existants est supposée révéler une évolution en mettant au jour des stades distincts de culture, notamment les stades les plus anciens par lesquels seraient passés les peuples dits «évolués».

On trouverait donc chez les peuples considérés comme «avancés» la survivance de coutumes prouvant leur passage par des stades antérieurs dont certains vestiges seraient encore visibles.

Les évolutionnistes ont développé le concept de culture, la distinction des subdivisions de la culture (nommées aujourd'hui «aspects») et l'établissement des principes simultanés de la continuité et du développement ordonné de la culture.

Comment les cultures progressent-elles? Globalement, leur évolution résulte de l'opération de certains facteurs internes qui ont fait l'objet du classement suivant :

### 3.3.1. La sélection

Les individus opèrent une sélection parmi les éléments culturels, les rites, les coutumes, les croyances, les idées... C'est pourquoi la culture se modifie progressivement. Les évolutionnistes estiment que la sélection se fait dans le sens d'une progression; ainsi la culture est orientée vers un état « supérieur », un certain nombre de coutumes étant graduellement abandonnées et remplacées par d'autres plus satisfaisantes.

### 3.3.2. L'innovation

De nombreux éléments, au caractère brutal et déconcertant (bien qu'en général existant déjà ailleurs) sont introduits dans la culture.

### 3.3.3. La découverte

Diverses conditions sont nécessaires à l'apparition de la trouvaille non préméditée qu'est la découverte : l'occasion, l'observation, l'appréciation, l'imagination (voire le génie), la curiosité et le besoin.

### 3.3.4. L'invention

L'invention ne naît pas nécessairement du besoin, car certains besoins naissent après des inventions, en fonction d'elles et suscités par elles. En réalité, découverte et invention sont très liées, elles se recouvrent plus ou moins et ne forment qu'un des aspects du processus continu qu'est le changement culturel.

De multiples facteurs externes interviennent part ailleurs en faveur de l'évolution culturelle : lorsque plusieurs cultures se rencontrent, leur évolution respective est précipitée. Une civilisation qui vivrait limitée à ses propres horizons se replierait sur elle-même et resterait relativement stable, alors que les échanges économiques, sociaux et culturels génèrent nécessairement de nouveaux traits culturels. On peut comparer, par exemple, le cas de certaines communautés isolées dans des montagnes et qui, coupées du reste du monde, maintiennent à travers les siècles certaines coutumes apparemment inchangées avec celui de milieux qui s'érigent en véritables carrefours pour les populations : ils deviennent, au contraire, des foyers de brassage culturel.

### 3.3.5. Les emprunts

Une culture en contact avec une ou plusieurs autres cultures tend à intégrer les éléments culturels étrangers rencontrés. L'école héliolithique considère l'emprunt comme le seul réel mécanisme de changement culturel.

### 3.3.6. L'acculturation

Dans la perspective de l'évolutionnisme culturel, l'acculturation est le fait, pour des types culturels originaux, de connaître des changements au contact direct et continu avec des groupes d'individus appartenant à des cultures différentes. Pour une population donnée, l'acculturation consiste donc à assimiler un certain nombre de traits culturels caractéristiques d'une autre population avec laquelle elle est en contact. Essentiellement due aux contacts entre groupes culturels distincts, l'acculturation n'obéit pas nécessairement à des lois logiques : les réactions culturelles surgissent en effet dans des contextes de rencontre entre groupes marqués par l'asymétrie et la domination d'un groupe sur un autre, ou d'occupation territoriale d'un groupe par un autre.

### 3.3.7. La diffusion

L'influence de certains foyers de culture au rayonnement intense est à l'origine de la diffusion. Une culture possède un certain nombre de caractères saillants qui forment son foyer. Lorsque ces caractères sont particulièrement originaux, ou géniaux, ils se propagent à partir du lieu de leur naissance. Ainsi, la découverte de la boussole a eu lieu en Chine, mais du fait de l'intérêt considérable de cette découverte, la boussole s'est progressivement répandue dans tous les pays du monde.

### 3.3.8. La réinterprétation

Lorsque d'anciennes significations sont attribuées à des éléments nouveaux et/ou que de nouvelles valeurs changent la signification culturelle de formes anciennes, la réinterprétation tend à donner à une culture de nouvelles orientations. Sous l'effet du contact entre deux ou plusieurs cultures, certains éléments culturels sont de la sorte réinterprétés, chaque culture le faisant à sa manière à partir des éléments culturels empruntés à la culture voisine. Si les anthropologues nous ont fourni bien des exemples de ce type, la psychologie interculturelle devrait être tout aussi prolixe en exemples actuels, avec l'intensification des brassages de populations liés aux événements sociopolitiques récents (bouleversements politiques des pays de l'Est, ouverture des frontières européennes...).

## *3.4. La culture : production vivante des acteurs sociaux*

Diverses séries d'observations et d'expérimentations prouvent l'existence d'instincts sociaux chez les animaux, notamment chez les fourmis et les abeilles. Chez les poissons on a démontré la quasi-nécessité de la vie sociale : Allee a soumis à l'action de quantités fixes d'argent colloïdal des poissons rouges isolés et des poissons regroupés par dix; les individus qui faisaient partie des groupes survécurent plus longtemps que ceux qui étaient isolés. Parmi les espèces supérieures, Köhler affirme qu'« il est à peine exagéré de dire qu'un chimpanzé tenu dans la solitude n'est pas du tout un véritable chimpanzé ».

En d'autres termes, la vie sociale est constitutive de l'être vivant. Dans toute société des relations sociales s'établissent et elles peuvent atteindre un degré de complexité extrême, à partir du moment où les individus qui participent à la vie du groupe y sont correctement socialisés.

Le critère selon lequel le groupe social apprécie l'équilibre d'un individu est la façon plus ou moins complète et plus ou moins harmonieuse dont celui-ci assimile la culture de son groupe : ses différentes règles, coutumes, manières de penser ou d'agir. Le terme de « socialisation » désigne cette intégration de l'individu dans le corps social. Du point de vue du groupe, la socialisation est donc obligatoire. Si elle ne se réalise pas, l'individu est marginalisé ou exclu, sa situation est anormale (elle échappe aux normes du groupe).

Dans tout groupe social la culture préexiste à l'individu et lui survit. On a pu observer comment certains modes de vie relativement traditionnels perdurent au sein d'un groupe, indépendamment des acteurs sociaux, de génération en génération, sans se modifier fondamentalement. Un *continuum* culturel demeure donc par-delà le changement constant des personnes et en dépit de leurs actions respectives. En ce sens, la culture possède une réalité objective : elle a une certaine indépendance par rapport à l'individu qui la vit.

D'un autre point de vue, la culture n'est possédée entièrement par aucun des individus qui la véhiculent, car chacun n'en possède et n'en vit que quelques éléments, déterminés par des facteurs tels que le sexe, l'âge, la profession, l'éducation; spécialement dans les groupes occidentaux, très étendus qui se caractérisent par une importante division du travail et un haut degré de spécialisation.

Les individus vivent rarement leur culture d'une façon consciente. On a vu précédemment qu'ils sont plus ou moins déterminés, conditionnés par le milieu dans lequel ils sont intégrés, qui constamment les pousse à la conformité. Ordinairement, une telle influence n'est pas éprouvée consciemment, les réactions surgissent donc comme autant d'automatismes ne posant aucun problème.

Les réactions personnelles de l'individu au sein de sa culture sont par conséquent largement déterminées, ce qui réduit d'autant la part de ce que l'on appelle la « personnalité ». La culture pourtant est vécue par chacun de manière variable; elle n'est pas un joug subi passivement. Les sujets la reçoivent et la transforment, chacun la marquant de son idiosyncrasie propre : à travers les choix faits entre différentes conduites possibles et l'orientation particulière qui leur est donnée; à travers le sens prêté aux exigences de la culture et à travers les multiples manières concrètes de la vivre.

Autrement dit, si l'individu ne vit qu'un fragment de sa culture, il peut du moins agir personnellement sur ce fragment. L'histoire fournit de nombreux exemples de personnalités ayant brisé avec telle idée reçue, telle habitude de penser ou d'agir. L'ouvrier qui perfectionne un outil, le technicien qui concrétise une découverte scientifique, le chercheur qui fait progresser la science... contribuent, chacun dans le domaine qui lui est propre, à faire évoluer leur culture d'appartenance, non seulement dans l'aspect culturel particulier qui les intéresse, mais dans la culture en général; car celle-ci n'est pas composée de compartiments étanches : l'ensemble dépend des parties qui, elles-mêmes, sont en interdépendance.

En général, on observe que telle ou telle culture tend à évoluer dans tel ou tel sens. Cette évolution n'est pas le fait de la culture en elle-même, considérée comme une entité abstraite, elle résulte de l'action des individus. Si un individu seul détient peu de pouvoir, un groupe d'individus est susceptible d'induire une importante variation dans l'orientation de la culture. Une tendance ne se produit pas au hasard, ce sont seulement les variations individuelles qui font bouger cette tendance, qui l'incarnent. Car la culture n'existe qu'à travers les acteurs qui la véhiculent.

On a parfois objecté que l'existence d'« accidents historiques » (c'est-à-dire d'événements qui ont fait varier la culture d'une façon brutale, disproportionnée avec le pouvoir d'un seul individu) montre combien la culture est indifférente à l'individu. En réalité, ce n'est pas parce que l'« accident historique » est inhabituel qu'il est imprévisible : la sensibilité aux multiples signes que peuvent manifester les acteurs sociaux peut fournir les moyens de développer la compréhension et la prédiction de tels « accidents ».

Des variations individuelles mineures, en harmonie avec certaines dispositions culturelles préexistantes, peuvent, en s'accumulant, devenir capables d'influencer la dynamique d'une culture donnée.

## 4. Comment cerner les phénomènes liés aux cultures?

### *4.1. Approches « émiques » et « étiques »*

C'est de l'extérieur que, dans un premier temps, se fait la description d'une culture inconnue : dans une perspective « étique » l'observateur repère les éléments qui pour lui ont un sens. La mise en relation et la vérification des précédentes informations font que l'observation se dégage petit à petit du point de vue extérieur pour pénétrer le phénomène de l'intérieur, comprendre la signification culturelle des éléments repérés. La perspective devient alors « émique ».

Dans un article très critique, G. Jahoda (1983) remarque que bon nombre de chercheurs comprennent la distinction émique/étique comme opposant ce qui est intraculturel (et culturellement spécifique) à ce qui est général et universel. En réalité, l'approche émique consiste à partir de l'observation des comportements et représentations locales, en s'interdisant, *a priori*, mais pas nécessairement *a posteriori*, l'application à telle ou telle culture de grilles d'observation (ou de situations expérimentales) déjà utilisées dans d'autres cultures. D'un autre point de vue, l'approche étique cherche à élaborer des concepts généraux transcendant les réalisations culturelles particulières. Par exemple, en ce qui concerne les opérations intellectuelles, les études émiques s'appuient en premier lieu sur les pratiques intellectuelles en vigueur dans une culture observée, tandis que l'analyse étique cherche à regrouper les nécessités théoriquement accessibles, définissant ainsi les structures formelles de la pensée naturelle qui ne peuvent pas ne pas être homomorphes aux structures logico-mathématiques. La comparaison de données émiques peut toutefois conduire à abstraire des universaux; tandis que certains éléments des descriptions étiques peuvent ne pas être observables localement. Ces deux approches se complètent donc : l'une s'apparente plutôt à l'induction, l'autre à la déduction. On voit comment la simple dichotomie émique/étique est insuffisante et comment elle se prête à des interprétations multiples et parfois contradictoires.

### *4.2. Les destins scientifiques de la recherche des similitudes et des différences à travers les cultures*

Les psychologues qui prennent en compte les variables de culture peuvent rechercher des universaux descriptifs, c'est-à-dire situés au niveau des observables; corrélationnels, c'est-à-dire qui se caractérisent comme des liens systématiques entre plusieurs catégories d'observables (on essaie alors de relier les comportements sociaux à diverses caractéristiques et pratiques culturelles); ou de processus, c'est-à-dire qui permettent d'accéder à l'explication.

L'universalité des processus psychologiques est à la fois un postulat de départ et un objectif de recherche; ce sont, en effet, de tels processus que la psychologie générale ambitionne de découvrir, y compris par-delà la variabilité des facteurs environnementaux qui peuvent faire surgir des différences culturelles (les mêmes lois pouvant permettre de prédire des observables différents).

L'attribution des différences psychologiques à des différences culturelles constitue la démarche inverse et complémentaire de la recherche des universaux.

La perspective du relativisme culturel postule que tout jugement de valeur est relatif au cadre culturel au sein duquel il a été produit; de même que toute règle de jugement est relative : les jugements dépendent en effet des normes, lesquelles varient selon les groupes qui les produisent, donc selon les cultures.

L'origine des différences observées parmi les conduites humaines est par conséquent à rechercher simultanément dans les conditions objectives de ces conduites et dans les significations attribuées aux éléments matériels (et qui définissent un niveau subjectif ou symbolique). Les significations étant elles-mêmes inférées à partir d'observations, l'interprétation consiste essentiellement à rapprocher diverses catégories d'observables.

L'analyse des différences entre cultures devrait toutefois s'accompagner de la prise en compte des nécessaires différences repérables à l'intérieur de chacune des cultures en présence, que ces différences soient interindividuelles ou qu'elles soient liées à la stratification sociale de la société considérée.

L'observation des différences entre cultures doit être comprise en tenant compte des exigences d'adaptation des conduites à l'environnement, physique et social. Il est ainsi pertinent de se poser la question du type de connaissance et/ou de compétence pouvant assurer le plus efficacement possible une telle adaptation.

## 5. La saisie des liens entre culture et comportement : un enjeu délicat

Si les phénomènes liés aux interrelations entre l'individu, la culture et la société sont tacitement reconnus depuis toujours, jusqu'au début du XX^e^ siècle leur examen est resté le fait du philosophe et du théologien. Depuis, les efforts scientifiques déployés pour éclairer ces questions sont demeurés sans grand succès : quantité de techniques, reconnues comme scientifiques, ne sont pas applicables purement et simplement aux phénomènes de ce genre. Par exemple, la méthode expérimentale ne semble *a priori* guère pertinente. Les processus en jeu dans les cultures et les sociétés sont tels, en effet, qu'il est impossible de les reproduire, de les commander ou de les étudier dans des conditions rigoureusement contrôlées. Dès sa petite enfance, l'individu lui-même véhicule déjà un capital d'expériences et de possibilités déterminées biologiquement : leur contrôle exigerait la manipulation des dynamiques héréditaires, ce qui paraît difficilement réalisable !

D'un autre point de vue, la recherche scientifique n'a pas mis au point de techniques susceptibles de permettre la saisie des configurations globales que sont la personnalité, la culture et la société. Or, il s'agit bien de considérer des ensembles : la compréhension de leur organisation respective et du modelage de leurs parties en structures importe plus que celle de leurs éléments pris isolément. Les scientifiques se sont employés à l'analyse des parties, mais les configurations en tant que telles leur échappent largement, faute de techniques capables d'en assurer la saisie.

Pour mesurer la plupart des phénomènes sociaux et culturels, l'absence d'unités exactes et vérifiables interdit par ailleurs l'usage d'un grand nombre des techniques mathématiques qui ont fait leurs preuves dans d'autres secteurs de la recherche.

La récente collaboration entre psychologues et anthropologues a pourtant permis de réaliser un important progrès technique dans l'étude des relations entre l'individu, la culture et la société. On a mis au point, par exemple, un nombre considérable de tests. Mais si perfectionnés qu'ils soient, ceux-ci ne peuvent cependant renseigner le chercheur que de manière fragmentaire. Le recours aux études et aux comparaisons d'histoires de vie, telles qu'on peut les obtenir des individus eux-mêmes, présente un grand intérêt. Il faut souligner en ce domaine la contribution importante des psychanalystes. Mais il reste beaucoup à faire, notamment pour développer des techniques objectives. Pour toutes ces raisons, la méthode naturaliste est longtemps demeurée privilégiée des chercheurs qui se sont souvent limités à l'observation et à la comparaison de matériaux recueillis dans des conditions environnementales variées.

## 6. Une méthode privilégiée en psychologie anthropologique et interculturelle : l'observation

### *6.1. Comment aux origines de l'anthropologie on dénonce déjà les dérives de l'observation*

À l'aube des développements de l'anthropologie française (en 1800), se livrant à quelques « considérations ethnologiques », J.-M. de Gérando (1772-1842) expliquait déjà comment il convient d'étudier l'homme : en l'observant ! Deux siècles ont passé et ses *Considérations sur les diverses méthodes à suivre dans l'observation des peuples sauvages* peuvent toujours servir de modèle pour élaborer des préceptes d'observation scientifique en situation interculturelle.

Inspiré par l'humanisme en vigueur au Siècle des lumières, cet auteur prétendait lutter contre les méfaits d'un ethnocentrisme qui ne se nommait pas encore ainsi et il préconisait le développement de sciences de l'homme alignées sur le modèle des sciences de la nature : loin des « vaines théories » elles devraient s'en tenir à l'étude de ce qui est observable. C'est donc un esprit positiviste qui l'emporte, avec un réel souci de respect des faits.

Ainsi la méthode comparative triomphe de toutes les spéculations théoriques possibles : la connaissance du réel passe par la comparaison des formes qu'il peut prendre en diverses circonstances, l'action des facteurs en jeu s'éclairant progressivement, au fur et à mesure que se répètent les observations et les analyses, et que viennent au jour, dans les meilleurs cas, les liens de causalité.

Pris dans le flux des idéologies évolutionnistes, J.-M. de Gérando postulait l'existence d'une nature humaine modulable selon les circonstances (en fonction des effets conjugués de multiples facteurs tels que l'éducation, le climat, les institutions politiques, les mœurs et les opinions établies...). Il considérait que le terme de comparaison doté de la plus grande valeur heuristique possible à ce propos est constitué par les peuples « sauvages », les plus proches, selon lui, de l'état de nature et donc les plus aptes à révéler nettement les effets respectifs des divers facteurs qui infléchissent les expressions de la nature humaine. Cet auteur avait même pour projet d'établir une échelle indiquant les degrés divers de civilisation atteints par les populations, pour en inférer des savoirs relatifs à la genèse des idées, du langage…

L'altérité était donc appréhendée comme un moyen de mieux se connaître soi-même en tant qu'humain, mais aussi comme une opportunité de développement, à travers la communication, de ce que l'on nomme aujourd'hui l'« interculturel ». La perspective de J.-M. de Gérando – certes entachée d'un humanisme équivoque qui ne peut surprendre en plein épisode d'expansionnisme colonial – présente l'avantage d'être critique à l'égard des habituelles relations de voyageurs « plus empressés de découvrir de nouveaux pays que de les étudier ».

Ce sont les avatars de l'exotisme qui sont en l'occurrence soulignés d'emblée en tant que générateurs de biais : l'auteur invite l'observateur à prendre le temps d'observer réellement, précisément, en abandonnant l'indifférence (celle que les « nations sauvages inspirent habituellement à notre Europe ») et les préjugés néfastes.

Nous retiendrons de l'inventaire que J.-M. de Gérando dresse des principales fautes commises dans le passé par les voyageurs qui relatèrent leurs observations des « sauvages » les principes suivants :

1) par souci de rigueur et d'exhaustivité, il est nécessaire de se construire des « tables régulières », ou grilles d'observation, pour enregistrer méthodiquement la totalité des données auxquelles on s'intéresse ;
2) il faut se soucier de l'authenticité des informations recueillies et éviter les généralisations abusives (fondées notamment sur quelques cas isolés et non représentatifs) ;
3) la compréhension des processus sociaux à l'origine de la conduite observée est nécessaire pour éviter l'enregistrement de ce qui est non de l'ordre du fait mais de celui de l'interprétation d'un observateur mal averti ;
4) pour éviter les égarements résultant d'hypothèses erronées, l'observateur doit veiller à ne pas chercher à expliquer les conduites observées d'après les modèles culturels en vigueur dans son propre groupe d'appartenance : il ne doit pas exporter ces modèles hors du milieu qui les a produits et où ils prennent leur sens ;
5) les outils conceptuels qui servent à structurer les observations doivent être clairement définis et d'un usage commun à toutes les personnes concernées par la recherche ;
6) il faut éviter les pièges de la subjectivité individuelle et collective ; l'observateur doit apprendre à contrôler aussi bien ses propres réactions dans la relation avec l'objet observé (de sympathie, hostilité… globalement de transfert) que les distorsions liées aux stéréotypes et aux préjugés que la société dont il provient développe envers la population observée. La formation à l'observation interculturelle suppose donc à la fois un travail sur soi-même pour accéder à une plus grande clairvoyance au cours de la dynamique relationnelle, et une bonne information sur le

contexte sociopolitique et historique dans lequel s'inscrit la rencontre entre les groupes en présence (le groupe social dont l'observateur lui-même est issu et ceux où évoluent les personnes observées);

7) le véhicule de la communication interculturelle doit être clairement défini : de quelle langue l'observateur fait-il usage lorsqu'il entretient un échange verbal avec les populations observées, et comment s'y prend-il pour interroger les sujets? Il est essentiel de s'assurer que les personnes interrogées projettent bien dans les mots et phrases utilisés les significations que l'observateur y décrypte.

À travers la langue, c'est toute la fonction sémiotique qui est en jeu. Au-delà se profile l'univers des représentations sociales : il s'agit de le pénétrer si l'on prétend comprendre ce que l'on observe.

### *6.2. Techniques audiovisuelles et observation : des perspectives scientifiques nouvelles*

Dès l'apparition de la technologie d'enregistrement des événements de la vie sous forme de documents visuels et audiovisuels, les hommes et leurs comportements furent érigés en objets privilégiés des études d'anthropologues novateurs, pressés de s'emparer de ces instruments inédits pour révolutionner leur science.

Lorsque, dans les années 1895-1900, le cinématographe de Lumière permit de produire des images animées, on se crut en possession de l'instrument objectif qui allait permettre la saisie sur le vif des comportements humains. Ainsi filme-t-on *La Sortie des usines*», *Le Déjeuner de bébé*, *La Pêche à la crevette*, des épisodes des guerres de Chine… conçus comme d'authentiques documents. C'est toutefois après la Première Guerre mondiale, avec le cinéaste soviétique Dziga Vertov et l'ethnographe américain Robert Flaherty, que la caméra s'insinua véritablement parmi les hommes, en faisant surgir les questions (liées à l'observation participante) du *feed back* et du «ciné-vérité» qui sont toujours actuelles. Robert Flaherty filma au début des années 1920 la vie des Inuits du Grand Nord, renvoyant leurs images aux populations concernées, notamment à l'Inuit Nanook (*Nanook of the North*, 1922). Dziga Vertov enregistra dans le mouvement certains épisodes de réelle turbulence révolutionnaire, d'une manière telle que seul le «ciné-œil» peut le saisir. Selon Jean Rouch, ces auteurs avaient déjà compris «tous les problèmes du film ethnographique, du film d'enquête de la télévision et de la création qui sont ceux du cinéma actuel, des modèles contemporains de la "caméra vivante". Bien que les techniques aient évolué depuis, les questions éthiques et méthodologiques demeurent inchangées : doit-on se livrer à une mise en scène de la vie réelle (observation participante) ou saisir la vie "à l'improviste"?»

Après l'avancée fulgurante des précédents auteurs, les pratiques ne furent pas uniformément aussi brillantes. Les efforts déployés par quelques ethnographes tels que Marcel Griaule (*Au pays des Dogons*, 1935; *Sous les masques noirs*, 1938), Margaret Mead et Gregory Bateson (*Character formation in different cultures*, 1942) ne pesaient pas bien lourd devant les succès envahissants des superproductions du cinéma exotique : il ne s'agissait plus alors de mettre la caméra au service des hommes mais l'inverse.

Avec les progrès techniques liés à la guerre, des caméras légères sont par la suite revenues parmi les hommes, notamment pour filmer les « techniques du corps » en œuvre dans diverses populations – comme l'avait prescrit Marcel Mauss, soucieux d'études comparatives.

Ainsi, à partir des années 1950, certains anthropologues se sont initiés au maniement des outils audiovisuels (L. de Heusch, I. Polumin, H. Brandt, J. Marshall, J. Rouch), inventant un nouveau langage : le film ethnographique, dont le destin est désormais lié aux progrès de la télévision.

Pour Jean Rouch, le film ethnographique est le plus souvent un « produit hybride » qui ne satisfait ni la rigueur scientifique, ni l'art cinématographique : il est en effet très coûteux d'allier les talents du cinéaste à ceux de l'anthropologue, tandis que le recours à des équipes de techniciens compétents représente toujours une intrusion néfaste sur un terrain difficile.

Jean Rouch préconise donc « le contact réel entre celui qui filme et ceux qui sont filmés », la caméra étant, si possible « vivante » : l'opérateur se déplace avec sa caméra et il improvise, d'une manière dynamique, évitant avec les hommes l'arrogance de « l'œil-zoom » qui fait figure de poste d'observation à distance. Impliqué dans la situation qu'il saisit, Jean Rouch estime que l'anthropologue connaît alors un état de transformation de sa personne. Comparable à un phénomène de possession, cet état serait une « ciné-transe ».

Pour ce même auteur, l'usage du film représente un moyen de communiquer avec l'Autre en lui montrant comment on le voit. Cette pratique est donc clairement celle d'une observation participante, pouvant susciter de multiples réactions parmi les populations concernées notamment en faisant surgir d'abondantes informations qui sans cela n'auraient pas pu apparaître. On comprend qu'à la suite d'opérations de ce genre, des relations d'un type nouveau s'instaurent entre celui qui observe et ceux qui sont observés, permettant le développement d'une « anthropologie partagée », réellement interculturelle. L'anthropologue vit alors une pratique de stimulation de connaissance mutuelle et, précise Jean Rouch, de dignité.

Dans cette perspective, la participation totale serait la seule attitude moralement et scientifiquement possible pour un anthropologue.

## POUR ALLER PLUS LOIN

BERRY J.W., *Introduction to methodology*, Boston, Allyn et Bacon, 1-28, 1980.

BERRY J.W., LONNER W.J. (eds), « Field methods in cross-cultural research », *Cross-cultural research and methodology series*, vol. 8, Sage publications, Beverly Hills, California, USA, 1986.

BRIL B., LEHALLE, H., *Le développement psychologique est-il universel?*, PUF, Paris, 1988.

DE HEUSH L., *Cinéma et Sciences sociales*, UNESCO, 16, Paris, 1962.

HUI H., TRIANDIS H.C., «Measurement in cross-cultural psychology : a review and comparison of strategies», *Journal of cross-cultural psychology*, *16*, 131-152, 1985.

LEROI-GOURHAN A., «Cinéma et Sciences humaines. Le film ethnographique existe-t-il?», *Revue de géographie humaine et d'ethnologie*, 3, Paris, 1948.

ROUCH J., *La caméra et les hommes*, CNRS, Paris, 1973.

TRIANDIS H.C., BERRY J.W. (eds), *Handbook of cross-cultural psychology*, vol. 2. *Methodology*, Allyn et Bacon, Boston, 1980.

VINSONNEAU G., «Introduction à la recherche en psychologie interculturelle», *in* Camilleri C. et Vinsonneau G., *Psychologie et culture, concepts et méthodes*, Armand Colin, Paris, 1996.

# 4 *La culture forme les esprits*

« Un Hérisson est un Hérisson et rien d'autre qu'un Hérisson ; une Tortue est une Tortue et rien d'autre qu'une Tortue.
- Mais ce n'est pas un Hérisson et ce n'est pas une Tortue. C'est un peu des deux et j'ignore son nom.
- Balivernes ! dit maman Jaguar. Chaque chose a un nom. À ta place je l'appellerais "Tatou" en attendant de trouver le vrai nom et je le laisserais tranquille. »

Rudyard Kipling, *Histoires comme ça.*

« [...] Nous vous avons donné diverses qualités :
Les uns ont la grandeur et la force en partage ;
Le Faucon est léger, l'Aigle plein de courage ;
Le Corbeau sert pour le présage,
La Corneille avertit des malheurs à venir [...] »

Jean de la Fontaine, *Fables*, Livre II, fable XVII.

## 1. L'appareil psychique : un outil commun à tous les humains ?

Si l'on adopte le point de vue selon lequel l'individu tend à s'adapter au sein de son environnement social, il est pertinent de prendre en compte les conditions socio-économiques et socioculturelles des fonctions psychologiques, en les considérant comme des variables indépendantes. Si jusque-là la psychologie générale n'a pas ignoré l'importance de ces conditions, elle s'est employée à les occulter, ou tout au moins à tenter d'en évacuer les effets en leur appliquant le traitement qui convient à des variables dites « parasites » ou « indésirables ». En 1967, J. Stoetzel faisait déjà remarquer que l'on « observe tout un ensemble d'effets qui restent systématiquement inaperçus de la psychologie générale. Alors qu'on peut légitimement parler d'une psychologie sociale des diverses fonctions psychologiques ».

On peut partir du postulat selon lequel tous les membres de l'espèce humaine seraient initialement dotés d'un équipement psychique commun. Dans cette perspective, les acteurs sociaux sont potentiellement capables de réaliser les mêmes opérations psychiques. Rien ne permet pourtant de supposer qu'ils feront un usage uniforme de l'appareil psychique dont ils disposent ; on peut, au contraire, s'attendre à ce que les modalités de mise en œuvre de cet appareil varient grandement, notamment d'un univers culturel à un autre.

Les modèles culturels contribuent, en effet, à dessiner dans l'environnement des systèmes de situations typiques. On le constate, par exemple, dans les rapports aux divers aspects de la nature physique, aux animaux, à la production, à la consommation, au travail, au temps, à la naissance, à la mort, aux relations entre les sexes, les générations, etc. Sur tous ces points, il ne peut pas se produire n'importe quoi. Ainsi, quelle que soit la façon dont les acteurs sociaux s'abordent, au sein d'une même société les variations individuelles s'inscrivent dans un schéma préétabli auquel chacun s'attend. L'ensemble cohérent de ces schémas, de ces « codes », qui dispensent grandement de l'improvisation adaptative, rend possible la « circulation sociale » aisée des sujets relevant d'une même culture à travers le même système de situations typiques. Vis-à-vis de celles-ci se développe donc un jeu d'attitudes, de motivations, propres à concentrer l'attention sur elles, à les privilégier tout en se détournant des autres situations. C. Camilleri (1985) remarque que par là même un certain exercice des fonctions, des aptitudes, favorisé dans telles directions, suscite tels apprentissages, canalise les efforts et les comportements quotidiens sur tels points d'application. Par ailleurs, du fait de leur exercice répété dans les mêmes types de situation, un renforcement et un perfectionnement des mêmes types de conduites se réalise. Ainsi, pour chaque culture, tel groupe de performances effectives et différenciatrices se détache du champ des possibilités virtuelles des individus.

Dans la mesure où il en est ainsi, les divers groupes sociaux et culturels pourraient disposer d'un capital d'aptitudes équivalent, la différence entre eux venant de ce que, selon les situations, certaines de ces aptitudes sont davantage mises à contribution. C. Camilleri remarque encore que les stimuli qui déclenchent les capacités respectives de leurs membres varient aussi à travers les groupes sociaux.

Il ne s'agit pas ici de découper le psychisme pour en analyser séparément tous les éléments. À titre d'exemple, on traitera de la perception, en s'intéressant à la variabilité des opérations perceptives entre les cultures. Après quelques observations confirmant la diversité des modes d'« information » des fonctions de la perception selon les nécessités culturelles, on verra comment l'étude des opérations perceptives tend actuellement à se confondre avec une recherche de l'universalité et de l'invariance – ce qui s'explique en liaison avec l'impact des sciences cognitives, alors que le développement du monde de l'informatique est tout-puissant.

L'activité perceptive est d'une importance fondamentale : elle sous-tend tous les modes d'adaptation à l'environnement. La perception comprend l'ensemble des processus par lesquels est sélectionnée l'information, provenant du monde extérieur et de soi-même, et par lesquels se réalise l'ajustement des comportements. Elle ne doit pas être comprise comme un ensemble d'activités individuelles qui résulteraient d'impulsions transmises par un faisceau de neurones depuis le monde extérieur jusqu'au système nerveux central. Si l'on prétend expliquer convenablement les phénomènes de perception sensorielle, il est nécessaire et obligatoire de prendre en compte les facteurs sociaux.

## 2. La culture apprend aux hommes à appréhender le monde

### *2.1. Percevoir un objet, c'est saisir une signification que fournit la culture*

Dès la fin du siècle dernier, diverses expériences de laboratoire (A. Binet, L.B. Murphy…) avaient déjà démontré que certains processus de perception visuelle dépendent non des caractéristiques physiques des figures à percevoir, mais d'un apprentissage social. Cette découverte fut approfondie cinquante ans plus tard grâce à quelques auteurs qui imaginèrent des conditions d'observation proches de la vie sociale réelle : H. Ansbacher remarqua d'abord que de jeunes sujets expérimentaux percevaient des timbres-poste, de dimensions identiques, comme étant d'autant plus grands que leur valeur nominale était plus élevée. Il nota par ailleurs que les Américains voyaient les timbres de leur pays comme plus grands que les timbres canadiens, et qu'à l'inverse les Canadiens percevaient les timbres de leur pays comme plus grands que les timbres américains.

En 1947, J.S. Bruner et C.C. Goodman eurent l'idée d'organiser des situations où ils dissocièrent le stimulus et sa signification, habituellement confondus dans la vie réelle. Ils invitèrent trente enfants de dix ans à ajuster un disque lumineux jusqu'à lui donner la dimension de divers objets, notamment de pièces de monnaie de valeur variable. Les sujets devaient d'abord réaliser cette tâche de mémoire, puis en présence des modèles. Pour les pièces de monnaie, il pouvait s'agir de pièces réelles ou de pièces de carton gris, de taille identique aux précédentes. Les résultats montrent qu'en présence des objets-stimuli, les sujets se montrèrent nettement disposés à surévaluer la taille des pièces de monnaie réelles chargées de valeur sociale, comparativement aux pièces de carton de même dimension. D'un autre point de vue, la tendance à surestimer la taille des pièces s'élevait en proportion de leur valeur monétaire.

Une analyse approfondie des données montra que le mode de perception des pièces variait aussi selon les origines sociales des sujets : les enfants issus de milieux privilégiés (le père de famille était homme d'affaires ou exerçait une profession libérale) manifestaient une bien moindre disposition à surestimer la grandeur des pièces perçues que les enfants issus de milieux défavorisés (de quartiers populaires de Boston).

Dans le processus perceptif normal, l'élément significatif en général, et surtout social, avait longtemps échappé aux chercheurs, de même qu'il échappe aux sujets qui perçoivent. Cet élément est en effet incorporé au stimulus, et le sujet, immergé au sein de sa propre culture, n'a pas conscience des influences culturelles qui s'exercent sur son propre comportement. Ce sont les ethnologues qui ont contribué à mettre au jour de telles influences différentielles sur les groupes humains.

### *2.2. D'une culture à une autre, à travers un même objet on ne saisit pas la même chose*

Les ethnologues ont pu constater que lorsqu'ils sont mis en présence de stimuli physiquement identiques des individus issus de cultures distinctes réagissent diversement à ces stimuli : leurs comportements perceptifs sont différents.

Cette découverte fut particulièrement saillante avec les phénomènes liés à la perception des couleurs, qui fit l'objet de nombreuses observations. D'abord en Afrique noire, puis aux États-Unis, V.F. Ray prétendit démontrer, à partir de l'étude de plus de soixante groupes «ethniques» distincts, que le système des couleurs par lequel le monde visuel est conceptualisé ne dépendrait pas de la psychologie ni de la physiologie, ni de l'anatomie. Le spectre des couleurs serait désigné par des concepts, dont la gamme est plus ou moins riche, divisée en unités distinctes relativement variables d'une culture à une autre. À ce propos, J. Stoetzel (1967) note que chez les Grecs de l'époque d'Homère le vocabulaire chromatique étant très pauvre on ne distinguait que très peu de couleurs. Chez les Latins, les progrès de la technique des teintures occasionnèrent un enrichissement considérable du vocabulaire relatif aux couleurs; on manifestait alors une préférence soutenue pour les couleurs chaudes. Chez les Occidentaux modernes, en dépit de la richesse des langues dans le domaine de la désignation des couleurs, le même auteur estime que les distinctions sont généralement grossières, le raffinement dans l'expression des nuances se liant le plus souvent à des facteurs d'appartenance sociale et subculturelle.

L'apparente incapacité de certaines populations à percevoir les couleurs posa problème aux anthropologues : ce phénomène traduit-il, en effet, certaines différences constitutives des êtres observés, ou plutôt des faits de culture? W.D. Wallis (*An introduction to anthropology*, 1926) rapprochait déjà l'incapacité de certains «sauvages» (des insulaires du détroit de Torrès) à discriminer les couleurs à la manière occidentale des formes linguistiques dont ces populations usent pour désigner ces couleurs :

> «Les Ashantis ont des noms distincts pour le noir, le rouge et le blanc. Le terme noir est également utilisé pour toute couleur foncée telle que le bleu, le pourpre, le brun, etc., tandis que le terme rouge sert pour le rose, l'orangé et le jaune.»

M. Mead, qui observa le même phénomène de confusion entre des couleurs que distinguent les Occidentaux (le jaune, le vert olive, le bleu-vert et le bleu lavande) considéra que « c'est une réaction tout à fait naturelle dans les circonstances imposées (aux "indigènes" observés) par leur nomenclature particulière ».

Quand il s'agit de percevoir des personnes, les variations entre les cultures ne sont pas moins marquées. Par exemple, B. Malinowski [*Sex and repression in savage society*, 1927 (trad. fr. Payot, 1932)] observa comment la perception de la similitude interpersonnelle est puissamment codifiée à l'intérieur du groupe familial dans les îles Trobriand : là-bas, c'est au père que l'enfant doit toujours ressembler ; il est naturel et convenable qu'il en soit ainsi, alors que la reconnaissance d'une éventuelle ressemblance entre l'enfant et sa mère (et/ou un membre de la parenté maternelle) est injurieuse et proscrite. La ressemblance avec la sœur est la pire forme de ressemblance familiale, dans ce contexte où il est par ailleurs convenu que des frères ne doivent (peuvent) pas se ressembler entre eux (même si chacun d'eux ressemble à la même personne qui est le père !). Lorsque B. Malinowski conduisit ses études parmi les Trobriandais, ceux-ci ignoraient le rôle du père dans la procréation. En de telles circonstances, comment les opérations de comparaison entre les personnes physiques à l'intérieur de la famille se réalisent-elles ? Les sujets voient probablement ce qu'ils sont tenus de voir : la ressemblance entre le père et ses enfants, alors que les liens de similitude interdits ne peuvent pas être saisis, dans la mesure où ils sont évités – la force des évidences logiques étant absente et/ou inopérante dans cette population.

O. Klineberg (1940) rapporte une autre expérience tout aussi édifiante à propos de la reconnaissance des personnes. Un artiste peintre voyageant en Nouvelle-Zélande réalisa des portraits de villageois maoris, dont celui d'un chef âgé au visage recouvert d'un tatouage (une spirale propre à indiquer son rang social). Lorsque ce dernier découvrit le portrait, il le rejeta, ne s'y reconnaissant pas, et traça lui-même le dessin qui était supposé le représenter : son tatouage. Pour cet homme, le tracé du tatouage était l'unique symbole apte à figurer sa position sociale parmi les siens, et cette position elle-même absorbait tout son être, elle seule pouvait le représenter face au monde. En de telles circonstances, une image de la personne physique, aussi ressemblante soit-elle, n'a aucune pertinence puisque ce ne sont pas les caractéristiques visibles au niveau du corps de l'individu qui fournissent à la fois sa consistance sociale et les indices par lesquels il prend sens face au monde pour lequel existe ce sujet.

Cet exemple montre à quel point le processus d'identification dépend de la conception même de l'être à percevoir et non de mécanismes qui seraient liés à la perception de stimuli purement visuels.

Qu'il s'agisse de sensations visuelles, gustatives, olfactives, tactiles, sonores… la culture médiatise toujours ce qui est à percevoir, en désignant ce qui est agréable ou ne l'est pas, ce qui est beau et bon ou ne l'est pas. Les apprentissages permettent aux acteurs sociaux d'acquérir la capacité de discriminer les stimuli qui méritent d'être saisis, d'introduire l'ordre entre le supportable et l'insupportable et de se pénétrer des légitimes sensations de plaisir et de déplaisir.

On voit comment la perception opère, comme une institution en quelque sorte, en sélectionnant un ensemble de formes, de modèles, de matrices de conduites spécifiques, admis dans *une* société, et variables entre les diverses sociétés, destinés à exercer des fonctions précises. Dans le cadre d'une société donnée, la perception permet donc de saisir la réalité telle qu'elle doit être saisie.

### *2.3. D'une culture à une autre, les êtres ne se situent pas dans le même temps*

L'espace et le temps, qui semblent s'imposer de manière universelle, n'échappent pas aux aléas de la perception humaine : espace et temps sont des constructions sociales et non des données naturelles de l'esprit humain. Les sociologues français de l'école de l'« Année sociologique » prirent l'initiative de montrer comment, en matière de temps et d'espace, le recours aux interprétations naturalistes peut manquer de pertinence : ni l'espace ni le temps ne s'offrent *a priori* en tant que catégories universelles et homogènes. Les observations des ethnologues vinrent par la suite confirmer ce point de vue. M. Mead et G. Bateson comparèrent, par exemple, la représentation du temps chez les Occidentaux et chez les Balinais. Pour les premiers, le temps est linéaire ; il est pensé en termes d'ordre et d'aboutissement, scandé d'entreprises successives tendant vers des buts qui doivent être atteints, faute de quoi, pour le sujet, l'entreprise perd sa valeur et son sens. À Bali le temps n'est pas linéaire ; c'est pourquoi l'interruption d'une activité ne représente pas une source de frustration, ni une menace de désorganisation existentielle. Lorsqu'il est perturbé dans ses entreprises, l'individu peut ne manifester aucune réaction sans être pour autant doté d'une nature remarquablement douce et paisible comme on l'a pensé parfois, en observant des populations lointaines… Dans la culture hindoue, la conception du temps (*kala*) qui sous-tend la vie quotidienne n'a rien de linéaire : elle est cyclique et comprend à la fois la création, le maintien et la destruction. Le temps vécu par les humains n'est qu'illusion, il n'a rien à voir avec le temps réel. Celui-ci est homogène, indivisible, immobile, à l'image de Brahman : absolu indifférencié d'où surgit toute vie et avec lequel toute vie finit par se confondre. Le temps n'étant pas morcelé en unités, un même mot (*kal*) permet en hindi de désigner un fragment de la durée (qui peut être un jour ou un siècle) et de situer un événement dans la durée (hier ou demain). Aucune logique linéaire ne régulant la chronologie, les événements importants du passé sont absorbés dans l'histoire sous forme de mythes, sans qu'il soit nécessaire de fournir des repères pour les situer en termes d'années.

Comme tous les éléments du réel à percevoir, les catégories de l'espace et du temps sont appréhendées à l'aide des outils conceptuels dont disposent les sujets. C'est donc l'étude de la langue qui peut révéler en premier lieu comment se réalise le traitement des stimuli à percevoir. S'intéressant à la langue et à la métaphysique des Indiens hopi d'Arizona, B.L. Whorf observa l'absence de tout élément susceptible de faire du temps un objet qui serait comparable à l'espace. La pensée des Hopis, telle qu'elle apparaît à travers l'analyse de leur langage, ne se structurerait pas à partir des deux grandes formes cosmiques habituelles que sont le temps et l'espace. Dans cette population, la division métaphysique organisatrice du monde place d'un côté l'univers physique, accessible aux sens (qu'il s'agisse du passé ou du présent), de l'autre l'univers subjectif, celui qui est réel pour les Hopi (comprenant pensées, efforts, désirs…).

On voit bien comment le temps astronomique et le temps social constituent deux réalités irréductibles. La manière de vivre le temps, de le mesurer, d'en user au cours de la réalisation d'une tâche, varie largement d'un groupe culturel à un autre. De nombreux autres travaux ethnologiques, réalisés notamment chez des Indiens d'Amérique, illustrent ce fait. Si pour les Occidentaux le déroulement du temps et la venue du vieillissement génèrent l'angoisse, pour les Indiens de Californie, qu'observa A.L. Kroeber, le temps est objet d'indifférence : chez eux nul ne s'intéresse véritablement à son âge, ni à la succession des événements dans le passé, l'écoulement des longs intervalles de temps n'étant pas enregistré. A.I. Hallowell remarqua que les Indiens saulteaux d'Amérique du Nord se positionnent grossièrement dans le flux du temps, à l'aide de repères astronomiques : les mouvements du soleil dans la journée, le rythme des saisons, elles-mêmes révélées par les variations climatiques, les événements de la vie n'étant alors localisés que par rapport à l'histoire de chacun et non à partir d'un repère collectif.

Étudiant les variations du rapport au temps à travers les sociétés, P.A. Sorokin et R.K. Merton firent usage de la notion de «temps social» pour désigner la catégorie du temps vécu à un même rythme au sein d'un groupe où circulent des croyances et des coutumes partagées. Si, dans les sociétés traditionnelles qu'observèrent les ethnologues, la mesure du temps peut se faire en termes de «cuisson de riz» ou de «friture de sauterelles» (c'est le cas à Madagascar), entre nos centres urbains modernes les minutes de métro, de RER ou les heures de TGV servent à évaluer des distances. Il n'est pas surprenant que les calendriers des sociétés vivant d'agriculture, de chasse et de pêche soient marqués par le rythme des travaux des champs, le cycle de la vie des végétaux et des animaux, voire le déploiement de leurs parades et de leurs parfums. A.R. Radcliffe Brown rapporte en effet que dans les îles Andaman c'est un calendrier des parfums, scandé par l'éclosion d'une succession de fleurs et de plantes tout au long de l'année, qui rend compte du passage du temps. Dans les sociétés occidentales où nous évoluons, l'usage du calendrier astronomique est de rigueur. C'est toutefois à partir des années universitaires, voire des semestres, que, dans la pratique, les étudiants se repèrent dans le temps, et il en est ainsi pour chaque secteur d'activité professionnelle : le début de l'« année » n'est-il pas situé à « la rentrée », après les « vacances »? Le recours aux horloges et aux calendriers est donc une convention qui permet l'adoption d'un langage universel. Le temps vécu est une réalité autre. Les perceptions et les conceptions du temps ne sont pas homogènes. Les usages du temps diffèrent d'une société à une autre, d'un groupe social à un autre, voire d'un sous-groupe à l'autre (ils peuvent varier avec l'âge, le sexe, la profession...); cela en dépit du fait que dans la culture occidentale le temps demeure régulièrement appréhendé avec précision, de manière linéaire (tout événement en précédant ou en suivant d'autres), tout en étant traité comme un objet de valeur, car, dans la mesure du possible, le temps n'est pas quelque chose qui se perd; il s'agit de l'utiliser à bon escient, en s'efforçant de subordonner le présent à des perspectives d'avenir. Lorsque les avatars du système économique viennent perturber un tel fonctionnement, le désarroi des acteurs sociaux peut être extrême. Le sens de la vie peut même s'effondrer, par exemple lorsque des travailleurs sont confrontés au chômage et qu'ils sont dépourvus des moyens d'inscrire de nouveau leur destin dans le flux d'un temps où l'avenir est devenu inconcevable.

### *2.4. À la base de la perception du monde : des systèmes de conventions partagées, mais pas exclusivement...*

À l'intérieur d'un univers culturel donné, on ne peut pas percevoir le monde n'importe comment : la perception opère dans cet univers selon des conventions bien précises, la culture désignant les stimuli à percevoir, tout en y associant symboles et valeurs (positives et négatives) et en y prescrivant le type d'expression émotionnelle qu'il convient d'adopter face à eux.

Ainsi, le recours aux techniques d'investigation psychologiques, apparemment les plus neutres possibles, s'avère-t-il moins anodin qu'on pourrait le croire au premier abord. Les psychologues cliniciens utilisent, par exemple, des méthodes projectives fondées sur l'emploi d'un matériel dépourvu, en principe, de signification. Dans le fameux test de Rorschach, il s'agit des stimuli visuels que constituent de réelles taches d'encre sur lesquelles les sujets « projettent » leur propre réalité intérieure : ils attribuent eux-mêmes un sens à ces objets qui initialement en sont dépourvus. Le rôle du clinicien consiste ensuite à décrypter ce sens d'après les réponses produites (leur contenu, leur succession...) pour inférer, à partir d'un certain modèle théorique (qui peut être, par exemple, le modèle psychanalytique freudien) les arcanes de la vie intérieure du sujet qui s'est exprimé. Il s'avère en l'occurrence que même des taches d'encre peuvent être culturellement chargées de sens : la manière de les percevoir, et donc de les comprendre, n'est pas universelle. On a pu observer qu'aux îles Samoa les sujets soumis au test de Rorschach produisaient moins qu'ailleurs des réponses « originales » (c'est-à-dire des types d'interprétation peu fréquents de tel ou tel élément d'une planche comportant des taches), tout en se montrant plus prolixes quand il s'agissait d'interpréter les espaces demeurés blancs (entre les taches noires

## LES PARTS RESPECTIVES DE L'INNÉ ET DE L'ACQUIS DANS LA PERCEPTION

« [...] actuellement la question que l'on se pose est la suivante : qu'est-ce qui est inné et acquis dans la perception et dans quelle mesure? Le problème a donc cessé d'être surtout philosophique et l'on reconnaît qu'il n'est pas possible d'y répondre directement et simplement : l'accumulation lente et laborieuse des données de la recherche nous aidera à estimer jusqu'où la perception peut être modifiée par l'expérience. Pour cette question, les travaux transculturels peuvent jouer un rôle central puisqu'ils permettent d'étudier les processus perceptifs d'individus qui ont des expériences perceptives très différentes.

Quelques-unes des principales influences qui s'exercent sur le développement perceptif sont notées dans ce tableau. La partie à gauche représente les pôles du développement, les principales sources de variation postulées figurent à droite.

**Les influences qui s'exercent sur le développement perceptif**

| Enfance : bases physiologiques innées | FACTEURS DE VARIATION |
|---|---|
| ↓ | • Facteurs génétiques |
| | L'expérience { • Nutrition et maladies<br>• Modes de socialisation<br>• Les autres aspects de l'environnement social (par exemple l'école) |
| | • L'écologie, les aspects physiques de l'environnement |
| Adulte : maturation du fonctionnement perceptif et cognitif | • La motivation |

On a pu montrer que des facteurs génétiques produisent des différences perceptives au niveau individuel (Fuller et Thompson, 1960); mais bien qu'il y ait eu des recherches portant sur les différences ethniques, aucune preuve concluante ne permet de dire qu'elles sont dues à des différences transculturelles. Des variations génétiques modifient vraisemblablement la perception bien au-delà du simple niveau sensoriel, comme par exemple pour les erreurs de réfraction, mais il est extrêmement difficile de le montrer. On peut dire la même chose en ce qui concerne la nutrition et les maladies; elles affectent très certainement le développement psychologique; leur impact sur la perception est sans doute indirect. Les trois autres facteurs regroupés sous le terme « d'expérience » ont tous, comme on a pu le montrer, une influence sur la perception [...]

Les motivations ont été incluses dans la liste afin de la rendre plus complète, car il est assez concevable qu'elles puissent avoir des effets différents selon les cultures. Nous devons aussi faire remarquer que les différents éléments cités sont loin d'être mutuellement exclusifs mais qu'ils interagissent. Ainsi, les facteurs écologiques peuvent jouer un rôle sur le développement génétique mais aussi influer sur le mode de nutrition et déterminer des types particuliers de maladies. »

Gustav Jahoda,
in *Introduction à la psychologie sociale*,
Moscovici S. (éd.), 1972, p. 269 et 270.

et/ou de couleur que comportent les planches). Pour les spécialistes du test de Rorschach, la manière de traiter le « blanc » est révélatrice de l'attitude des sujets face à la norme : en culture occidentale, les réponses associées au blanc sont peu fréquentes alors qu'aux Samoa, il en va tout autrement ; là-bas, le blanc est puissamment chargé de valeur et il suscite d'abondantes réactions n'ayant rien à voir avec un éventuel désir d'anticonformisme. Si l'usage du test est maintenu, on comprend la nécessité d'un nouvel étalonnage qui doit obligatoirement être précédé d'une compréhension claire des symboles attachés aux éléments qui le constituent.

On voit comment le stimulus physique apparemment le plus pauvre en signification peut en réalité être enveloppé de sens ; c'est pourquoi il est nécessaire de connaître, de l'intérieur, la culture dont proviennent les populations observées, si l'on veut éviter certains risques d'erreurs graves d'interprétation lors de l'application de protocoles de recherche en psychologie.

L'étude de l'histoire de l'art pictural montre comment les représentations des mêmes objets varient selon les pays et les époques. Le style exprime les formes diverses prises par une telle institutionnalisation : les peintres « primitifs » voient, par exemple, les objets plats. Avec Paolo Uccello, au XV^e^ siècle, la découverte de la perspective introduisit une forme nouvelle de perception. Dès lors, on ne vit plus les objets comme ils sont, mais on les saisit comme ils doivent apparaître : fortement convergents, leurs formes étant proportionnelles. En 1933, le psychologue R.H. Thouless observait déjà combien l'art oriental peut désemparer un Européen. Par exemple, à première vue, la peinture indienne classique montre des images « normales ». Un examen attentif révèle toutefois son caractère étrange : ce qu'elle représente n'est pas conforme aux conventions européennes de la perspective linéaire. Il en va de même pour la peinture chinoise où, par exemple, on représente approximativement de la même taille des cavaliers évoluant entre des montagnes situées à plus ou moins grande distance du premier plan. Thouless estima que des différences « ethniques » pourraient rendre compte de ce phénomène. Nous dirons plutôt que la perception des formes et des couleurs, telle qu'elle est fixée, normalisée, institutionnalisée par l'art, a une histoire ; et cette histoire n'obéit pas à des lois d'invention et de transmission culturelles, pas plus qu'aux lois de la psychophysiologie, mais à un ensemble de facteurs intriqués et complexes.

Au cours du XIX^e^ siècle, les études portant sur la perception visuelle considéraient ce phénomène en quelque sorte comme une opération passive par laquelle des éléments du monde seraient transmis au cerveau par la médiation d'« images mentales » en tous points conformes aux modèles physiques à percevoir. La plupart des auteurs estimaient alors qu'un tel processus, quasi mécanique, pouvait être le même pour tous les humains. Ce courant « empiriste » fut représenté notamment par F. Galton qui s'employa, à l'occasion de nombreux voyages, à repérer les variations de la « faculté visuelle » parmi différents peuples. À cet effort, qui vise à alimenter une hypothèse universaliste, s'opposaient des auteurs « spéculatifs », comme J. Frazer ou L. Lévy-Bruhl, qui au contraire estimaient (sans s'être aucunement préoccupés de vérifier leurs affirmations) que les manières de voir le monde varient d'un groupe humain à l'autre, non parce que les équipements sensoriels différeraient nécessairement, mais parce que les populations sont respectivement dotées de systèmes de « représentations collectives » indissociables des processus perceptifs qu'elles mettent en œuvre.

Autrement dit, il n'est pas question d'estimer que le système perceptif fonctionnerait passivement et/ou mécaniquement. La perception implique une activité telle que l'objet perçu est rien moins que photographié : il est construit. La théorie de la perception visuelle s'est donc opposée à une vision déterministe physique rigide pour se présenter sous le jour de ce que l'on appela *new look* qui suscita un vif enthousiasme dans les années 1955 (à la suite notamment de l'expérience de Bruner et Goodman).

En réalité, la controverse à propos du *new look* est sous-tendue par une opposition plus fondamentale qui divise les chercheurs. Parmi ceux-ci certains estiment que l'organisation perceptive résulte de propriétés innées des systèmes sensoriels : les nativistes ; alors que pour les autres la connaissance du monde extérieur s'acquiert avec l'expérience : les empiristes.

L'idée selon laquelle les populations pourraient percevoir le monde de manière radicalement différente est aujourd'hui abandonnée. Seuls des auteurs spéculatifs et sédentaires ont en effet soutenu une telle idée. Ceci ne signifie pas pour autant que des différences perceptives n'existent pas, spécialement entre populations issues d'horizons culturels distincts. De telles différences ont été démontrées dans les domaines du décodage des images et des illusions géométriques.

Les différences perceptives dans ces circonstances sont bien établies. Pourtant on n'est pas en mesure actuellement d'en rendre compte sans équivoque…

C'est vers les années 1920 que les psychologues, alors qu'ils se préoccupaient de construire les outils qui devaient leur permettre de réaliser des mesures « objectives » de l'intelligence – afin notamment de comparer les performances possibles de sujets de différentes « races » – s'intéressèrent aux phénomènes liés à la compréhension des représentations picturales. Le souci de comparaison était alors particulièrement marqué aux États-Unis et dans les pays coloniaux où se confrontaient des populations de Noirs et des Blancs dominants. Soumises à des instruments d'évaluation largement fondés sur des contenus de culture étrangère et faisant appel à l'expression verbale, les populations noires confirmèrent les attentes des chercheurs : elles se révélèrent globalement moins performantes que les Blancs. Soucieux d'enrayer les conséquences de la discrimination que risquent d'induire de telles observations, certains anthropologues, animés de bonnes intentions, imaginèrent alors de construire des instruments de mesure échappant aux influences de la culture : les tests *culture free* (culturellement indépendants). Le principe de ce type de test repose sur l'usage d'items picturaux et/ou géométriques préférentiellement à tout autre type de matériel conceptuel. Il s'avéra que de tels stimuli n'étaient pas aussi neutres qu'on l'avait imaginé. Leur reconnaissance correcte exige en effet une certaine familiarité, certains apprentissages. Une fois encore, les populations non occidentales confirmèrent une certaine « infériorité » et leurs moindres performances comparativement à celles des Occidentaux (constructeurs des outils d'évaluation).

Si l'on a prétendu rendre compte de cette différence par la variété des conventions, des apprentissages qu'exigent les différents environnements peuplés de stimuli distincts, il faut admettre que jusqu'à maintenant nulle étude n'a réellement permis de cerner les conséquences de l'environnement – physique, culturel, artistique... – sur les modes d'interprétation de tel ou tel agencement de stimuli visuels.

## 3. Comment le groupe social fournit à ses membres les repères nécessaires pour appréhender le monde

Lorsqu'ils sont dépourvus des repères nécessaires à l'élaboration de leurs perceptions, les individus se donnent ces repères absents. C'est ce qu'a montré M. Shérif au cours d'une expérience réalisée en 1936. Il observa expérimentalement les effets des facteurs sociaux sur la perception visuelle, en utilisant pour cela l'effet autocinétique par lequel un point lumineux immobile en un lieu parfaitement obscur donne l'illusion de se déplacer selon une distance variable.

Les réponses de plusieurs individus réunis pour évaluer de tels déplacements fictifs tendent à converger autour d'une valeur centrale que M. Shérif appela « norme sociale » (ou encore « norme collective, « norme de groupe ») par opposition aux « normes individuelles » que chacun se donne antérieurement dans la même situation vécue individuellement. M. Shérif montra que les normes individuelles ne résistent pas lorsqu'elles sont mises à l'épreuve du groupe, alors qu'à l'inverse les normes de groupe l'emportent dès que les individus y sont confrontés.

Cette expérience montre à quel point le besoin d'alignement sur les repères du groupe, spécialement du groupe d'appartenance ou du groupe d'origine, ou sur les représentations que chacun s'en fait, peut dominer les conduites des acteurs sociaux.

En 1950, utilisant le principe des chambres déformées, Cantril avait observé comment la perception est dominée par l'expérience passée des sujets : par leur appartenance groupale et leurs antécédents culturels, bien plus largement que par les stimuli perçus dans le présent. C'est en effet leur réalité intérieure que les sujets projetaient en cherchant à reconnaître des objets à l'intérieur des chambres déformées.

L'influence sociale qui s'exerce sur les processus perceptifs est considérable. En 1952, S.E. Asch l'a démontré en invitant des sujets à juger des stimuli visuels. Isolés parmi des compères, des sujets naïfs devaient reconnaître au sein de plusieurs segments de droite celui dont la longueur était égale à celle d'un étalon. Le sujet était donc à chaque fois confronté à un ensemble de réponses erronées, fournies par huit ou neuf coéquipiers qui s'accordaient pour reconnaître comme identiques deux segments de longueurs nettement inégales. Dans ces circonstances, quelques sujets résistèrent à l'influence des compères ; la plupart manifestèrent une plus ou moins grande conformité à l'opinion générale alors que d'autres admirent que leur perception avait été tellement influencée par le groupe qu'ils avaient réellement cru voir égaux les segments observés.

L'immersion dans la vie sociale s'accompagne de multiples phénomènes de ce genre. Si la pression à la conformité n'est pas toujours aussi spectaculaire que ce qu'a révélé S.E. Asch, les valeurs et les normes dont est pétrie la culture ne manquent pas d'infléchir fortement les perceptions des individus, et plus généralement leurs cognitions : la manière dont ils traitent les informations, spécialement celles qui leur proviennent à propos d'autrui.

Ainsi les stéréotypes et les préjugés dictent-ils largement ce que les uns et les autres ont à découvrir dans la vie sociale.

Dans les groupes que constituent les classes scolaires, par exemple, les phénomènes auxquels s'intéresse la sociométrie (attrait/rejet interpersonnels…) se relient directement à ce qui est et doit être perçu à propos des personnes. M. Zillig, vers les années 1930, illustra ce phénomène en constituant des échantillons contrastés d'élèves au sein d'une même classe : les uns étaient dotés d'un bon statut sociométrique (ils étaient l'objet de nombreux choix positifs de la part de leurs camarades) alors qu'à l'inverse les autres étaient rejetés. Les uns et les autres avaient été invités à exécuter des exercices de gymnastique face à l'ensemble de la classe qui évaluait leurs performances. Les élèves appréciés de leurs pairs avaient toutefois reçu pour consigne de commettre volontairement des fautes, ce qui n'était pas le cas des individus en mauvaise position sociométrique. L'auteur de l'expérience nota que les observateurs ne sanctionnèrent pas les fautes commises lorsqu'elles étaient le fait d'élèves dotés d'un bon statut sociométrique ; ces erreurs pourraient même ne pas avoir été perçues par les observateurs favorablement disposés…

Dès les années 1940, dans le contexte du sud des États-Unis marqué par une forte ségrégation raciale, E.L. et R.E. Horowitz ont montré comment la perception opère par association d'objets indépendants des stimuli réellement perçus. Ces auteurs avaient fait observer l'image d'une riche habitation à de jeunes sujets. Interrogés par la suite à propos de ce qu'ils avaient vu, plusieurs d'entre eux prétendirent qu'une « négresse » apparaissait sur l'image, occupée à divers travaux domestiques, ce qui était pure imagination de leur part. La somptueuse demeure étant associée à l'idée de la domesticité noire, les sujets n'avaient pas eu besoin d'indices objectifs pour que s'introduise le personnage supplémentaire dans l'information stockée en mémoire.

Quelques années plus tard, toujours aux USA, G. Razran réalisa une expérience que l'on peut citer à titre d'exemple des nombreuses études qui, à cette époque-là, traitèrent de la question de l'antisémitisme. Un groupe d'étudiants avait été invité à estimer les portraits de trente jeunes filles sur la base d'une série d'échelles en cinq points : beauté, intelligence, caractère, ambition, enjouement, sympathie. Deux mois plus tard, les mêmes sujets observèrent de nouveau ces portraits, mais des noms cette fois y avaient été accolés : noms de souche italienne (Scarano, Griselia…), irlandaise (Mc Gillicuddy, O'Shaughnessy…), américaine (Adams, Clark…) ou juive (Rabinowitz, Finklestein…). Une nouvelle estimation des personnages montra que l'étiquetage induisait des effets variables selon le contenu de l'étiquette. L'addition de noms juifs provoqua, par exemple, la chute du score de sympathie et l'élévation du score d'ambition.

G.W. Allport et B.M. Kramer (1946) eurent également recours à l'appréciation de portraits pour éclairer le phénomène de l'antisémitisme. Ils invitèrent des sujets à identifier des Juifs parmi des photographies d'étudiants. Si globalement la proportion des succès se rapprocha du hasard, les auteurs de l'expérience ont toutefois montré que la capacité à reconnaître les Juifs s'élevait chez les sujets qui étaient enclins à l'antisémitisme. La population observée avait en effet répondu d'un autre côté à un questionnaire qui fournissait les moyens de constituer des échantillons contrastés : d'une part un groupe ayant un score d'antisémitisme élevé, d'autre part un groupe ayant un faible score d'antisémitisme. G.W. Allport et B.M. Kramer interprétèrent leurs résultats en termes d'accroissement de la « sélectivité » perceptive chez les antisémites : ces derniers s'efforcent en effet de ne rien laisser échapper à leur vigilance.

Soucieux d'introduire la rigueur dans l'étude des phénomènes liés à la perception différentielle de la « race », T.F. Pettigrew, G.W. Allport et E. Barnett eurent recours au paradigme expérimental de la « résolution binoculaire » pour comprendre comment des populations de Blancs, de *colored*, d'Indiens et de Noirs africains des deux sexes, prennent en Afrique du Sud certaines décisions relatives à la perception d'autrui. En contrôlant pour chacun des sujets quel œil domine au cours des processus de perception visuelle, ces auteurs ont cherché à savoir comment leurs populations expérimentales étiquetaient des couples de personnages (de même sexe mais homogènes ou hétérogènes du point de vue de la « race ») qu'on leur donnait à percevoir. Lorsque les personnages représentés n'étaient pas de même « race », les sujets les plus « sensibles » au problème de la race – les Afrikanders – tendaient en l'occurrence à rassembler dans les catégories raciales les plus extrêmes – de Noirs ou de Blancs – ces personnages dissemblables.

Si l'on ignore encore comment se réalise la pondération des indices dont peuvent s'emparer les sujets qui perçoivent, il est certain que des « états

### L'ÉTUDE DES EFFETS COGNITIFS DE LA SCOLARISATION ET DE L'ALPHABÉTISATION

Seule la méthodologie interculturelle permet d'étudier les effets cognitifs de la scolarisation et de l'alphabétisation. En effet, dans les pays industrialisés, pratiquement toute la population est scolarisée, et cette homogénéité empêche toute étude des effets de la scolarisation. Mais il existe dans le reste du monde de nombreuses situations où une partie de la population n'est pas scolarisée, est scolarisée de façon très différente (par exemple, dans les écoles coraniques) ou est alphabétisée sans être scolarisée (par exemple, Vai du Liberia). En utilisant ces situations quasi expérimentales de façon judicieuse, de nombreux auteurs ont étudié les conséquences de la scolarisation et de l'alphabétisation. Des revues de questions ont été écrites par Gillet (1976), Akinnaso (1981), Nerlove et Snipper (1981) et Rogoff (1981).

Les résultats sont complexes, mais montrent dans l'ensemble de meilleures performances cognitives de la part de sujets scolarisés. Cependant, des divergences sérieuses apparaissent dans l'interprétation des résultats. On peut, heuristiquement, distinguer les quatre hypothèses suivantes, ne serait-ce que pour conclure qu'elles contiennent toutes une part de vérité.

Une première hypothèse propose que l'alphabétisation et la scolarisation créent des mécanismes cognitifs nouveaux. Les auteurs qui la soutiennent (par exemple, J. Goody) opposent parfois les sociétés orales aux sociétés lettrées, en considérant l'écriture comme le catalyseur du changement social. Au niveau de l'individu, ces auteurs pensent que le double système symbolique de l'écriture permet la décontextualisation, la formalisation, l'abstraction, l'activité critique, la logique syllogistique, la rationalité, toutes préconditions de la pensée scientifique.

La plupart des auteurs (par exemple, J. Bruner, F. Akinnaso) mettent en doute cette première hypothèse, mais considèrent que l'école permet l'application de mécanismes universels à des contextes divers, y compris des problèmes nouveaux. Selon une seconde hypothèse, la scolarisation fournirait donc l'occasion d'entraîner l'utilisation d'outils généraux, transposables (généralisables) à toutes sortes de situations. Les scolarisés seraient plus aptes à abstraire; à appliquer des règles générales à des problèmes spécifiques; à verbaliser leurs actions et à expliquer les raisons de leur comportement. L'école aurait un effet d'homogénéisation : elle tendrait à amener tous les individus à un niveau minimal de compétence, lequel peut, dans certaines circonstances, être acquis également sans scolarisation formelle (d'où les résultats souvent discordants des recherches empiriques).

L'école fournit des expériences d'apprentissages hors contexte, libérées des contingences sociales immédiates. L'apprentissage n'est pas connecté à la vie quotidienne, se fait dans une situation artificielle, avec un adulte étranger, sur le mode surtout verbal (oral et souvent écrit). Ainsi, la scolarisation encouragerait les enfants à analyser, conceptualiser et généraliser, à considérer les problèmes sous forme hypothétique et à imaginer des solutions alternatives; à appliquer des concepts à une variété de problèmes, à travers une variété de situations.

Mais le curriculum caché de l'école, l'expérience de l'interaction avec des adultes étrangers (qui amène, par exemple, à répondre à un adulte, plutôt que de garder le silence par respect), de la manipulation de matériel, de la recherche d'une réponse à des questions ou de la quête d'une solution, etc., sont similaires aux demandes implicites des situations de test utilisées dans les expériences. D'après une troisième hypothèse (soutenue par exemple par M. Cole), les «effets» de la scolarisation relevés dans les expériences ne seraient ainsi que des artefacts.

Finalement, certains auteurs (par exemple, J. Lave) pensent que la scolarisation ne produit que les mécanismes spécifiques liés au contexte, tout comme les apprentissages non scolaires (tissage, poterie, arithmétique quotidienne, etc.).

Pierre Dasen
«Cultures et développement cognitif, la recherche et ses applications»,
*in* Bureau R., De Saivre D., *Apprentissage et Cultures*,
© Karthala, 1988, p. 132 et 133.

internes» président largement à leurs perceptions, et ceci est d'autant plus vrai qu'ils appréhendent des événements, des faits, dont la charge en signification sociale est plus intense.

## 4. Au-delà de la perception : la pensée sociale et la notion de représentation

Comment les individus organisent-ils donc la vision qu'ils se donnent de leur environnement social? Ce qui apparaît en premier lieu comme une formation individuelle est en réalité une pensée partagée à propos du social, c'est-à-dire des «autres», des relations qu'ils entretiennent entre eux, de leurs croyances, etc.

La compréhension d'une telle formation procède donc à la fois de la psychologie et de la sociologie.

### *4.1. La perspective des sociologues*

À la fin du XIXe siècle, E. Durkheim traita des phénomènes des «représentations collectives» en des termes qui allaient permettre leur constitution en objets de recherche. D'après cet auteur, la représentation individuelle s'érige en une sorte de synthèse chimique au niveau des cellules nerveuses. Par analogie, l'association des individus au sein du corps social constituerait le substrat social d'une autre synthèse : celle par laquelle s'édifient les «représentations collectives», la «matière première de toute conscience sociale». D'après E. Durkheim, les représentations collectives seraient dotées d'autonomie et d'une vie propre : la «vie représentative». À la même époque, G. Tarde, à qui l'on doit la notion «d'opinion», utilisait lui aussi la métaphore biologique pour expliquer comment les croyances passent d'âme en âme, tout comme les microbes passent d'organisme en organisme.

Aujourd'hui, E. Morin considère aussi que les idées, théories, philosophies, mythes et fantasmes sont comparables à des virus, les cultures se confondant avec les écosystèmes où ceux-ci se développent et se multiplient.

### *4.2. Les cognitivistes et l'étude des modes de traitement de l'information*

Issus des pays anglo-saxons, les différents courants cognitivistes se rallient pour envisager l'individu comme un organisme traitant des informations environnantes, notamment sociales. La perspective adoptée est essentiellement intra-individuelle, le psychisme se confondant avec une formation autonome qui reçoit des stimuli d'origine sociale (*social inputs*) et qui les traite selon des règles de fonctionnement très générales. Les éléments cognitifs – qui, d'après L. Festinger, sont des savoirs, des opinions ou des croyances, à propos de quelqu'un, de l'environnement ou de soi-même – s'organisent en un système structuré, comportant des parties interdépendantes, de sorte que tout changement affectant une partie bouleverse l'ensemble. De nombreuses théories de la cohérence cognitive traitent du caractère systématique de l'organisation cognitive et du facteur dynamogénique de ses éventuels changements. C'est le cas, par exemple, des théories de C.E. Osgood et P.H. Tannenbaum : l'*incongruity* (1955); de L. Festinger : la « dissonance » (1957); de F. Heider : l'*imbalance* (1958); de T.M. Newcomb : l'*asymetry* (1959). Ces théories s'efforcent de rendre compte de la quête de l'équilibre cognitif par les sujets d'après l'application d'une logique qui leur serait naturelle et à laquelle ils auraient spontanément recours (pour J. Mac Guire, par exemple, il s'agit d'un syllogisme).

D'un autre point de vue, un courant plus récent tente de fonder l'approche cognitive du phénomène des représentations sur des modèles logiques inspirés du domaine de l'intelligence artificielle. L'esprit humain est supposé fonctionner comme un ordinateur, limité à la fois dans ses capacités de traitement et les caractéristiques de sa mémoire. L'accent est dès lors placé sur le rôle central de la mémoire en tant que structure complexe organisatrice des connaissances de l'individu. Deux types de connaissances coexistent en l'occurrence au sein de l'organisation cognitive : on distingue, selon J.R. Andersen (1976), les connaissances déclaratives (« savoir quoi ») et les connaissances procédurales (« savoir comment »). Les phrases, ou propositions regroupant deux éléments connectés par une relation, forment des unités cognitives; les éléments peuvent être des acteurs (individuels ou collectifs), des moyens (instruments utilisés, actes accomplis) ou des fins (buts recherchés, valeurs reconnues) et les relations peuvent être positives, négatives, ambivalentes ou nulles. Les unités cognitives sont de type « Jacques aime Jean », « Jean déteste Alice », « Jacques ne s'intéresse pas à Alice » ou « Paul réprouve le contenu de la réforme », etc.

Dans cet ordre d'idées, J. Mac Guire (1960-1968) analysa la pensée sociale et le système de croyances de sujets expérimentaux à partir de propositions verbales permettant d'apprécier un objet de manière bipolaire : par exemple aimer/ne pas aimer. S.E. Asch (1946) invita ses sujets à distinguer des traits («généreux», «sage», etc.) aptes à caractériser une personne fictive. R.P. Abelson et S. Rosenberg (1958) demandèrent à leurs sujets de noter tous les mots ou phrases courtes qui leur venaient à l'esprit alors qu'ils étaient priés de réfléchir à un thème donné. R.B. Zajonc (1954, 1968) précisait arbitrairement le référent de la structure cognitive (un objet, une personne, un événement, un concept...) et orientait son analyse sur la distinction des composants et de leurs relations dans la représentation cognitive particulière du référent particulier pour un sujet donné à un moment donné (les composants sont les attributs librement cités par un sujet qui décrit l'objet-stimulus).

Toutes les représentations qu'expriment des sujets peuvent être décomposées en un réseau sémantique, de forme arborescente, analysable par un traitement informatique. Pour mettre au jour les processus cognitifs en jeu lors de la réduction d'une dissonance, par exemple, les auteurs précédents présentent à un sujet un message en contradiction avec ses croyances (relatives, par exemple, aux inégalités sociales). Une entrevue ayant antérieurement permis de faire apparaître les positions du sujet sur la question, son discours est découpé en un ensemble de propositions à partir duquel on construit le message contradictoire qui est présenté comme stimulus : à son écoute le sujet réagit en «pensant à voix haute». La réponse est enregistrée et décomposée à son tour en propositions élémentaires; la confrontation des réseaux propositionnels respectifs doit à la fois permettre de comprendre les modifications des représentations et d'inférer certaines règles en jeu dans les processus en œuvre.

Une telle perspective, vouée à l'étude formelle des combinaisons entre éléments cognitifs, se construit exclusivement à partir d'étiquettes verbales et elle est dite «syntaxique».

### *4.3. Le courant d'études des représentations sociales*

Au carrefour de la sociologie, qui gomme le caractère individuel de la représentation, et du cognitivisme d'origine américaine, en quête des règles d'un traitement de l'information isolé de tout contexte social, le courant d'études initiées en France dans les années 1960 par S. Moscovici pose les représentations sociales comme des constructions mentales doublement déterminées «par leur structure psychique et par leur structure sociale» (R. Kaes, 1968). En étudiant comment la théorie de la psychanalyse a pénétré les différents milieux sociaux, S. Moscovici a mis en lumière les modalités du remodelage cognitif auquel les acteurs sociaux se livrent, en s'écartant diversement du modèle initial de la psychanalyse selon leurs appartenances socioculturelles. Pour cet auteur, l'individu n'est pas un récepteur passif de stimuli : il est le sujet de reconstructions, de réaménagements du réel. Il ne véhicule donc pas des «images» – reflets, copies conformes de ce réel; par un incessant travail de transformations, il parvient à s'approprier les éléments extérieurs jusqu'à ce qu'ils lui deviennent familiers et que son orientation dans l'environnement soit rendue possible. Un tel remodelage cognitif peut être appréhendé selon deux éclairages : celui de la reconstruction en elle-même et celui du produit auquel elle aboutit.

D'après S. Moscovici, la représentation structure des données en deux étapes successives. Au cours de la première, dite d'« objectivation », se réalise le passage du sens complexe perçu dans l'objet à une figure simplifiée : le « schéma figuratif » (noyau de base de la représentation). Cette objectivation met en œuvre une double opération de décontextualisation et de rétention sélective des informations. Au cours de la seconde étape, l'« ancrage », le noyau figuratif s'érige en un système d'interprétation qui permet au sujet d'attribuer un sens à ses conduites et aux divers événements de son existence.

Pour la plupart des auteurs, une représentation est « l'organisation durable de perceptions et de connaissances relatives à un certain aspect du monde de l'individu » (R. Kaes, 1968). S. Moscovici propose de l'analyser selon trois aspects : l'information, le champ de représentation et l'attitude.

L'information se rapporte à l'aspect cognitif que constitue l'ensemble des connaissances qu'un sujet véhicule à propos d'un objet. Il s'agit d'en apprécier l'exactitude, la quantité et la qualité, ce qui est évidemment délicat; de nombreux auteurs ont réfléchi aux difficultés méthodologiques qui surgissent au cours de l'opérationnalisation des études sur les représentations sociales [on peut citer, par exemple, E. Lage (1978), M. Gilly (1980), J.P. Di Giacomo (1981)].

Le « champ de la représentation » correspond à l'aspect cognitif qui sous-tend l'organisation de son contenu et le mode de hiérarchisation de ses éléments : ceux qui forment le noyau représentatif et ceux qui gravitent de manière plus ou moins périphérique. Les associations constitutives du champ de représentation sont si vastes et imprévisibles qu'il est bien difficile de les cerner. Aucun instrument de recherche (questionnaire, entretien…) ne peut, à lui seul, en assurer la saisie exhaustive.

Le troisième aspect de la « représentation-produit » est celui de l'« attitude », dimension non plus cognitive mais évaluative. L'attitude d'un individu exprime son orientation générale vis-à-vis de l'objet de la représentation, lequel est perçu plus ou moins favorablement et est plus ou moins estimé par le sujet. L'attitude, qui figure le noyau affectif de la représentation, est définie par J. Maisonneuve (1973) comme « une position (plus ou moins cristallisée) d'un agent (individuel ou collectif) envers un objet (personne, groupe, situation, valeur) ». Une telle formation est opératoire : « […] sous la forme des comportements d'opinion qui les expriment, les attitudes sont susceptibles de mesure » (*ibid.*).

Depuis C.E. Osgood, les attitudes sont, en effet, objets de mesures : selon leur direction et selon leur intensité.

> « La direction est le sens de l'opinion selon un couple bipolaire. On peut être pour ou contre, favorable ou défavorable. L'opinion peut être positive ou négative, amicale ou hostile, approbative ou désapprobative, optimiste ou pessimiste, on peut juger une chose comme bonne ou mauvaise..., etc. Entre les deux pôles nettement orientés existe éventuellement un état intermédiaire, la neutralité, l'ambivalence. L'intensité marque la force ou le degré de la conviction exprimée : une adhésion peut être tiède ou passionnée, une opposition légère ou véhémente. »
>
> L. Bardin, 1977.

### *4.4. Comment les représentations relient le sujet à sa culture*

Une représentation n'est pas sociale parce qu'elle porte sur des éléments sociaux ; elle est sociale en tant qu'elle est partagée au sein d'un groupe donné, qu'elle est l'une de ses caractéristiques, voire l'un de ses attributs. S. Moscovici (1976) estime que la représentation remplit une fonction sociale essentielle : celle de « contribuer aux processus formateurs et aux processus d'orientation des communications et des comportements sociaux ».

De nombreuses études se sont développées pour cerner les représentations sociales à l'aide d'enquêtes sur le terrain, soit dans l'ensemble de la population, soit au sein de groupes restreints et à propos d'objets les plus divers ; par exemple à propos de la prise des rôles sociaux chez la femme (P.H. Chombart de Lauwe, 1963), chez l'enfant (M.J. Chombart de Lauwe, 1971), chez les scientifiques (E. Lage, 1978) ; des notions, de culture (R. Kaes, 1968 ; J. Larrue, 1970), de santé et de maladie (C. Herzlich, 1969), de corps (D. Jodelet, 1976)... ; à propos d'institutions : la justice (Robert et Faugeron, 1973), la vulgarisation scientifique (P. Roqueplo, 1974), la participation (G. le Bouedec, 1979), l'école (Siano, 1981), la relation maître-élève (M. Gilly, 1980).

Diverses recherches expérimentales, d'un autre côté, se sont efforcées de préciser la fonction de la représentation dans l'élaboration et l'orientation des comportements. E. Apfelbaum (1967) vérifia, par exemple, leur rôle causal dans la détermination des conduites, en montrant comment, dans la résolution du dilemme du prisonnier, ce n'est pas tant le partenaire en lui-même qui importe mais la représentation que s'en donne le sujet. J.C. Abric, C. Faucheux, S. Moscovici et M. Plon (1967) montrèrent comment les stratégies des sujets varient avec les représentations – induites expérimentalement – de leurs partenaires. J.P. Codol (1970) mit en évidence la dimension systémique de la situation expérimentale : l'ensemble que forment les représentations de la situation, celles du partenaire et celles du sujet lui-même se déstructure, pour peu qu'une seule représentation soit modifiée au sein du système.

En tant que reconstruction de la réalité par le sujet et en tant qu'attribut caractéristique de son groupe d'appartenance, la représentation s'érige en élaboration théorique qui vise à intégrer le phénomène représentationnel à deux niveaux différents. Elle médiatise tout d'abord les relations entre l'individu et son environnement : elle s'érige en structure cognitive formelle, rassemblant des énoncés figuratifs et évaluatifs à propos d'un objet, selon un mode commun aux différents membres d'un même groupe, de sorte que les membres du groupe partagent à la fois une même interprétation du réel et un même mode de réaction à la situation traversée.

Deux séries de difficultés surgissent à propos d'un tel statut « supra-individuel » des représentations. Il est tout d'abord difficile de disposer d'une définition de l'objet représenté qui permettrait de cerner toutes les particularités et l'originalité de chacune des reconstructions individuelles. Il n'est pas facile non plus (comme l'ont fait remarquer M. Gilly, 1980 et J.P. Di Giacomo, 1981) de repérer les formations – formelles, générales et collectives – des « représentations sociales » parmi les collections de « représentations individuelles » recueillies :

> « On ne peut, en effet, imaginer qu'une représentation sociale soit traduite par la somme des réponses individuelles, leur moyenne éventuellement ou encore par la juxtaposition des réponses les plus fréquentes. Une telle "représentation" n'est qu'un artefact, elle n'a d'existence qu'aux yeux de l'observateur. Ce n'est pas elle qui organise les réponses individuelles. Ce n'est pas le modèle auquel les individus se réfèrent en vue de structurer cognitivement leur univers ou guider leurs comportements. »

Confrontés aux objets sociaux auxquels ils doivent donner un sens, alors qu'ils sont dépourvus d'informations, les individus, estime S. Moscovici (1976), subissent une « pression à l'inférence » : plutôt que de présupposer aux objets sociaux des définitions objectives, à propos desquelles chacun s'emploierait à produire sa version singulière, on peut attribuer un rôle moteur à cette « pression à l'inférence »; au gré des situations traversées, alors qu'ils sont soumis à une commune pression à l'inférence, les acteurs sociaux auraient à déterminer avec absolu l'objet qu'ils ne connaissent que vaguement (et dont il n'existe aucune définition univoque !). Autrement dit, dans la plupart des cas, la représentation exige un effort d'alignement sur quelque modèle normatif. Un objet social n'est jamais absolument inédit ou isolé de tout réseau de significations. Pour le comprendre, il s'agit de le rapprocher de schémas sociocognitifs que l'on maîtrise déjà et qui permettent de le décoder et de l'interpréter. M. Gilly (1980) désigne ces schémas sociocognitifs sous le nom « d'images sociales modélisantes » et W. Doise (1978) parle de « représentations collectives ». Ainsi comprises, les représentations individuelles apparaissent comme des reproductions, en quelque sorte, de normes sociales générales qui, selon un versant afférent, les déterminent en amont.

L'effort normatif qui sous-tend les représentations ne s'arrête pas là. En étudiant les représentations liées à notion de culture, R. Kaes (1968) a montré comment ces formations peuvent être considérées comme l'effet d'un véritable phénomène projectif. Lorsque la compétence des individus est sollicitée en vue de désigner un objet, à propos duquel chacun véhicule une représentation, ce sont des aspirations personnelles vis-à-vis de cet objet – et du monde dans lequel il prend place – qui sont interpellées. C'est finalement un modèle idéal qui est invoqué : idéal non lié à des convictions, mais exprimant des objectifs personnels, concrets, immédiats et précis. En rétroagissant sur les représentations individuelles, les projets des acteurs sociaux marquent le versant efférent de ces représentations.

À la fois subordonné aux déterminants sociaux et institutionnels (versant afférent) et aux exigences des aspirations personnelles (versant efférent), le phénomène des représentations sociales et individuelles réalise bien l'articulation du psychologique et du social.

Autrement dit, il faut voir dans la dynamique des représentations – individuelles et collectives – se réaliser le lien entre le sujet et sa culture.

## POUR ALLER PLUS LOIN


ABRIC J. C., « Jeux, conflits et représentations sociales », *Thèse de Doctorat d'État*, Université de Provence, Aix-en-Provence, 1976.

APFELBAUM E., « Interdépendance, renforcement social et réactivité : analyse de la dynamique des interactions dans le cadre des jeux expérimentaux », *Thèse de Doctorat d'État*, Université de Paris, 1969.

BRUNER J.S. et GOODMAN C.C., « Value and need in organizing factors in perception », *in* T.M. Newcomb and E. Hartley (ed.), *Reading in Social Psychology*, 99-108, 1947.

CHOMBART de LAUWE P.H. et coll., *La femme dans la société. Son image dans différents milieux sociaux*, éditions du CNRS, Paris, 1963.

CHOMBART de LAUWE M.J., *Un monde autre : l'enfance. De ses représentations à son mythe*, Payot, Paris, 1971.

CODOL J.P., « On the system of representations in a group situation », *European J. Social Psychology*, *4-3*, 343-365, 1975.

DOISE W., *L'articulation psychosociologique et les relations entre groupes*, éditions de Boeck, Bruxelles, 1976.

— DESCHAMPS J.C., MUGNY G., *Psychologie sociale expérimentale. Les préjugés et la différenciation catégorielle*, Armand Colin, Paris, 1978.

DURKHEIM É., « Représentations individuelles et représentations collectives », *Revue de Métaphysique et de Morale*, 1898, in *Sociologie et philosophie*, PUF, Paris, 1967.

HERZLICH C., *Santé et maladie. Analyse d'une représentation sociale*, Mouton, Paris, 1969.

JODELET D., *La représentation sociale du corps*, Cordes, Paris, 1976.

— « Représentation sociale : phénomènes, concept et théorie », *in* MOSCOVICI S. *Psychologie sociale*, PUF, p. 357 à 389, Paris, 1984.

KAES R., *Images de la culture chez les ouvriers français*, éditions Cujas, Paris, 1968.

LE BOUEDEC G., « Contribution à la méthodologie d'étude des représentations sociales », *Cahiers de psychologie cognitive*, 4,*3*, 245-272, 1984.

MEYERSON I., *Les fonctions psychologiques et les œuvres*, Paris, 1948.

MOSCOVICI S., *La psychanalyse, son image et son public*, 2e édition, PUF, Paris, [1961] 1976.

PAICHELER H., « L'épistémologie du sens commun, de la perception à la connaissance de l'autre », *in* Moscovici S. (éd.), *Psychologie sociale*, PUF, 277-307, Paris, 1984.

# 5 *Les corps, les personnes et les dynamiques identitaires sont pétris de culture…*

## 1. De la personne à l'acteur social

Dans les pays de culture occidentale la plupart des langues parlées comportent le mot « personne », issu du latin *persona* qui signifie masque. Aujourd'hui, les différents sens attachés à la notion de personne dérivent de cette idée de masque : ils concernent à la fois l'apparence extérieure du personnage, le rôle joué et la valeur attachée au personnage mis en scène.

G. Allport (1937) distingua différentes acceptions psychologiques susceptibles de se relier à la notion de personne, en tant que celle-ci joue un rôle. Pour cet auteur, la notion de personnalité désigne l'ensemble de toutes les dispositions de l'individu, innées ou acquises ; elle désigne aussi le sujet qui joue un rôle. Elle est finalement l'organisation de ces dispositions. En ce sens, elle se confond avec une fonction intégrative et structurale, dont l'organisation est hiérarchisée. Les dispositions acquises organisées représentent les adaptations de l'individu à son milieu, une telle formation étant nécessairement originale, unique.

En résumé, G. Allport définit la personnalité comme l'organisation dynamique des systèmes psychologiques qui déterminent l'adaptation originale de l'individu à son milieu.

C'est dans la philosophie morale des Anciens, chez les stoïciens et plus particulièrement chez Sénèque, qu'apparaît l'idée moderne que la personne existe pour elle-même. La personnalité ne serait donc pas donnée mais construite : le sujet réaliserait en lui-même l'unité et l'identité de sa personne. Pour trouver la personne, il faut rechercher par-delà les biens matériels et sociaux, par-delà le corps. Il faut donc dépasser l'apparence pour trouver l'essence, l'esprit, la raison, voire les forces divines.

Les métaphysiciens chrétiens ont précisé par la suite une telle doctrine : la personne est à la fois corps et âme. C'est l'homme, la personne individuelle qui a reçu la pensée et la raison.

La notion de personne implique à la fois individualité et dignité. Elle recouvre la substance individuelle d'un être raisonnable dont la vie intérieure s'identifie à la constitution progressive, au perfectionnement incessant de la personnalité, qui est supposée atteindre sa plénitude dans la vie future.

## Culture et rôles des sexes : l'exemple des études de M. Mead en Nouvelle-Guinée

En 1935, M. Mead publia aux USA une étude réalisée en Nouvelle-Guinée, *Sex and temperament in three primitive societies.* Cet ouvrage d'anthropologie culturelle vise à relier certaines caractéristiques des comportements des individus aux conditions particulières des groupes culturels dont ils proviennent respectivement. M. Mead observa donc des Arapesh (d'un village de montagnards), des Mundugomors (vivant à 200 km des précédents) et des Chambuli (vivant dans des villages construits sur pilotis au bord d'un lac).

Les Arapesh observés ne paraissaient pas être soumis à une organisation politico-sociale stricte : issus d'un même lignage, ils avaient surtout le sentiment d'appartenir à leurs terres, elles-mêmes possédées par les esprits. Leur vie, avant tout collective, organisée autour de l'agriculture, la chasse, les travaux de construction..., était paisible et régulée par un esprit de coopération et de générosité. L'enfant arapesh était favorablement accueilli au sein d'un couple parental lié par la solidarité : le père attendait l'enfant au même titre que la mère et lui aussi le mettait au monde – ainsi d'un homme mûr ayant encore belle allure, disait-on « vous auriez dû le voir avant qu'il ait tous ces enfants ! ». Les relations sexuelles extra-maritales étaient interdites et la mère devait également éviter les relations licites jusqu'à ce que l'enfant marche. Elle pouvait en effet l'allaiter jusqu'à trois ou quatre ans. Dans de telles conditions, l'enfance est une période privilégiée, douillette et heureuse. Le tout petit n'est guère éloigné du corps de la mère (ou d'adultes affectueux qui la remplacent), tandis qu'il peut se livrer sans contraintes et sans interdits aux activités, notamment sexuelles, qui lui plaisent. La violence est proscrite, la confiance règne : seuls les « hommes des plaines », soupçonnés de dangereuses pratiques de sorcellerie, étaient redoutés des Arapesh.

Dans ce cadre, la sexualité ne s'accompagnait pas de sentiments romanesques mais était vécue comme un exercice normal au sein du mariage et proscrit à l'extérieur. La polygamie pouvait exister, mais seulement pour résoudre des problèmes socio-économiques tels que ceux qui résultent d'un veuvage.

M. Mead constata que, dans ces circonstances, les normes sociales érigent la nature humaine comme bonne : hommes et femmes doivent être également doux, sensibles et serviables, toujours prêts à se sacrifier pour les plus jeunes et plus faibles qu'eux. Tous doivent être sexuellement paisibles et contenus, tournés vers l'objectif d'élever la progéniture et de cultiver les ignames. Les Arapesh observés ignoraient les conflits de générations, la jalousie, l'envie, l'instinct de propriété et la combativité. Leurs malheurs (morts, accidents...) s'expliquaient par les maléfices des « hommes des plaines » ; tandis que les expressions de violence, d'égoïsme, de jalousie et d'agressivité sexuelle n'étaient tolérées qu'au titre de regrettables déviances.

À quelques centaines de kilomètres de là, M. Mead observa des Mundugomors. Ces derniers n'avaient guère à se faire de soucis pour assurer leur subsistance : leur sol était fertile et la chasse et la pêche prospères. Chez eux, la vie était rythmée par les expéditions, notamment par des embuscades au cours desquelles ces chasseurs de tête se livraient au cannibalisme (ces populations n'étaient sous contrôle gouvernemental que depuis trois ans lors de l'étude). Les Mundugomors n'étaient pas véritablement organisés en communauté; leur village ne comportait ni place centrale, ni maison des hommes (comme c'était alors le cas pour les autres populations de Nouvelle-Guinée) et aucune fête exceptionnelle ne les rassemblait. Leur système de descendance, appelé « la corde », diffère à la fois des systèmes patrilinéaire et matrilinéaire : la corde comprend, en effet, un homme, ses filles, les fils de ses filles, les filles des fils de ses filles... ou une femme, ses fils, les filles de ses fils, etc. et c'est selon cet ordre de filiation que se transmettent l'appartenance totémique et les biens, notamment les femmes. La possession des femmes, signe de richesse et de puissance dans ce système polygamique (un homme peut avoir jusqu'à six ou sept épouses) occasionnait de violents conflits : les fils rivalisaient avec le père pour s'approprier leurs sœurs, qu'ils échangeaient contre des épouses, avec la complicité de leur mère (avide d'acquérir du pouvoir sur ses belles-filles et rebelle à la perspective d'être en rivalité avec un nombre accru de coépouses). Traversée par d'incessantes querelles domestiques, la vie sociale des Mundugomors était animée par les « embuscades », durant lesquelles les enfants d'une tribu étaient gardés comme otages par la tribu voisine avec laquelle on faisait équipe pour la chasse aux têtes...

L'enfant arrivant dans un tel contexte est inopportun : l'époux (en l'occurrence soumis à diverses contraintes) accuse volontiers la future mère d'infidélité; cette dernière éprouve de la colère à être délaissée (car les rapports sexuels sont interdits : on redoute la naissance de jumeaux). La naissance se réalise donc dans un monde hostile : le nourrisson est transporté dans un rude panier de vannerie; pour l'allaiter on le maintient debout, il avale ce qu'il peut et le cas échéant s'étouffe, de sorte que seuls les plus vigoureux survivent. Le sevrage est brutal et le jeune enfant est en butte à de multiples interdits (liés notamment à l'apprentissage de « la corde »). M. Mead observa des jeux brutaux, dominés par les aînés de sexe masculin. Pour se faire reconnaître, les filles devaient recourir à la compétition par la parure et la séduction.

Dès l'âge de sept ans, le garçon devait braver son père. À partir de huit/neuf ans, une tribu étrangère pouvait le prendre en otage pendant plusieurs mois et le malmener, et dès douze-treize ans il était tenu de mettre à mort les captifs (destinés à la consommation alimentaire lors de festins de chair humaine). Il s'ensuit l'acquisition d'une dureté et d'une maturité précoces, excluant toutefois l'exercice de la sexualité (la virginité des filles était un capital surveillé de très près, sa perte provoquant rage, humiliation et violence). Les mariages constituaient des opérations aussi compliquées que difficiles à vivre; la sauvegarde des unions passionnelles et conflictuelles exigeait la compétition féminine et, le cas échéant, le recours aux coups et blessures.

Dans cette société, pour les deux sexes, la violence, l'agressivité sexuelle, la jalousie, la susceptibilité à l'insulte et la vengeance, l'ostentation, l'énergie brutale et la combativité s'érigeaient en normes; trembler pour donner la mort à un captif, ne pas avoir de rendez-vous amoureux clandestin, ne pas monopoliser toutes ses sœurs en se dressant contre son père, montrer de la tendresse à un enfant représentaient des déviances réprouvées par le groupe.

Soumis depuis sept ans au moment de l'étude de M. Mead, les Chambuli menaient de leur côté une vie paisible, active et amicale. Ils n'avaient pas de soucis pour se nourrir. Les femmes s'occupaient de la pêche et de la vannerie, tandis que les hommes organisaient les nombreuses fêtes et cérémonies. Si chez eux aussi on se livrait à la chasse aux têtes, c'était avant tout pour les décorer : les hommes chambuli étaient artistes de père en fils. Hommes et femmes ne se confondaient pas : leurs rôles étaient très contrastés. Se préoccupant d'art, les hommes étaient très sensibles, soucieux de leur aspect physique et de leurs nombreux problèmes interpersonnels, et très dépendants des femmes qui les traitaient très affectueusement. Les femmes, élément fort de la société, étaient unies et actives : elles avaient la responsabilité de la pêche, pour alimenter le groupe (alors que les hommes pêchaient pour se divertir) et de l'artisanat (elles fabriquaient des objets que les hommes allaient vendre au marché, ce qui était prétexte à sorties et parures). Les femmes manifestaient à l'égard des hommes « une considération teintée de tolérance bienveillante » ; elles en appréciaient spécialement les jeux, organisés à leur attention et qui leur fournissaient l'opportunité de formuler des invites sexuelles.

Dans cette société, où les femmes étaient fortes et détentrices du pouvoir, les hommes se montraient enclins à la mélancolie. M. Mead en conclut que « la nature humaine est éminemment malléable, obéit aux impulsions que lui donne le corps social. Si deux individus appartenant chacun à une civilisation différente ne sont pas semblables, c'est avant tout parce qu'ils ont été conditionnés de façon différente, particulièrement au cours de leurs premières années : or, c'est la société qui décide de la nature de ce conditionnement... Les traits de caractère que nous qualifions de masculin ou de féminin sont pour un grand nombre d'entre eux, sinon en totalité, déterminés par le sexe d'une façon aussi superficielle que le sont les vêtements, les manières ou la coiffure qu'une époque assigne à l'un ou l'autre sexe ».

Une telle notion n'est pas psychologique, elle est métaphysique, voire théologique. La manière dont les Occidentaux conçoivent aujourd'hui les personnes demeure pétrie de cette idéologie.

J. Stoetzel (1967) remarque que la littérature occidentale comporte les portraits les plus divers et les plus contradictoires. À partir des mêmes expériences, interprétées dans des sens opposés, ils mettent en œuvre des images de « personnes » susceptibles de s'accorder avec les représentations que véhiculent les lecteurs. Ainsi la personne peut-elle être dépeinte comme étant universelle – elle exprime alors la nature humaine – aussi bien qu'originale, unique. D'un autre côté, la personne peut être simple ou complexe. Sa complexité est toutefois une découverte moderne, datant du XVIIe siècle, notamment avec Racine, car si Shakespeare et Corneille ont également montré l'individu en proie à de violents conflits, ceux-ci résultaient de facteurs externes, alors que pour Racine les tendances incompatibles et génératrices de turbulences sont internes. Pour les classiques, si complexe que puisse être la personne, elle réalise l'unité, la cohérence. Avec Pirandello, une interprétation radicalement pluraliste de la personne s'est récemment affirmée, sans aucune réserve.

La personne est donc une valeur, au même titre que peut l'être l'intelligence, par exemple, ce qui a des incidences en de nombreux domaines de la pensée institutionnalisée (droit civil, pénal, politique, morale, philosophie...).

Les principes d'éducation dépendent largement du contenu et de la valeur attribués à la personne. On a vu précédemment que les perspectives éducatives ne sont pas uniformes. Selon les cultures elles varient, avec certaines options. Comment entend-on former la personne? En la stimulant? En supprimant ce qui est mauvais? À quel moment de sa vie la personne est-elle supposée atteindre son meilleur niveau? Quel sexe réalise le mieux l'idéal de la personne? Les sentiments institutionnalisés à l'égard des personnes (par exemple le deuil) dépendent étroitement de la valorisation particulière attachée à cette notion.

La personne est donc une production sociale, culturellement déterminée. En Occident, cette notion est fortement liée à l'organisation de la famille nucléaire.

## 2. La personne à travers les cultures : un destin fluctuant

### *2.1. La personne comprend des éléments qui varient d'une culture à l'autre*

M. Mauss est l'un des premiers auteurs qui ait éprouvé l'intérêt de replacer la notion de personne dans la perspective générale de l'ethnologie. Il s'efforça en l'occurrence de retrouver, à travers la variété de l'expérience ethnologique et historique, une catégorie mentale susceptible de s'identifier à la notion de personne et de permettre des interprétations allant dans le sens d'un progrès. Dans le cadre de l'expérience ethnologique connue, I. Meyerson fut au contraire frappé par la pluralité des conceptions et des fonctionnements de la personne : du triple point de vue de ses contenus, de sa forme et de l'existence même du concept.

Les études approfondies que G. Dieterlen et M. Griaule ont menées à partir de 1939 sur la personnalité chez les peuples soudanais (Bambara, Bozo et Dogon) illustrent bien l'idée que dans certaines cultures la notion de personne peut différer profondément de la notion occidentale. Ainsi, J. Stoetzel (1967) rapporte que la personne soudanaise comprend, selon la conceptualisation occidentale, des éléments spirituels, corporels et sociaux. Les éléments spirituels sont au nombre de trois : le *ni* (l'âme), le *dya* (le double) et le *tere* (la force vitale). Pour les Bambara, le *ni* et le *dya* sont des éléments spirituels en circulation permanente dans le groupe social. Ces éléments quittent le corps des défunts. Le *ni* est recueilli et conservé dans un autel individuel, le *dya* retourne au fleuve, sous la garde du génie de l'eau, Faro. Lors des naissances dans le groupe, le *ni* et le *dya* se réincarnent dans le nouveau-né (avec deux exceptions : dans le cas de certains décès anormaux, ils sont perdus; s'il s'agit de naissances jumelles, le Faro fait présent à la communauté de nouvelles âmes qu'il tient en réserve). Quant au *tere*, on peut le comprendre comme le caractère de l'individu, ou comme sa force vitale. Il se compose des *tere* des parents et de celui du défunt dont il a hérité le *ni* et le *dya*. Le corps, autre élément de la personne, n'est pas totalement indépendant des éléments spirituels : le *tere* est, en effet, déterminé par certains aspects visibles du corps. L'individu est intimement incorporé au groupe social, qui est éternel et invariable. Il est donc bien plus que lui-même, puisque son *ni* et son *dya* sont indéfiniment réutilisables par la communauté. Le contenu de sa personnalité lui vient à la fois de ses géniteurs et de ses ancêtres. Le contenu de ses clavicules le prédétermine, par exemple, à être cultivateur ou pêcheur. Il peut même, s'il fait partie d'une caste endogame ayant un contenu claviculaire différent, être voué au travail du bois, du cuir, etc., tout en étant relevé de certains interdits. L'individuel chez les Soudanais se réduit finalement à très peu de choses : la chair, qui est « pour les termites » et disparaîtra à la mort; le squelette, dont on visitera les ossements annuellement, et la « mue » du *ni*, qui restera dans l'autel après réemploi de celle-ci dans une nouvelle naissance.

Dans ces circonstances, quel peut être le sentiment du « moi » chez un Soudanais qui se sait une forme de passage? M. Griaule pense que l'on peut s'en faire une idée au travers de certaines institutions : l'ordre de préséance dans la consommation des denrées sacrificielles, la déclamation des devises individuelles… Du fait, par exemple, que la formule employée par les autres est reconnue, admise, assimilée par le sujet, il s'établit une identité entre l'image qu'il se donne de lui-même et celle que les autres s'en font.

### 2.2. Au sein d'un même environnement culturel, la personne peut aussi varier selon les circonstances

*The chrysanthenum and the sword*, écrit en 1945 par R. Benedict (qui ne séjourna pas au Japon mais fonda ses études sur ce que lui rapportèrent des Japonais immigrés aux USA en réponse à une demande de l'armée américaine que le « fanatisme » des Japonais laissait perplexe), propose une approche comparée de la personne occidentale et de la personne japonaise.

R. Benedict explique que les Japonais vivent enfermés dans une série de « cercles » d'obligations qui occupent une place très importante dans la société japonaise : ils régulent des phénomènes de personne qui sont, en réalité, situationnels. Pour cet auteur, la vie personnelle et morale de l'Occidental se caractérise par la tendance à l'intégration : en Occident une personne est supposée agir d'une manière consistante, c'est pourquoi on la reconnaît à un trait dominant, à un type, à un rôle. Confronté à ses actions, on dit : « c'est bien de lui », « il est bien dans son rôle », « c'est bien son caractère ». Les jugements que l'on porte sur cette personne se font par la suite d'une manière globale : un homme est considéré comme bon, un autre injuste, antipathique, mauvais… Au Japon, un tel jugement s'élabore en référence à la manière dont l'individu se manifeste dans les « cercles » : le cercle de *chu*, le cercle de *ko*, le cercle de *giri*, le cercle de *jin*, le cercle de *ninjo*, qui correspondent respectivement aux obligations envers l'empereur, les parents, les personnes qui nous ont obligés; obligations d'humanité et de loyalisme et, enfin, le domaine des

« sentiments humains », *ninjo*, comprenant en grande partie les plaisirs physiques. Le Japonais n'agit donc pas en raison de motivations intérieures, qui seraient intégrées à sa personne, mais selon des séries de prescriptions : à cause de *chu*, à cause de *ko*, à cause de *giri*. Dès qu'il n'est plus dans un domaine de contrainte, le cercle de *ninjo* permet au Japonais de se libérer de ses tensions. Dès lors que rien ne l'empêche de dormir, de manger, de s'enivrer… l'individu ne se prive pas de ces plaisirs légitimes. Selon R. Benedict, le domaine sexuel est probablement celui dans lequel un Japonais et un Occidental se comprennent le moins : au Japon le sexe est humain et parfaitement bon, dans la mesure seulement où il reste à sa place, qui est très secondaire.

Dans la tradition judéo-chrétienne, le but essentiel pour la personne est la quête du bien et la lutte contre le mal. Le bien et le mal s'entendent à la fois par rapport aux choses et par rapport aux personnes, notamment par rapport à soi-même. Lorsqu'il s'agit des personnes, le bien est le bonheur. Tous s'accordent en l'occurrence à reconnaître que la recherche du bonheur est un but sérieux de la vie, à la fois dans les domaines publics, politiques et privés. Selon R. Benedict, cette idée apparaît aux Japonais étonnante et immorale : pour eux, le but essentiel est en effet de s'acquitter de ses obligations. Le bonheur, pour autant qu'on puisse exprimer cette idée dans la langue nippone, est une détente : on en jouit quand il se présente. Les Japonais ne reconnaissent pas les deux grandes forces antagonistes que sont le bien et le mal. Parmi les « cercles » de la vie japonaise, il n'existe pas de « cercle du mal ». L'opposition entre la chair et l'esprit, si familière aux Occidentaux, est également inconnue des Japonais.

Dès lors, pour les Japonais, le conflit essentiel n'oppose pas le bien et le mal, mais diverses séries d'obligations également impératives : *chu*, *ko*, *giri*… Entre deux obligations incompatibles, pour régler ses dettes envers le monde et envers son nom, le héros japonais doit choisir la mort. Ce choix ne se fait pas dans un esprit de résignation, avec des sentiments d'autocompassion, mais dans un esprit d'initiative et de détermination. Les bonnes intentions, si importantes en Occident et si utiles dans la justification de la personne à ses propres yeux, n'ont pas de place dans la conception japonaise. Ce qui importe dans ce cadre, c'est la force de caractère. Celle-ci ne consiste pas, étant partagé entre le bien et le mal, à choisir le bien contre le mal ; elle consiste, partagé entre deux bons devoirs, à s'acquitter des deux à la fois, même, et spécialement, s'ils sont incompatibles. La force de caractère réside dans le conformisme. La grande vertu de la personne, peut-être la seule vertu, c'est *makoto*. *Makoto* veut dire vrai, réel. La vertu de *makoto* consiste à pousser la conduite jusqu'à son point extrême, en la renforçant, dit R. Benedict, comme par un exposant qui la ferait passer à la puissance dix. Le code des devoirs étant posé, la personne s'acquitte de ceux-ci de toute son âme et de toute sa force.

### La personne au Japon : un phénomène situationnel et relationnel

Dans l'acception occidentale de la personne, « je » désigne un individu unique et indivisible, une personnalité cohérente, à la fois dans l'espace et le temps. Dans cet univers symbolique, le « je » est le noyau central de la personne, apte à fournir au sujet un sentiment de toute-puissance. Le « moi-personnellement-je » semble transcender l'environnement, ne dépendre que de lui-même. Nous pourrions considérer qu'une telle notion de la personne est « dispositionnelle », ce qui rend possible la psychologie sociale. La conception ontologique de l'individu tel que le posent les autres disciplines de la psychologie occulte en effet volontiers le contexte social dans lequel évolue cet individu. Même en psychologie sociale, l'individu est porteur d'une identité sociale, mais vécue. La définition tajfélienne de l'identité sociale ne se conçoit que si l'identité personnelle-individuelle existe.

Dans l'acception japonaise de la personne, « je » est un mot qui n'existe pas : une multitude de mots et d'expressions désigne les personnes. Le seul équivalent linguistique du « je » peut être traduit par *Watakushi*. Des conversations peuvent toutefois être menées toute une vie durant sans que ce mot n'apparaisse. D'autres mots ou expressions désignent le sujet : *Boku, Ore, Uchi, Ware, Temae, Jibun, Watashi, Wate,* etc. On a dénombré jusqu'à plusieurs centaines de mots pour exprimer ce « je ». Une telle profusion résulte de la conception de la personne : celle-ci possède la particularité de fluctuer selon le contexte social et culturel dans lequel elle se trouve. En se désignant, la personne socialement située n'utilise pas le même outil linguistique. Elle tient compte de sa propre situation sociale (âge, sexe, classe sociale, situation hiérarchique, etc.) et des variations sociales qui bouleversent son environnement. Ainsi, la langue japonaise, comme d'autres langues extrême-orientales, ne permet-elle pas à l'individu de se soustraire de son environnement social. Par opposition à la notion « dispositionnelle » des Occidentaux, nous pourrions qualifier la notion de personne au Japon de « situationnelle ».

Dans les cultures où la personne est dispositionnelle, l'organisation du monde dépendant du centre qu'occupe le « je », il est possible et compréhensible de dire : « Je suis le centre du monde. » ; on peut même renchérir en disant : « Tout commence par moi. »

Dans les cultures où la personne est situationnelle, une organisation égocentrée du monde est impensable. L'individu comprend plusieurs personnes jouant chacune un rôle spécifique. La diversité des relations sociales implique la variabilité de la personne. La prise des rôles se réalise alors dans un monde qui n'est jamais constant, ni dans l'espace ni dans le temps.

Le même raisonnement est applicable à la morale. Par exemple, après la défaite du Japon en 1945, les Américains avaient prévu de longues et difficiles années d'occupation. Ils se sont vite aperçus que les Japonais, farouches et fanatiques guerriers pendant le conflit, ne leur opposaient plus aucune résistance alors que d'ennemis ils étaient devenus occupants : ils se montraient au contraire extrêmement attentionnés et ils collaboraient au plan de reconstruction. Cette situation fut traduite par les Américains en termes d'hypocrisie généralisée.

En Occident, la morale est perçue comme constante et stable dans le temps, elle est admise comme exclusive ; l'individu qui s'y réfère sait à quoi s'en tenir. Au Japon il est admis que l'on peut avoir diverses morales, changeantes selon les situations traversées. Il s'agit donc bien d'un phénomène situationnel : l'individu « choisit » sa morale selon la situation, ce qui explique le renversement des conduites des Japonais après la guerre. Une telle prescription de fluctuation rend compte de l'extrême capacité des Japonais à s'adapter à toutes les révolutions industrielles et technologiques.

Cette capacité adaptative a toutefois ses inconvénients. Fortement soumise aux influences, la société n'accorde que peu de valeur aux vestiges historiques. Les vestiges sacrés tels que les sarcophages des empereurs japonais sont inaccessibles et c'est une valeur institutionnelle qui s'y rattache. Lors de la construction d'un tronçon souterrain dans le centre-ville de Kyoto (ancienne capitale de l'archipel, berceau de siècles d'histoire), les archéologues découvrirent par exemple comment des machines avaient impunément broyé cinq siècles en quelques jours. De tels accidents s'expliquent par le fait que les préoccupations économiques et politiques l'emportent sur tout le reste. On ne s'attache pas à maintenir une formation identitaire qui serait originale, unique alors que ce qui importe est la conformité : tous les individus doivent être semblables entre eux. Le « je » étant fonction des situations, les normes sociales sont omniprésentes et incontournables, elles exercent une pression si forte sur l'individu que la moindre différence est intolérable.

Une grande partie des Japonais et surtout les nippologues (« penseurs », philosophes-essayistes qui se fondent sur certains faits sociaux et historiques pour estimer que le Japon est un cas unique dans l'histoire du monde) voient dans le Japon un aboutissement de la démocratie : à tel point que l'on n'y reconnaît plus qu'une *middle-class* (*Chûryû*, classe moyenne). Le très faible taux d'immigration au Japon et deux cent cinquante ans d'autarcie ont certes pu rendre les Japonais semblables les uns avec les autres. Quoiqu'il en soit, l'intériorisation de l'uniformisation instituée culturellement implique qu'ils se sentent unis et uniques au monde, liés entre eux surtout par ce qu'ils éprouvent comme un fait de la « race » nipponne : ils se ressentent comme ethniquement tous identiques (*Tanitsuminzoku*).

D'après Takashima M., 1996
*(Les mots japonais sont transcrits en système Hepburn simplifié).*



### *2.3. Il est même des cultures dépourvues de personnes*

Chez les Canaques de Nouvelle-Calédonie, en langue houaïlou, *do kamo* (choisi comme titre du livre de M. Leenhardt, 1937) est « l'homme vrai », vraiment humain, le vivant qui s'oppose au *bao*, l'être qui n'a pas de corps. On devrait donc d'abord rechercher le *kamo* dans le corps. Or, J. Stoetzel (1967) rapporte que pour les Canaques le corps n'est précisément pas la personne : il est seulement ce qui la soutient. Si en Occident la personne se définit en s'opposant aux autres personnes à qui elle est liée, ce n'est pas le cas chez les Canaques où l'individu ne se connaît et ne se désigne que par ses rôles sociaux : père de…, fils de…, etc., l'individu étant interchangeable dans ces rôles. Par exemple, dans un groupe de jeunes où tous jouent le même personnage, ils sont tous le même personnage.

Jamais les relations sociales ne manquent à un Canaque. Un jeune n'est jamais seul avec lui-même, il est toujours pris dans un groupe de jeunes formant un bloc, même dans les aventures galantes. Si le *kamo* se définit par ses relations sociales, c'est d'une manière imprécise, et le sujet ne dispose pas même de la ressource de l'individualisation par le nom, celui-ci n'étant pas conçu pour individualiser un sujet, mais pour représenter les relations dans lesquelles il s'inscrit. Le prénom indique, par exemple, la position dans le groupe parental : Poindi le cadet, Tiano la fille aînée du chef, Hiké la cadette… Aucun nom ne peut comprendre la totalité des relations qui définissent l'individu, c'est pourquoi ce dernier est désigné par plusieurs noms : nom du terroir, nom dans le groupe parental, nom ancestral… Il faudrait rassembler la totalité de ces noms pour définir l'identité d'un individu. Mais le rôle du nom, son usage, sont dérisoires… À l'école, un élève n'indique pas son nom. Il l'ignore ou il n'ose pas l'employer, parce qu'il redoute les effets d'une telle désignation de soi qui peut attirer des réactions de forces divines et/ou maléfiques. Dans les légendes et le folklore, la plupart des héros n'ont pas de nom.

M. Leenhardt conclut donc que les Canaques de Nouvelle-Calédonie, parmi lesquels il vécut longtemps, ne se font pas une idée claire de leur personne. Il explique qu'avant l'arrivée des Européens, les Canaques parlaient et pensaient à la fois à la première et à la troisième personne : là où nous disons « je fais », ils disaient « je-fais-le-moi » ; cela parce qu'ils ne disposent pas d'un nom personnel les désignant individuellement sans équivoque, parce qu'ils sont pris dans des réseaux de relations sociales concrètes dont ils ne peuvent s'extraire et surtout parce que, pour eux, leur corps n'est pas eux-mêmes. Pour interpeller quelqu'un, on recourt donc à des descriptions, dans lesquelles l'intéressé doit se reconnaître. On évite de le désigner personnellement, ce qui est inconvenant et dangereux.

### *2.4. Comment la culture pénètre le corps pour inscrire l'acteur social dans l'ordre symbolique existant*

En culture occidentale, la conscience du corps occupe une place centrale parmi les éléments que contient le moi. Si le corps est le lieu de la réalisation de nos rapports avec le monde, l'image du corps ne résulte pourtant pas de sensations immédiates renvoyant à la cénesthésie ; celle-ci est rien moins que scientifique ! L'image du corps, en effet, n'est pas donnée : l'individu l'acquiert. Cette image est certes liée à des phénomènes psychophysiologiques, mais on sait, par exemple, que chez les amputés les images des membres (spécialement des doigts) peuvent résister aux mutilations. L'image du corps est avant tout sociale et le siège du moi dans le corps varie culturellement. Le corps du Canaque se comprend par recours à des analogies végétales : la peau est l'écorce, la masse des chairs est la chair ou le noyau du fruit, l'ossature est le corps du bois, les os enveloppants sont la coquille ou la calebasse, les intestins sont des entrelacs de liane… Jadis, en Grèce, on comparait le corps à des substances dures et froides : le cou était de cristal, les seins de marbre… M. Mead (1953) relata les propos d'un amoureux qui expliquant que toute la nuit, étendu, il avait «embrassé de l'or». Si, en Occident, le cœur a une grande importance, c'est en se touchant le nez que le Japonais se désigne.

Les conditions sociales de la conscience du corps se retrouvent dans la conscience de soi en général. M. Halbwachs a démontré comment la mémoire opère à partir d'un cadre social. Les expériences mémorisées sont en effet celles qui se structurent dans des cadres collectifs. C'est donc massivement à partir de la synthèse de ses expériences passées que l'individu acquiert la conscience de soi. La possession d'un nom personnel, consacrant l'existence de l'individu comme personne pour les autres et pour lui-même, constitue une autre condition pour qu'émerge la conscience de soi. Le nom est un élément du statut de l'individu, il contribue, de manière plus ou moins codifiée, à fixer la place de cet individu dans l'organisation sociale des personnes.

On voit comment se relient intimement le comportement personnel, par la médiation de la conscience de soi, et le statut de la personne, qui fixe son inscription dans le tissu social.

> «Les représentations sociales assignent au corps une position précise au sein du symbolisme général de la société : elles nomment les différentes parties qui le composent et les fonctions qu'elles remplissent respectivement; elles en explicitent les relations, elles pénètrent l'intérieur invisible du corps pour y déposer des images précises; elles situent sa place au sein du cosmos et de l'écologie humaine.»
>
> D. Lebreton, 1988.

La définition du corps est toujours comprise dans celle de la personne. Le corps n'est pas une réalité évidente, une matière qui serait incontestable. Il n'existe que construit culturellement par l'homme. C'est le regard que les sociétés humaines portent sur la personne qui en marque les contours, la plupart du temps sans le distinguer de l'être qu'il incarne. D'où le paradoxe de sociétés pour qui le «corps» n'existe pas, ou de sociétés pour qui le «corps» est une réalité si complexe qu'elle échappe à la compréhension des étrangers.

L'identité personnelle de l'Africain, par exemple, n'est pas balisée par son corps : c'est au contraire le corps de l'Africain qui le rive à son groupe d'appartenance. «Non que les ethnologues nient la diversité des individus en les noyant tous dans une communauté qui serait première, qui serait la seule réalité véritable, note R. Bastide (1973), ils reconnaissent qu'il y a des gens timides et des audacieux, des gens cruels et des personnes aimables; mais ces caractères s'organisent dans un même univers, constituent l'unité dernière des choses, qui est l'unité d'un ordre. Un ordre dans lequel la personne s'efface derrière le personnage, puisqu'il est celui qui s'établit entre des "statuts" différentiels, et non celui de la complémentarité contingente de tempéraments multiples». L'Africain traditionnel est donc «immergé au sein du cosmos, de sa communauté; il participe de la lignée de ses ancêtres, de son univers écologique, et cela dans les fondements mêmes de son être» (L.V. Thomas, 1973). L'Africain s'inscrit ainsi dans un tissu de relations d'où surgit le principe même de son existence : à travers son corps circule l'énergie communautaire.

Par son corps, il est en communication avec les différents champs symboliques qui donnent sens à l'existence collective.

Le corps ne se confond donc pas avec la personne. Bien d'autres principes concourent à fonder celle-ci.

### *2.5. Comment les règles sociocognitives en jeu dans la culture s'introduisent avec la discipline des corps*

Les pratiques les plus indiscutablement physiques sont sous l'étroite dépendance des normes collectives et des valeurs sociales. Les navigateurs « solitaires », par exemple, sont en réalité des navigateurs solidaires, puisque leur entreprise représente l'aboutissement d'un élan collectif, d'une technologie avancée. Ils expriment l'idéologie et les aspirations de leur groupe d'appartenance.

On a longtemps considéré que les activités physiques et sportives constituent un fait « naturel ». Il s'agit en réalité non de comportements directement liés au biologique, mais de faits sociaux, les pratiques corporelles étant manifestement des productions culturelles.

Le corps est marqué socialement de multiples façons. Il est parfois chargé de signes ostentatoires, tels que les scarifications, excisions, tatouages, peintures corporelles... ou plus discrètement les blasons, costumes et parures. D'une manière plus insidieuse le corps est engagé dans la dynamique d'apprentissage de techniques, par lesquelles se réalise le montage d'un « habitus » corporel, c'est-à-dire un façonnage pratique. L'habitus est poursuivi dans une série d'actes installés chez l'individu non par lui-même, mais par toute son éducation, par toute la société dont il fait partie, ceci en fonction de la place qu'il y occupe. Marcher, défiler, nager, danser, jouer, sont des actes moteurs non spontanés mais appris et qui diffèrent sensiblement d'une société à l'autre.

Les groupes sociaux se distinguent autant par leurs pratiques physiques et leurs jeux que par leurs langues. Le lancer de tronc d'arbre écossais, le base-ball américain, le cricket anglais, la pelote basque, la course de pirogues africaine ou le *boskashi* afghan sont des pratiques aussi distinctes que les formes d'habitat ou les structures de parenté. Le jeu corporel codifié n'est en rien frivole, puisqu'il procède des rituels identitaires de chaque groupe social, et qu'il réalise des scénarios intimement liés aux modes de vie de ce groupe, à ses croyances. De nombreux anthropologues ont montré combien le corps et la motricité sont modelés sous l'effet des normes sociales (M. Mead, G. Bateson, et plus généralement l'école culturaliste). Dans son ouvrage *L'enfant du lignage* (1979), J. Rabain met au jour certains mécanismes d'apprentissage des rituels corporels et de leur portée enculturante. Elle explique comment l'enfant wolof s'approprie la culture de sa communauté au moyen d'activités de jeux et d'échanges corporels. Les individus s'y avèrent réellement modelés par l'entourage : à la fois par les contacts, les proximités, les regards, les postures et les conduites, notamment agressives.

D'un autre point de vue, P. Parlebas, à travers les jeux et le sport, s'est employé à dévoiler les systèmes d'interactions, les réseaux de communication et les configurations de rôles susceptibles de livrer une signification culturelle. La logique interne qui caractérise chaque jeu repose en effet sur un faisceau de traits associés à l'action motrice. Il s'agit de traits pertinents qui caractérisent les grands aspects des conduites de jeu dans les rapports que le joueur entretient avec l'espace, le temps, les objets et lui-même. La logique interne des jeux, qui fonctionne comme une réelle matrice d'enculturation, prescrit donc des statuts et des rôles sociomoteurs qui demandent une mise en actes orientée, celle-ci débouchant sur des jeux de rôles codifiés. Une telle logique interne s'appuie sur des traits fondamentaux de l'action motrice engagée dans le jeu. L'un de ses aspects essentiels relève du traitement des informations : le joueur est en effet un acteur qui perçoit des obstacles, apprécie des vitesses et des dépassements, calcule des trajectoires… Il agit et réagit, c'est-à-dire qu'il reçoit, stocke et traite des informations.

Tout un ensemble de dispositions cognitives et relationnelles est donc mis en place dans l'action motrice, et l'on peut dire que chaque jeu induit préférentiellement tel ou tel type de décision, telle stratégie de réussite. La logique interne d'un jeu sportif s'inscrit dans des structures opératoires de base, qui sous-tendent le fonctionnement du jeu. Ces modèles opératoires sont repérables dans tous les jeux de toutes les cultures, mais sous des formes variables. Selon P. Parlebas, on peut distinguer sept « universaux » dans les jeux sportifs : le réseau des interactions de marque, le système de scores (qui par leur comptabilité sanctionnent les réussites et les échecs), le réseau des communications motrices (qui témoigne des canaux de solidarité et de rivalité), le réseau des rôles, le réseau des sous-rôles sociomoteurs, les codes sémiotiques par lesquels les acteurs communiquent durant l'action et enfin le contrat social sous-jacent au jeu.

Le jeu sportif est donc avant tout un système de règles, qui régissent les conditions de la pratique et fixent les modalités des interactions. Le règlement du jeu instaure un ordre, une logique motrice, c'est-à-dire un système de contraintes et de possibilités qui modèle les comportements des participants.

Si les contraintes du jeu sont librement acceptées par les participants, le jeu n'est pas pour autant une activité libre et dépourvue de contraintes ! Celles-ci sont au contraire très exigeantes. Mais dans le jeu l'obligation est acceptée : elle est une condition significative de son accomplissement et du cortège de plaisirs qu'il génère. À ce titre, le contrat moteur dans le jeu revêt une importance éducative essentielle : en l'instituant, en le discutant et en le modifiant, les jeunes accèdent de la façon la plus vivante et convaincante qui soit à la prise de conscience du contrat communautaire. Ce phénomène est plus marquant dans les jeux traditionnels, qui se prêtent à de multiples variantes. Des textes officiels rigides règlent en revanche les sports.

## UN MODE D'ORGANISATION MONDIALE DE TRAITEMENT DU CORPS : LE SPORT VU SELON UNE PERSPECTIVE MARXISTE

Le sport n'est pas un phénomène abstrait, un fait de culture en général, un acquis de l'humanité. On le comprendra ici comme un produit social : il s'agit donc de l'analyser dans le cadre des rapports de production qui déterminent sa structure interne, sa nature profonde. Ainsi le caractère superstructurel du sport contemporain est-il déterminé par la société capitaliste. Son avènement est lié à celui du machinisme industriel, de sorte que tous les phénomènes qui s'y rapportent, toutes ses manifestations sont structurellement dépendantes d'une base économique, d'une infrastructure données : les rapports de production capitalistes industriels.

Le sport est sous-tendu par un ensemble de représentations collectives, de préjugés, de mythes produits et véhiculés par la classe dominante. Or il détermine la structure caractérielle des populations, lui donnant – d'après Reich, Marcuse et les freudo-marxistes – une forme « préfasciste » qui, en retour, détermine ses finalités et ses modalités d'expression. En tant que matrice de « socialisation » et d'« éducation », le sport joue le même rôle que les groupes familiaux et religieux : il structure les pulsions et les forces du surmoi.

Ce n'est qu'après la Seconde Guerre mondiale que s'est achevée l'unification mondiale hiérarchisée et centralisée du sport. Depuis, elle se renforce et s'étend sans cesse, tandis que s'exacerbe une compétition cosmopolite permanente, les records jouant le rôle déterminant dans l'organisation du sport : chacun se mesure aux mêmes critères, posés comme mondialement valides. De sorte que s'établit le principe d'une comparaison universelle, dans un contexte de coexistence pacifique : entre les nations, les villes, les clubs...

Parfaitement intégré dans le système d'économie capitaliste, le sport à la fois donne lieu à une exploitation forcenée des groupes financiers et développe sa propre industrie, imposant la course au profit. En tant qu'il réalise une compétition humaine sur tout le globe et dans tous les secteurs, il se confond avec une recherche systématique de rendement maximum, intégrant la loi de la concurrence dans le mode d'organisation des concours et championnats sportifs. Ainsi le schéma : « compétition ↔ rendement ↔ mesure-record » reflète-t-il exactement le processus de production capitaliste; tandis que la concurrence sportive rend obligatoire l'orientation des capacités de l'individu dans le sens de la rationalisation d'une technique particulière : de même que la division (en « miettes ») du travail exige l'hyper-spécialisation et l'idiotisme de la fonction, le processus sportif pervertit les capacités physiques de l'individu, dont la force sportive est « taylorisée ». L'ouvrier et le sportif se transforment en appendices d'un processus de production qui leur échappe : ils deviennent des machines productrices de records. La pratique sportive organisée et systématique est donc aliénante, car elle fait perdre à l'individu sa liberté en l'intégrant dans un appareil sportif qui le domine, qu'il ne peut maîtriser et dont il ne peut se défaire. Le sport s'intègre, en effet, dans les consciences au point de fournir les modèles d'identification de chacun.

D'un autre point de vue, en habituant les gens à évoluer dans un cadre hiérarchisé, en leur inculquant les normes d'une certaine discipline et de l'autorité, l'éducation sportive les familiarise avec les cadres autoritaires des systèmes sociopolitiques répressifs : tandis que, à l'instar de l'idéologie du labeur, la morale du sport est une morale de l'effort, du dépassement dans la souffrance, voire du sacrifice, on voit comment la mobilisation sportive constitue une prémobilisation de type patriotique, le *fair play* entre concurrents ou entre nations ne s'avérant, en réalité, qu'une vue de l'esprit, une mystification totalitaire, cachant les enjeux capitalistes qui sous-tendent les entreprises sportives.

Quant au cérémonial du spectacle sportif, il se confond avec un exercice rituel de mobilisation de masse, dont l'évidente fonction politique est le contrôle. Jugulées par l'appareil militaro-policier, les populations, mobilisées idéologiquement et physiquement par le sport, sont massivement dépolitisées dans l'espace public (médias, etc.) et la conscience critique est asservie.

Sous l'effet de l'identification collective, le sport permet donc à la fois d'obscurcir les facultés critiques et de réaliser la cohésion sociale. Les décharges agressives libidinales, les réactions sadomasochistes, l'éclatement de la structure caractérielle des masses, contribuent à consolider les structures sociales en place, stabilisant l'ordre existant.

En tant que système de représentations collectives, le sport se confond avec un ensemble structuré et cohérent de mythes laïcs. Par exemple, le mythe stakhanoviste de l'amélioration de la performance : l'extension de la pratique de la compétition et le nombre croissant des pratiquants révéleraient le progrès humain, un progrès qui serait linéaire et éternel. La courbe ascendante des records serait le signe d'une irrésistible montée vers le Surhomme : celui qui créé son propre dépassement, qui franchit dans la douleur et l'effort les limites du biologique et du physiologique. L'héroïsme sportif vient par ailleurs complémenter l'héroïsme militaire et la sainteté morale et religieuse. « "Aimez-vous les uns les autres sous les bombes et sur les stades", tel est le nouvel évangile sportif de ces braves représentants de la jeunesse studieuse, vertueuse et sportive de tous les pays » (Laguillaumie, 1972, p. 59).

D'après Pierre Laguillaumie,
*Sport, culture et répression*,
Maspéro, Paris, 1972, p. 32 à 60.

La confrontation de l'acteur social avec la loi librement acceptée et transformée au cours d'activités corporelles très impliquantes a une valeur puissamment socialisatrice.

## 3. Culture et personnalité

### *3.1. La culture : une base pour que s'érige la personnalité*

La culture s'exprime à travers les comportements et attitudes des individus, elle ne peut exister indépendamment des acteurs sociaux qui en sont porteurs. La personnalité n'existe, d'un autre côté, qu'en vertu du processus d'enculturation. Le concept de personnalité représente, du moins partiellement, l'assimilation et l'intégration des matériaux issus de la culture ambiante.

Les deux termes « culture » et « personnalité » sont donc indissociables et l'on a vu précédemment comment la nature de l'interdépendance qui les relie reste un problème largement discuté.

S'appuyant sur son étude de la tragédie grecque, Nietzsche avait distingué deux modèles de vie différents : l'apollinien et le dionysiaque. Le premier représente la mesure, le nombre, la limite, la maîtrise de tout ce qui est sauvage et indompté ; le second représente au contraire la libération de l'instinct, la nature déchaînée, l'ivresse. R. Benedict reprit cette classification pour l'appliquer aux cultures, afin, notamment, de décrire les Indiens pueblo de l'Arizona et du Nouveau-Mexique comme apolliniens, alors que les tribus voisines seraient dionysiaques.

Qu'il s'agisse de comprendre une culture ou un individu, il est fondamental de saisir en premier lieu les modes d'intégration des rapports mutuels des parties qui le constituent. Ainsi les cultures ne sont-elles pas toutes bien intégrées ; ou tout au moins elles ne le sont pas au même degré. Des contradictions, des conflits peuvent exister et ils doivent être pris en considération.

La cérémonie de la paix ou *Haki*, célébrée par les Indiens pawnee, offre un exemple intéressant d'un mode d'intégration possible. Cette cérémonie consistait en une prière à la Mère Suprême (le *Maïs*), pour lui demander des enfants, une longue vie, l'abondance, le bonheur et la paix. On n'y faisait pas la moindre allusion à la guerre ou à la dissension, et plusieurs autres cérémonies pawnee avaient le même but. La guerre sous sa forme la plus intense était pourtant la principale préoccupation de ces populations qui étaient la terreur de leurs voisins. Les mères des tribus avoisinantes effrayaient leurs enfants en leur disant : « Les Pawnee arrivent ! ». En s'adonnant à des rites introspectifs les Pawnee retrouvaient la paix de l'esprit et se délivraient de l'effet nocif qu'avait sur eux le fait d'être constamment préoccupés par la guerre. Dans certaines sociétés, les orgies, relâchement périodique des contraintes sociales, constituent un phénomène analogue : durant les épisodes orgiaques, le comportement peut être tout à fait différent de ce qu'il est normal ou habituel de manifester.

Pour découvrir la manière dont les cultures donnent forme aux individus, on peut se référer à l'histoire de la psychologie qui comprend diverses tentatives d'établissement de typologies des personnalités existantes. Jung sépara, par exemple, les introvertis des extravertis. Les psychanalystes se sont eux aussi préoccupés de ce problème, en recherchant des facteurs susceptibles d'expliquer la différenciation des structures de personnalité.

Le mode d'allaitement du bébé représente l'un de ces facteurs possibles. M. Mead s'appuya sur cette idée pour analyser l'émergence des différences collectives entre trois communautés mélanésiennes. Elle constata dans ces circonstances que le tempérament des Arapesh rappelait le type de l'optimiste oral, tandis que celui des Mundugumor était analogue au pessimiste anal. Chez les Arapesh, les enfants étaient nourris fréquemment et abondamment et leur mère les caressait en les allaitant. Adultes, ils étaient des individus amicaux et coopératifs. Les mères mundugumor nourrissaient en revanche leurs enfants à contrecœur, en se penchant sur eux pour leur donner le sein un moment et le leur retirer brusquement aussitôt. Par la suite, les Mundugumor adultes étaient des gens aussi hostiles et aussi peu amicaux que possible.

Dans des données de ce genre, la difficulté consiste toutefois à distinguer la cause de l'effet. Les traits culturels d'une société, pense R. Benedict (en se référant aux petites sociétés sans écriture des ethnologues), ne sont pas simplement juxtaposés; ils sont liés, formant un système, une configuration culturelle. Ils ont un sens qui, une fois dégagé, permet de définir l'esprit de la culture de cette société. R. Benedict prend quelques exemples pour étayer sa théorie : la petite société des Indiens zuni, dans le sud-ouest des États-Unis, est coopérative, douce, aimable, ritualiste et cérémonielle; le fait d'y exceller dans quelque domaine serait une conduite inconvenante, un témoignage de mauvais goût. Cette société est en effet tout inspirée d'esprit apollinien. Ses membres bienveillants, paisibles, courtois, modestes, sont guidés par un sentiment de mesure. Les Kwakiutls de la côte occidentale du Canada, inventeurs du potlatch, ivres d'une volonté de prestige et de domination personnelle et perdus dans les entreprises compétitives, et les Doobouans de la Mélanésie, féroces sorciers, se montrent au contraire en proie à une fureur dionysiaque.

Qu'est-ce que ce *pattern of a culture* dont traite R. Benedict, cet esprit d'une civilisation, sinon la notion même du « caractère national » appuyée sur l'expérience ethnologique? Par son ouvrage, R. Benedict a renouvelé l'intérêt pour les recherches sur le « caractère national »; elle a suggéré une méthode pour le cerner, en reposant le problème platonicien des rapports entre les dispositions de la personne et les institutions de la société. On a vu précédemment comment, à la suite de la guerre des États-Unis avec le Japon, elle s'est attaquée au problème du caractère national japonais. Dès 1937, Margaret Mead avait déjà repris l'idée selon laquelle le niveau de coopération ou de concurrence est un bon critère de l'esprit des cultures. Elle avait engagé une vaste enquête sur une douzaine de sociétés sans technologie industrielle, poussant l'analyse socio-ethnologique jusque dans ses prolongements psychologiques. Elle put ainsi montrer combien l'inspiration coopérative ou compétitive d'une société est liée aux valeurs du moi et à la sécurité personnelle.

### 3.2. La personnalité de base : un creuset pour que se reproduise la culture

Le modèle théorique de A. Kardiner, connu en français sous le nom de « personnalité de base », entend renouveler la notion de « caractère national », en la replaçant dans le contexte historique précédemment évoqué. A. Kardiner postule l'existence de quatre séries d'éléments constitutifs de la personnalité de base :

– les techniques de pensée (c'est-à-dire la manière dont l'individu pense la réalité et les moyens d'agir sur elle);

– les systèmes de sécurité ou les défenses institutionnalisées auxquels l'individu a recours pour résister aux anxiétés que produisent les frustrations (de la réalité, physique et sociale) ;
– le surmoi, dont le sens ne doit pas être limité à celui qu'il a dans la psychanalyse classique mais qui repose sur le désir de jouir de l'estime et de l'amitié d'autrui ;
– et enfin les attitudes religieuses.

Ces quatre éléments de la personnalité de base sont en relation avec les institutions. Ils sont d'une part produits par certaines institutions qu'on appelle les « institutions primaires » ; d'autre part ils produisent à leur tour des institutions : les « institutions secondaires ».

A. Kardiner envisage la culture à la fois sous un aspect objectif – elle forme un tout et chaque élément doit être compris par rapport à l'ensemble dont il fait partie – et subjectif – la culture est en rapport avec les membres de la société et dans une certaine mesure elle est formée par eux et dépend d'eux. C'est dans le prolongement de ces affirmations que se situe l'idée de « personnalité de base ». Le social doit être pensé dans sa totalité. Bien que fragile, l'unité du social est réelle : la société est un tout parce qu'elle est comme l'œuvre d'une personnalité qui serait « non la personnalité de tel ou tel individu, mais une personnalité à sa taille ». Chaque membre d'un groupe participe à son niveau à la culture de son groupe en jouant un certain rôle dans la formation de la personnalité de base. Celle-ci serait donc la résultante de l'ensemble des traits communs à chaque personnalité individuelle dans une culture donnée.

La personnalité de base opère à la fois sur les plans psychologique et sociologique. M. Dufrenne en parle comme d'une « personnalité qui à la fois serait produite par la société et la produirait ». Pour comprendre l'idée de personnalité de base, il faut donc l'envisager du point de vue de la société et du point de vue de l'individu, car elle n'appartient tout à fait ni à l'un ni à l'autre mais se situe à mi-chemin entre le social et le psychologique. M. Dufrenne considère qu'elle représente l'« assise psychologique commune à tous les membres du groupe, sur laquelle se greffent les traits individuels, et qu'on peut décrire en faisant abstraction de ces traits ». Pour A. Kardiner (*The psychological frontiers*, cité par M. Dufrenne), il s'agit de la :

> « configuration psychologique particulière propre aux membres d'une société donnée et qui se manifeste par un certain style de vie sur lequel les individus brodent leurs variantes singulières : l'ensemble des traits qui composent cette configuration [...] mérite d'être appelé personnalité de base, non parce qu'il constitue exactement une personnalité mais parce qu'il constitue la base de personnalité de tous les membres du groupe, la "matrice" dans laquelle les traits de caractère se développent ».

### 3.2.1. La personnalité de base : une forme acquise

Pour les auteurs qui se réfèrent à la notion de personnalité de base, cette entité se formerait à la fois à partir de la société en général et des individus qui la composent. Une société donnée se caractérise ainsi par une culture particulière et une personnalité de base particulière. De même qu'il apprend sa culture, l'individu apprendrait donc, en quelque sorte, sa personnalité, c'est-à-dire que sa personnalité propre se formerait par référence à la personnalité de base de son groupe. Un certain nombre de moyens sont pour cela à sa disposition, comme on l'a déjà vu, principalement l'éducation. Mais l'individu à son tour contribue à la formation et à l'évolution de la personnalité de base, dans la mesure où il agit sur la culture et l'oriente.

### 3.2.2. La personnalité de base : une norme

La personnalité de base exprime la normativité du groupe. Elle propose à l'individu une certaine manière de vivre, qu'il peut ou non accepter, plus ou moins consciemment et volontairement. Les caractères qui forment la personnalité de base sont ceux qui sont reconnus par l'ensemble des membres du groupe. En ce sens, la personnalité de base est une norme car elle représente ce que l'ensemble des membres d'un groupe considère comme normal. C'est ce qui fait que les « déviants », les individus jugés par leur groupe comme originaux ou anormaux, ne participent pas à la personnalité de base de leur société. Ce sont des personnes non intégrées, ou mal intégrées à leur société et qui ne se réfèrent pas aux mêmes normes que les autres membres du groupe.

Le fait que la personnalité de base exprime une norme situe cette formation au plan de l'abstraction, au-delà des individus et, d'une certaine manière, elle les transcende. Si la personnalité de base est pour l'individu une norme en général recevable, on observe de nombreuses exceptions, par exemple à chaque fois que des individus refusent une oppression. Si la personnalité de base est présentée comme le meilleur parti à prendre du point de vue social, elle ne peut aucunement être considérée comme une norme absolue.

Quoiqu'il en soit, dans les sociétés modernes complexes où l'on rencontre une profusion de modèles possibles, il est bien difficile de reconnaître ce qui pourrait constituer une personnalité de base…

### 3.2.3. La personnalité de base : un système projectif

Les systèmes projectifs sont au cœur de la théorie de la personnalité de base. Dans le prolongement de la psychanalyse, A. Kardiner a développé les notions d'intégration – ce qui renvoie à l'influence des premières expériences sur l'élaboration de la personnalité – et de projection – la possibilité d'édifier certains systèmes nouveaux où retentit l'expérience originelle du sujet et la propriété qu'ont ces systèmes de retenir quelque chose de cette expérience. A. Kardiner a élargi la notion de projection freudienne, laquelle est essentiellement « la représentation d'une relation entre un sujet et l'objet où les processus qui se développent dans le sujet sont attribués à l'objet ». Pour A. Kardiner, la projection est à relier avec les institutions primaires (éducation, etc.) plus ou moins frustrantes, et elle s'exprime dans les institutions secondaires. C'est au moyen du processus de projection que la personnalité crée des institutions.

## Psychologie et fascisme : le modèle de la personnalité autoritaire

Au XIXe siècle, la pensée occidentale donna naissance à deux courants théoriques essentiels qui sous-tendent les diverses analyses scientifiques du mode d'élaboration des rapports humains dans le contexte de sociétés que divisent des inégalités sociales; le premier est issu de l'analyse de la société capitaliste que Marx développe, le second s'enracine dans les théories freudiennes.

Le marxisme conventionnel propose quelques instruments qui prétendent rendre compte des mécanismes de la discrimination sociale. Emprunté à la sociologie et à l'économie, ce modèle envisage les conflits entre groupes et entre individus sous l'angle exclusif des divergences économiques et des disparités d'objectifs : le conflit social serait inhérent à l'organisation capitaliste des sociétés; la révolution sociale, dans laquelle s'affronteraient les aspirations supposées égalitaristes des dominés et l'idéologie des dominants (qui nécessairement s'activeraient à sauvegarder les privilèges dont ils jouissent) figure la condition nécessaire et suffisante de la suppression de ce conflit.

Dans le cadre de la société allemande d'entre les deux guerres, ces prédictions s'avérèrent pourtant peu fiables. Les observations de Theodor Adorno, Max Horkheimer et Erich Fromm montrèrent que si les avatars concrets du capitalisme (crise économique, accroissement du chômage) devinrent alors des faits bien réels, conformes aux prévisions, l'adoption annoncée de la doctrine révolutionnaire ne les accompagna pas. C'est au contraire à la montée d'un irrationalisme de masse et d'une pensée pétrie de préjugés, en même temps que légitimée par la doctrine officielle du nazisme, qu'il fallut faire face. Invoquant des variables « naturelles », le nazisme partageait en effet le monde entre la « race dominante » et l'ensemble des « races inférieures ».

Pour les précédents penseurs de l'Institut de recherche sociale allemande, l'explication marxiste classique devait donc être mise en cause : les motifs économiques de l'individu pourraient ne pas jouer le rôle dominant et crucial qu'on leur attribue souvent. Ils invoquèrent alors des dynamiques interpersonnelles et intrapsychiques pouvant rendre compte de l'adhésion des acteurs sociaux à l'idéologie fasciste, largement fondée sur les préjugés raciaux. Il s'agissait alors de construire les instruments susceptibles de permettre d'examiner méthodiquement l'agencement des opinions et attitudes, dans le but de mettre au jour cette structure mentale latente, potentiellement fasciste, qui en certaines personnalités attendrait, en quelque sorte, d'être activée sous l'effet de circonstances historiques particulières. Dans une telle perspective, l'origine des processus discriminatoires ne serait pas liée aux conditions socio-économiques : elle dépendrait de l'histoire personnelle de chacun, les concepts freudiens s'assimilant aux nécessaires outils d'exploration de cette historicité.

Les efforts des chercheurs se centrèrent donc sur les attitudes exprimées envers les minorités ethniques. Bien qu'exclusivement constituées de sujets blancs et non juifs, en raison des objectifs de l'enquête (il s'agissait précisément de scruter les attitudes à l'égard des minorités noires et juives), les populations sur lesquelles porta l'étude étaient diversifiées. La structure mentale observée était supposée se traduire selon quatre dimensions : l'antisémitisme, le conservatisme sociopolitique, les tendances antidémocratiques et l'ethnocentrisme. Chaque sujet devait exprimer son degré d'accord par rapport à des énoncés tels que : "la plupart des Noirs deviendraient arrogants et déplaisants si l'on ne gardait pas ses distances avec eux"; ou : "quiconque emploie beaucoup de gens devrait prendre garde à ne pas embaucher un grand pourcentage de Juifs". Les résultats montrèrent une forte corrélation entre les différents préjugés, ce qui suggéra l'idée que le préjugé peut être appréhendé comme un état d'esprit général plutôt que comme une disposition particulière à l'égard d'une minorité précise. L'enquête indiqua clairement que les préjugés sont l'apanage de certaines personnalités, quel que soit leur groupe d'appartenance.

Ce constat établi, les auteurs réalisèrent des entretiens cliniques avec les sujets des deux sous-échantillons les plus extrêmes, afin de cerner ce profil de personnalité « autoritaire » ou « fasciste » : ils mirent en évidence un fréquent usage rigide de clichés dans les jugements évaluatifs et, par conséquent, la difficulté à penser les objets et les individus d'après leurs caractéristiques propres. La personnalité « autoritaire » se caractérise encore par une tendance prononcée à structurer le monde d'après une hiérarchie assignant une place spécifique à chaque individu et à chaque groupe au sein d'un univers ordonné.

Les auteurs postulèrent qu'à l'origine du développement d'une personnalité ainsi structurée se retrouvent les séquelles d'une autorité parentale excessive ayant occasionné certains blocages au cours de la gestion « normale » des affects (qui comprend l'ambivalence par laquelle le sujet éprouve à la fois amour et haine à travers la personne de ses parents, et la capacité à transférer cette ambivalence hors du système parental. Dans le cas d'une autorité parentale excessive, il y a impossibilité de structurer un fonctionnement ambivalent; le refoulement prime, avec le cortège des sentiments culpabilisants qui en résultent). Aux prises avec des sentiments culpabilisants, les sujets recourent aux déplacements de leurs affects négatifs vers des « boucs émissaires ». Ainsi les sentiments positifs éprouvés peuvent-ils demeurer fixés sur les parents, sous la forme d'images idéalisées. Un tel mécanisme occasionne chez l'adulte un profond attachement à tous les substituts parentaux idéalisés – héros, chefs religieux, chefs politiques... – et à la loi, en même temps que l'idéalisation simultanée du passé et de l'avenir aux dépens du présent. Tout ce qui semble enfreindre la loi est réprouvé, toute transgression de la coutume et de l'ordre établi est condamnée. Un tel fonctionnement rend possible, par déplacement, la satisfaction de désirs tabous.

Pour définir de manière générique ce syndrome « fasciste », les auteurs introduisirent le concept « d'ethnocentrisme ». Ils élaborèrent une échelle de mesure de fascisme virtuel : l'« échelle F », qui fut employée par la suite dans de nombreuses études psychologiques comme échelle diagnostique des attitudes antidémocratiques.

Ainsi chez les Tanals d'Amérique du Nord, le père détient un pouvoir absolu, ce qui déterminerait chez les enfants des sentiments de frustration, la répression de la haine et en même temps une complète soumission, par quoi s'obtient la seule sécurité possible. Une telle soumission se retrouve dans le système religieux des Tanals et détermine une forme spécifique du culte des ancêtres particulièrement stable, immobile, contraignant.

## 4. Les notions de statut et de rôle sociaux

C'est avec R. Linton que les notions de statut et de rôles, déjà existantes, prirent une fonction d'instruments utiles à la description et à l'analyse psychosociale. R. Linton écrit : « La place qu'un individu donné occupe dans un système particulier, à un moment donné, sera appelée son statut par rapport à ce système », alors que le terme de rôle est utilisé pour désigner :

> « [...] l'ensemble des modèles culturels associés à un statut particulier. Il comprend donc les attitudes, les valeurs et le comportement assignés par la société à toute personne occupant ce statut... En tant qu'il représente le comportement manifeste, le rôle est l'aspect dynamique du statut : ce que l'individu doit faire pour confirmer son droit à ce statut ».

Quelques exemples de la manière dont fonctionnent le rôle et le statut dans différentes sociétés peuvent aider à comprendre l'étendue de la gamme des conduites auxquelles ces concepts renvoient. On peut s'intéresser, par exemple, à une variable sociologique universellement reconnue : l'âge. Les sociétés distinguent les séries d'attentes qu'elles développent envers les individus selon les phases de leur développement, y compris à un âge très précoce. M. Mead remarqua ainsi que dans la tribu des Manus de Nouvelle-Guinée, ce qui prime dans « l'éducation » de l'enfant, c'est l'habileté physique : le jeune, qui ne doit compter que sur lui-même, se livre à de multiples activités manuelles et motrices, ce qui le prépare à devenir un adulte habile, éveillé, intrépide, plein de ressources dans les circonstances critiques. L'enfant n'est pas tenu d'obéir à ses parents, ni de leur marquer de la déférence. On lui demande seulement de se montrer physiquement capable, de respecter la propriété d'autrui et les règles de la pudeur et de la décence. Une telle absence de discipline chez les Manus contraste fortement avec l'éducation que reçoivent les jeunes Kâfirs africains, que caractérise la soumission : la première chose qu'apprennent ces derniers, c'est la politesse et la considération pour autrui, ceci sans recourir à la sanction, car l'enfant apprend dans ce cas par imitation de l'adulte. Sa sociabilité est très développée : on ne fait jamais sentir à l'enfant que sa présence auprès des adultes est indésirable ; on ne le tient pas à l'écart, de sorte qu'il ne connaît pas le traumatisme (fréquent au sein de sociétés occidentales) qui résulte de l'insécurité personnelle due au rejet de l'enfant hors de la sphère des adultes.

M. Mead a décrit certains des facteurs en jeu dans l'éducation de l'enfant aux îles Samoa. Là-bas, l'individu se voit attribuer des responsabilités très précocement. Dès l'âge de six ou sept ans la petite fille s'occupe de ses frères et sœurs cadets, de sorte que la discipline et la socialisation opèrent très tôt, sans toutefois que l'expression de cette précocité soit valorisée. C'est en effet une grande faute sociale que de montrer que l'on surpasse les autres chez les jeunes Samoa. On ne les encourage donc pas à faire des progrès rapides, ce qui permet d'éviter la honte aux parents. La communauté n'admet la précocité qu'en ce qui concerne les danses. Dans ce domaine, s'il fait preuve de talents particuliers, l'enfant peut se mettre en vedette et acquérir du prestige.

À l'autre bout de l'échelle du développement, la question des rôles des personnes âgées se lie également à des problèmes particuliers. Dans les sociétés modernes occidentales, vieillir est considéré en grande partie comme une calamité, alors que dans certains groupes australiens, par exemple, la vieillesse est au contraire un privilège. Il existe une tribu australienne dont le gouvernement est une gérontocratie où les personnes âgées détiennent l'autorité. Dans ces circonstances, les individus ont l'assurance de jouir, en vieillissant, d'un statut et d'un prestige bien définis, ainsi que des services économiques du reste de la tribu. Il est évident que l'attitude de l'individu face à son avenir en est entièrement modifiée. On a amplement décrit la grande variété des rôles assignés aux personnes âgées dans des groupes culturels divers et l'on a montré à quel point les effets de la vieillesse sont déterminés par les normes sociales, au moins autant que par les processus biologiques. L'actuel accroissement de la longévité dans de nombreux pays et l'augmentation de la proportion des vieillards qui en résulte rendent le problème du statut et du rôle des personnes âgées particulièrement saillant.

H.H. Hyman (1960) a démontré que, par-delà son statut objectif, l'acteur social se donne une conception particulière de ce qu'est sa position par rapport à autrui, en se comparant non pas à la population de son groupe social en général, mais à des membres de groupes restreints auxquels il peut ou non appartenir. Ce sont de tels « groupes de référence » (amis, compagnons de travail, voisins, etc.) qui fournissent au sujet les instruments à l'aide desquels il élabore son statut subjectif, lequel à son tour détermine le développement et les transformations des attitudes de l'individu au sein des groupes sociaux.

Aux systèmes de statuts objectifs et subjectifs se rattachent des systèmes de rôles dont l'ensemble participe à l'élaboration d'un tissu social complexe. La société dépend aussi bien des exigences du système culturel que de l'activité des individus qui transforment et font évoluer leur culture en la vivant.

On peut considérer que les rôles constituent le lien unissant la culture et la personnalité. C'est en grande partie en déterminant le rôle assigné à l'acteur social que la culture marque les conduites des membres individuels de toute communauté. Il ne faut pourtant pas réduire le comportement social aux rôles qu'assument les individus dans la collectivité : des séries de facteurs matériels doivent être pris en compte, de même que les idéologies et la variabilité des modes d'organisation des comportements qui en font des formations uniques, idiosyncrasiques.

Si les prescriptions et les attentes relatives aux rôles contribuent à éclairer la diversité des personnalités individuelles que l'on rencontre dans toute communauté, elles n'en fournissent pas toute l'explication. L'individu doit être expliqué d'après une combinaison de déterminants constitutionnels, culturels, relatifs aux rôles et à la situation.

Parmi les tentatives faites pour découvrir à la personnalité un fondement organique ou biologique, on peut mentionner l'étude de la physionomie, qui a quelque valeur en tant qu'aspect du comportement expressif ; celle des sécrétions glandulaires, qui sont certainement importantes, bien que la nature et l'étendue exacte de leurs effets sur une personnalité normale restent à déterminer ; enfin, celle de la constitution physique générale, qui semble présenter quelque rapport avec les psychoses, mais dont on n'a pu démontrer le rapport constant avec les caractéristiques de l'individu normal. L'ensemble des données indique que les facteurs biologiques jouent effectivement un rôle, mais il ne faut pas oublier que certaines influences qui semblent être héréditaires sont peut-être dues en réalité au milieu prénatal.

Si à certains égards on a pu estimer que l'enfant est « le père de l'homme », une telle expression ne doit pas être prise littéralement tant il est clair que des traits induits précocement chez l'enfant déterminent certaines caractéristiques ultérieures de l'adulte. On constate fréquemment la discontinuité.

La culture influence l'individu durant toute sa vie et non exclusivement pendant la phase de son développement précoce.

## 5. L'intériorisation de la culture et la formation du lien social

### *5.1. Enculturation et socialisation : deux formes d'appropriation de la culture*

Si l'on considère que la culture comprend l'ensemble des significations collectives, durables et étendues, vécues comme un patrimoine reçu et à transmettre, on ne peut confondre avec cette entité les séries de significations collectives, fluentes et sans lendemain que nous partageons à tout instant avec les personnes qui nous sont proches (famille, amis, concitoyens...). La culture ne se confond pas non plus avec les significations individuelles que chacun se forme et qui se différencient de celles d'autrui. C'est toutefois à partir du développement des deux derniers corpus que s'opère la socialisation. La transmission des séries de significations sociales, par la médiation notamment du groupe familial, permet à l'individu de communiquer avec autrui et d'inscrire sa position dans le tissu social. C'est ce qu'on appelle la socialisation.

La transmission du groupe à l'individu des significations culturelles proprement dites, celles qui débordent l'instant immédiat et perdurent dans le temps en étant partagées au sein du groupe élargi, correspond à ce qu'on appelle l'enculturation.

Alors que progressivement s'établissent des liens entre l'individu et la société, la personnalité de l'individu se développe, dans un sens qui doit lui permettre de s'intégrer dans le corps social en adoptant l'éventail des rôles, de plus en plus différenciés, qui lui sont prescrits.

La socialisation comprend donc l'ensemble des mécanismes en jeu au cours de ces épisodes successifs. Elle commence au sein de la famille, dès la petite enfance, et se poursuit dans le cadre des institutions et des groupes que le sujet traverse tout au long de sa vie. Soumis aux pressions environnantes et aux nécessaires influences auxquelles il ne peut se soustraire, l'acteur social réagit. Il s'identifie à certains individus et à certains groupes, tout en ignorant ou en rejetant les autres. Il intériorise sélectivement des systèmes d'attitudes et de représentations, il acquiert les savoirs et les techniques qui doivent lui être utiles et, au gré de ses propres besoins et motivations, à son tour il exerce des pressions et des influences sur son environnement social.

### *5.2. Enfance très précoce et mécanismes invariants de la socialisation : le point de vue de M. Klein*

M. Klein considère que certains processus initiaux de la socialisation de l'individu seraient identiques à travers les différentes cultures et subcultures. C'est en effet autour de la relation que l'enfant vit précocement avec sa mère que s'organisent ses pulsions agressives et sa capacité à aimer. L'objet d'identification premier est donc toujours la mère, par qui sont médiatisées l'« anxiété de persécution » et les « frustrations diverses ».

S. Freud nous avait déjà familiarisés avec la complexité des émotions de l'enfant, qui doit faire face à de sérieux conflits. En pratiquant la psychanalyse de très jeunes enfants – à l'aide d'une technique du jeu qui lui est propre – à l'instar de S. Freud, M. Klein s'appuya sur le principe du transfert pour s'intéresser aux tout premiers stades du développement et aux couches les plus profondes de l'inconscient. C'est ainsi qu'elle a pu montrer que le nourrisson éprouve les sensations désagréables dont il est victime sur le mode de persécutions qui lui seraient infligées par des forces hostiles. L'affection réconfortante qui lui est prodiguée occasionne l'émergence d'émotions agréables. En faisant reconnaître au bébé l'existence de forces bénéfiques, le réconfort dont il jouit le rend capable d'aimer, d'établir une « relation d'objet ». C'est ainsi que « la capacité d'aimer et le sentiment de persécution ont tous deux de profondes racines dans les tout premiers processus mentaux de l'enfant. Ils sont centrés premièrement sur la mère ».

Le moi, qui fut défini par S. Freud comme la part organisée de la personne, est dynamisé par les pulsions instinctives, qu'il contrôle en les réprimant, et il dirige toutes les activités, établit et maintient la relation avec le monde extérieur. D'après M. Klein, le moi existerait et fonctionnerait depuis la naissance, notamment en assurant la défense du sujet contre l'anxiété qui résulte des stimuli désagréables. D'un autre point de vue, le moi serait à l'origine des processus d'introjection, de projection et de clivage. Pour M. Klein :

> « L'introjection signifie que le monde extérieur, le choc qu'il produit, les situations à travers lesquelles passe l'enfant, et les objets qu'il rencontre, ne sont pas ressentis seulement comme extérieurs, mais sont incorporés au soi, et deviennent part de sa vie intérieure. La vie intérieure ne peut être appréciée même chez l'adulte sans tenir

compte de ces additions à la personnalité qui résultent d'une continuelle introjection. La projection, qui se produit simultanément, implique qu'il y a chez l'enfant une capacité à attribuer à d'autres personnes autour de lui des sentiments divers, principalement l'amour et la haine [...] L'amour et la haine envers la mère sont liés chez le nourrisson à la capacité de projeter toutes ses propres émotions sur elle, la transformant en un objet à la fois bon et dangereux [...] introjection et projection continuent pendant toute la vie et se modifient au cours de la maturation : mais elles ne perdent jamais leur importance en ce qui concerne la relation de l'individu avec le monde extérieur. Même chez l'adulte, par conséquence, le jugement sur la réalité n'est jamais tout à fait indépendant. »

Introjectée, la mère peut constituer un « bon » ou un « mauvais objet » pour l'enfant. L'identification avec la « bonne mère » facilite l'identification d'autres personnes aimées. Le monde intérieur se peuple alors de multiples objets bons, gratifiants pour le nourrisson et propres à le rendre capable d'étendre la sympathie et les sentiments positifs à l'égard de son entourage, tout en acquérant une personnalité stable.

À la différence de S. Freud, qui situait l'émergence du complexe d'Œdipe (lié à la rivalité de l'enfant envers l'un des parents) vers l'âge de trois à cinq ans, M. Klein estime que le complexe d'Œdipe est très précoce : il résulte des soupçons du bébé à l'égard du père qui le prive de l'attention et de l'amour maternels (et non exclusivement, comme le pensait Freud, de la rivalité du garçon à l'égard du père en raison des désirs éprouvés pour la mère et des fantasmes qui s'y rattachent).

M. Klein a accordé une grande importance aux mécanismes d'introjection (par lesquels un objet est pris dans le soi) et de projection (consistant à mettre une partie de soi – de ses propres pulsions et sentiments – dans une autre personne) qui permettent respectivement d'établir des identifications avec autrui. Dans le premier cas, l'accent est mis sur l'acquisition de certaines caractéristiques d'autrui ; dans le second, il s'agit d'attribuer à autrui des traits que l'on possède soi-même. Lorsque les mécanismes d'introjection et de projection s'équilibrent chez l'individu, sans se colorer d'hostilité et d'excessive dépendance, celui-ci peut connaître la quiétude, la richesse de la vie intérieure et la capacité à développer de bonnes relations avec le monde extérieur. En raison de la grande incohérence qui caractérise ce que M. Klein appelle le « moi primitif », le tout petit enfant est disposé, pour sa propre survie, à séparer « l'objet » en établissant un clivage entre ses « bons » et ses « mauvais » aspects, pour s'accrocher aux premiers par autopréservation.

« Dans le développement normal, avec l'intégration progressive du Moi, les processus de clivage diminuent : on voit grandir la capacité de comprendre la réalité extérieure et de concilier jusqu'à un certain point les pulsions contradictoires du nourrisson ce qui conduit aussi à une meilleure synthèse des "bons" et des "mauvais" aspects de l'"objet". Ce qui signifie qu'on peut aimer les gens malgré leurs défauts et qu'on ne voit pas le monde seulement en noir et blanc. »

M. Klein insiste encore sur les tendances dépressives du tout petit enfant culpabilisé par ses propres tendances agressives et sur le « désir primitif de faire réparation » qui en résulte. Tout altruisme n'est certes pas à mettre au compte de la culpabilité ; mais la capacité d'amour, de générosité et d'identification avec autrui en détresse procèdent encore d'une identification réussie. Selon M. Klein, les effets de cette identification réussie ne s'estompent pas au cours du vieillissement, bien au contraire ! Si le sentiment de gratitude pour les satisfactions passées ne s'est pas évanoui, les gens âgés peuvent tirer de la joie de tout ce qui est encore à leur portée. De plus, une telle attitude, qui engendre la sérénité, leur permet de s'identifier aux jeunes.

Indépendamment de la « civilisation » considérée, la relation au « bon objet » primitif est largement déterminante du mode d'organisation des personnalités et des liens que les individus établissent avec leur environnement social, « quelles que soient les formes selon lesquelles les déformations de caractère sont acceptées et même admirées ».

### *5.3. Sociabilité et développement du lien social*

La socialisation rend compte de la formation du lien social. Elle peut être décrite comme le processus d'apprentissage et d'intégration sociale à travers la relation. Elle comprend donc le développement de la sociabilité, c'est-à-dire l'ensemble des apprentissages sociaux auxquels est soumis l'individu. J. Piaget a démontré que certains processus fondamentaux de la socialisation sont invariants : on les retrouve à l'œuvre dans diverses cultures et dans différents contextes sociaux particuliers. Ils dépendent en effet du développement des structures cognitives. W.C. Schutz estime de son côté que la socialisation des individus dépend de leur sociabilité qui elle-même se mettrait en place à partir des trois besoins fondamentaux suivants : le « besoin d'inclusion », besoin fondamental exigeant chez le sujet la quête de l'attention d'autrui ; le « besoin de contrôle » qui apparaît lorsque l'enfant intériorise les normes de son milieu (il s'agit de l'interaction entre le besoin de sécurité et le besoin d'avoir prise sur autrui) et le « besoin d'affection » qui émerge dans le cadre des relations à deux.

Les relations qui dès la naissance s'établissent entre l'enfant et autrui constituent des formes variées d'adaptation. P.N. Stern a montré expérimentalement que c'est l'enfant lui-même qui dès la naissance est l'élément dominant de l'interaction : c'est lui qui détermine la cadence, l'intensité et la nature de ses expériences relationnelles.

La socialisation construit ainsi l'enfant à travers les relations qu'il établit avec les autres, avec son entourage, en même temps qu'il se découvre lui-même et qu'il affirme son propre moi. Avec l'avancée en âge et les nouvelles possibilités de représentations, l'enfant se différencie de son entourage et il modifie ses relations à autrui. Tant qu'il vit au sein du foyer parental, dans la formation de son jugement il tend à interpréter ses relations à autrui de façon égocentrique ; mais lorsque la conscience de la réciprocité et du contrat social apparaît (entre 8 et 11 ans) l'enfant s'insère dans le groupe des pairs où s'exerce un contrôle qui n'est plus exclusivement parental. C'est alors à partir de situations extra-parentales que l'enfant découvre que l'obtention de la reconnaissance de soi par autrui est soumise à l'expression, par soi-même, de signes de reconnaissance susceptibles de manifester à autrui l'intérêt qu'on lui porte.

La socialisation opère donc comme une dynamique évolutive, un processus dialectique de construction du lien social. L'enfant entre initialement dans le système des relations sociales à partir de ses interactions avec ses parents. À partir d'une telle expérience il s'engage dans de nouvelles relations, qui progressivement l'intégreront dans l'univers social où s'affirmera son moi comme processus relationnel.

### *5.4. Diversité des cultures et variations des modes de socialisation : la définition d'un vaste champ d'études comparatives*

Ce sont les observations que les ethnologues ont conduites dans diverses sociétés, de dimension restreinte et au changement lent, qui mettent au jour l'importance des phénomènes de la socialisation et de l'enculturation. Ces phénomènes comprennent l'ensemble des processus par lesquels l'individu s'intègre au sein de la « niche développementale » (voir plus haut) dans laquelle il évolue. En assimilant les codes, verbaux et non verbaux, propres à ce milieu, l'individu acquiert les moyens d'entrer en liaison avec les autres membres de sa société, avec les divers aspects de son environnement, humain et non humain et avec lui-même, dans les diverses circonstances de la vie, selon des modalités qui varient largement d'un groupe social à l'autre.

Pour une large part, socialisation et enculturation se réalisent d'après les mécanismes inconscients de la transmission culturelle, par lesquels l'acteur social s'approprie la culture de son groupe.

L'opération d'enculturation induit chez tous les membres d'une société donnée des séries d'orientations et de formes partagées qui marquent communément les divers aspects de leur personnalité. Les particularités culturelles infléchissent de façon déterminée les attitudes, aspirations, motivations, représentations et comportements des sujets. Elles développent de manière privilégiée certaines de leurs possibilités tandis qu'elles en réduisent d'autres.

Sous l'influence de la psychanalyse, des observations comparées du traitement des individus au cours de leur première enfance ont été menées, en vue d'éclairer les facteurs susceptibles d'infléchir la formation de la personnalité dans différentes cultures. Certains facteurs ont de la sorte été considérés comme autant de variables indépendantes possibles. C'est le cas, par exemple, du degré de sollicitude dont l'enfant est l'objet et du type de traitement émotionnel qu'on lui prodigue (À quelle distance des adultes tient-on l'enfant? Quels sont les rythmes des contacts émotionnels, les alternances des cajoleries et de l'abandon?). C'est aussi le cas de la distribution temporelle de la satisfaction des besoins (les rythmes dans l'alimentation et les bains, les changements de position, la libération ou l'entrave des mouvements…), des modalités de la succession contrainte-liberté (la mesure de liberté accordée et les attitudes de l'agent qui l'accorde, par exemple au cours des pratiques d'emmaillotage et de démaillotage consécutifs...), des modalités du sevrage, du dressage à la propreté...

À travers le traitement spécifique dont l'enfant est l'objet de la part de ses parents et/ou de ses proches dans toutes ces circonstances, les règles culturelles fondamentales s'infiltrent en lui. La vie familiale étant chargée d'une exceptionnelle intensité affective, l'enfant perçoit l'enjeu social sous-jacent à l'expression des conduites que l'on s'efforce de discipliner chez lui. Ainsi se réalise son inscription dans le tissu social de son groupe d'appartenance.

On peut formuler en termes de variables indépendantes les modalités de structuration du champ des relations sociales qui s'ouvrent au jeune enfant. Ainsi observe-t-on son degré de différenciation au sein de son environnement humain ; le degré de concentration des personnes ayant le monopole des soins à son égard et de sa protection et qui en retour bénéficient de ses expressions émotionnelles les plus intenses. On prendra en compte le sexe des personnes qui s'occupent de lui dans les diverses situations qu'il vit ; l'âge de ces personnes ; le degré de netteté de la distinction entre les âges dans la fratrie ; le degré de différenciation hiérarchique entre les statuts respectivement octroyés aux uns et aux autres dans le groupe d'immersion (par exemple aux différents âges et/ou selon les sexes) ; le respect plus ou moins rigoureux de la hiérarchie attachée à la notion de « rang » au sein de la famille ; le traitement différentiel que manifestent les parents...

Pour connaître les modalités d'intégration de l'enfant dans le monde des adultes, on cherche à savoir à quel moment se réalise cette intégration : est-elle précoce ou, au contraire, arrive-t-elle après une longue attente (comme c'est le cas dans les sociétés industrielles occidentales)? Il s'agit, par ailleurs de mettre au jour les éventuelles épreuves de passage du monde de l'enfance à celui de l'âge adulte : existe-t-il des rites d'initiation, imposant ou non au jeune le balisage du chemin à parcourir? Un autre champ d'études surgit avec la compréhension des liens qui existent entre les statuts-rôles affectés culturellement aux différents âges de la vie. Au passage d'une étape de la vie à une autre se lie la présence ou l'absence d'une obligation de désapprendre ce qui a été appris antérieurement. La culture occidentale institue, par exemple, une discontinuité allant jusqu'à l'opposition entre les rôles d'enfant et ceux d'adulte, spécialement dans les domaines de la responsabilité, de la soumission et de l'exercice de la sexualité.

### *5.5. Socialiser n'est pas modeler*

La socialisation opère donc comme un ensemble de séquences, à la fois synchroniques et diachroniques, entrant dans un tissu de relations compliquées. Elle ne constitue pas un processus linéaire mais forme des structurations mouvantes, complexes et qui peuvent même être contradictoires, tout au long de la vie.

Les études de type classique analysent généralement les effets de la socialisation durant l'enfance et de préférence dans les sociétés «traditionnelles». Mais de nouveaux courants tendent actuellement à se développer, notamment en raison du surgissement des difficultés qu'occasionne l'acculturation des populations de migrants dans les sociétés industrielles. Le courant initial tend à envisager la socialisation sous le jour d'un «modelage» de l'enfant, alors que le second appréhende la socialisation comme un processus qui se réalise à travers des échanges relationnels actifs, dans une perspective interactionniste, et qui perdure tout au long de l'existence.

La distinction entre ces deux manières d'aborder la question de la socialisation ne signifie pas que l'acteur social passe successivement d'une phase où il subirait passivement l'enculturation à une autre phase où il deviendrait capable de négocier les éléments de culture à intérioriser. On peut considérer que l'idée que l'on s'est longtemps fait de la socialisation en tant que processus de modelage du jeune enfant est une illusion. L'enfant est en effet producteur d'une grande quantité d'activités, et les personnes de son entourage, la mère en particulier, essaient de fixer son attention sur les activités à valoriser. On amène ainsi l'enfant à préférer de lui-même ces activités à toutes les autres. C'est donc l'agent socialisateur qui propose des éléments à l'individu en cours de socialisation, dans le cadre d'une relation qui est en premier lieu la relation mère-enfant.

L'illusion du modelage vient de ce que le très jeune enfant, qui dispose de peu de moyens pour résister aux propositions qui lui sont faites, semble se comporter comme un objet récepteur. Il subit alors une influence certaine. Mais, dès que l'on passe de sociétés à tendance traditionnelle à des contextes à dominante industrielle que caractérise la complexité, les modalités de la socialisation-enculturation «d'influence» évoluent pour acquérir un caractère «propositionnel», en raison de la prolifération des modèles culturels possibles. Si les groupes traditionnels proposent des codes relationnels qui concernent à la fois la totalité des situations de l'existence et le détail de chacune, les groupes industrialisés abandonnent de nombreuses situations à l'initiative de l'individu : ce qui est codifié, ce sont des types de situations, vastes et largement indéterminées. C. Camilleri explique que l'on passe alors de la socialisation «saturée» à une socialisation «cadre».

Une seconde distinction mérite aussi d'être faite. En milieu traditionnel, les codes relationnels sont fortement cohérents; ils tendent à s'articuler en un seul code général qui ne se heurte à aucune concurrence idéologique à l'intérieur du groupe. Les structures inculquées dans l'enfance sont destinées à coïncider ultérieurement avec des structures fortement homologues, c'est pourquoi C. Camilleri propose de parler d'une socialisation à dominante «mécanique». À la différence de cela, dans les sociétés industrielles complexes, les séquences de la socialisation relèvent de codes indépendants les uns des autres, éventuellement disparates ou même contradictoires. La structure d'enfance doit alors nécessairement éclater pour que s'intériorisent de nouvelles structures aux différences saillantes. Un tel mode de socialisation se réalise comme un processus « dialectique » : intégrant des contraires. Dans ce cas, la socialisation de la première enfance perd de son importance pour que les « re-socialisations », qui peuvent être corrélatives de « dé-socialisations » deviennent une possibilité et une réalité.

### *5.6. L'opposition société moderne/traditionnelle et le concept bipolaire d'individualisme/collectivisme*

Dans les domaines de l'éducation, de la santé, voire du « management international », certaines pratiques professionnelles sont directement liées aux représentations de l'acteur social : à ce que sont ses coutumes, ses croyances, ses valeurs, mais également sa vision de l'homme situé dans le monde. Lorsqu'il s'agit d'évaluer un partenaire social, pour l'orienter, lui assigner une fonction, le « réadapter » ou négocier quelque affaire avec lui, en société occidentale l'évaluateur se centre régulièrement sur l'individu qui l'intéresse. Il dispose à cet effet d'outils cognitifs issus des modèles culturels qu'il véhicule. En ce qui concerne les modèles de personnes, deux formations dominent, jusqu'à s'ériger en entités réifiées de type culturaliste : « l'individualisme » et le « collectivisme ».

L'ensemble des disciplines des sciences sociales – sociologie, économie, anthropologie, psychologie – est traversé par la préoccupation d'opposer l'individualisme et le collectivisme, les sociétés modernes individualistes et les sociétés traditionnelles « holistes ».

Le modèle d'individu qui habite les sociétés occidentales se caractérise par la prégnance d'un moi différencié, localisé dans un corps unifié, existant par lui-même ; en relation avec les normes recommandées d'autonomie et d'indépendance de la personne à qui il est recommandé de se détacher de son groupe familial et de ses parents pour réaliser son épanouissement personnel au sein d'une nouvelle formation nucléaire. Une telle conception de la personne suscite nécessairement des séries d'attentes spécifiques : celles que déterminent les modèles assignés de consistance, de cohérence et d'unité par-delà les situations traversées dans un monde que domine le matérialisme. Les finalités individuelles supplantent donc les objectifs partagés, à tel point que l'individualisme s'érige en idéologie.

Quant au modèle collectiviste, il domine en sociétés non occidentales, là où l'individu fusionne à la fois avec son environnement et avec le passé et le futur, alors qu'il est pris dans les déterminants de son lignage et les exigences de cohésion du groupe auquel il appartient. De son alignement sur les prescriptions de rôles liées à son statut dépendent son acceptation et sa reconnaissance par le groupe, mais aussi le bon ordre social et l'honneur même de sa famille tout entière. Ainsi groupe, famille, clan… sont-ils omniprésents dans l'existence de l'individu en milieu « collectiviste » : lors de sa naissance et de sa mort, lors des épisodes heureux ou malheureux qu'il traverse… en toutes circonstances le partage est un impératif auquel nul ne peut se soustraire. D'un autre point de vue, le tissu social – qui dans ces circonstances est fait de liens à la fois hiérarchisés et pétris d'autorité et d'affectivité – s'immisce dans tous les espaces du quotidien pour leur fournir un sens.

Depuis plus de vingt ans, une profusion d'études s'est développée sur la question de l'individualisme/collectivisme, donnant lieu à de nombreux écrits dont la valeur heuristique est plus ou moins douteuse.

Il s'agit en effet d'études descriptives et classificatoires, réalisées dans l'ignorance des turbulences et des divisions qui font que les cultures ne constituent pas les masses homogènes et inertes moulant leurs membres dans l'uniformité, comme on le prétend abusivement. Globalement ces études tendent à réifier les phénomènes psychosociaux : elles en fournissent la vision culturaliste par laquelle on falsifie le réel, pour opposer en bloc des séries de traits organisés en modèles antithétiques.

Quoi qu'il en soit, le type individualiste qui sous-tend les entreprises de recherche, d'éducation, de soins... auprès de personnes issues de milieux non occidentaux n'est pas sans effets : il se manifeste à travers l'ethnocentrisme qui incite l'observateur à projeter ses propres normes et valeurs sur l'image idéale d'autrui que l'on propose de traiter; à travers certaines opérations cognitives : lors du recueil, de la sélection et de la gestion de l'information relative aux conduites de cet autrui-objet et en tant qu'appareil conceptuel légitimant le pouvoir scientifique et technique des professionnels. M. Cohen-Emérique explique que :

> « Les théories de la personnalité donnent la légitimité aux explications ethnocentriques des situations et des conduites, tandis que les idéologies de la personne interviennent déjà au niveau des processus cognitifs avant même le stade de l'attribution (des causes aux conduites d'autrui). L'individualisme occidental n'est pas seulement une conscience de soi et un ensemble d'attitudes envers autrui, c'est une structure cognitive et évaluative particulièrement stable et résistante aux changements. »

Quand on adhère au modèle de l'individualisme occidental, à l'instar de H. Paicheler on peut finalement considérer que la nécessité politique l'emporte sur toute autre considération, puisque :

> « L'organisation des personnes, de leurs relations répond à la nécessité de mettre de "l'ordre" dans la structure sociale, dans ses règles d'organisation. Elle remplit donc une fonction dans la constitution et le maintien du pouvoir social. »

## 6. Culture, territorialité et dynamiques identitaires

### *6.1. L'émergence des identités culturelles et leurs fonctions*

La notion d'« identité culturelle » a pris depuis quelques décennies une place importante : à la fois dans les discours populaires, les médias, les sciences de l'homme... Comment expliquer un tel foisonnement de productions, pour traiter de l'identité des acteurs sociaux, individuels et collectifs? C. Camilleri propose de le relier aux mouvements qui ont traversé les cultures occidentales à partir des années soixante/soixante-dix. Jusqu'à cette époque, les identités étaient vécues, mises en acte, sans nécessairement s'accompagner des rationalisations propres à les justifier ou les commander. Les théorisations concernant ces questions sont donc récentes. Elles ont été générées par les phénomènes en œuvre dans la réalité sociale et spécialement par un certain type de réactions humaines à un moment historiquement situé : dans les sociétés industrielles modernes, que caractérisent la complexité et une emprise croissante de l'État, ou d'autres instances structurelles propres à priver les individus du champ décisionnel qui procure le sentiment d'être réellement un acteur social. Dépourvus de la possibilité d'intervenir sur une réalité qui confisque le statut de sujet, les individus éprouvent, plus ou moins confusément, le sentiment d'une inexorable manipulation de leur être : les systèmes dont ils sont victimes leur échappent. Qu'il s'agisse d'entreprises étatiques ou syndicales, du monde de l'industrie et du commerce ou de celui de la communication, l'individu ne fait plus figure que d'atome insignifiant, d'objet anonyme et dérisoire. Confrontés à la dérive et à la perversion d'organisations dont la vocation initiale visait à servir l'homme et qui finalement le desservent, les acteurs sociaux s'emploient à reconquérir une position de sujets. Ils produisent à cet effet des réseaux de significations nouvelles, chacun y inscrivant son existence par une participation concrète et tous s'y unissant pour former des communautés d'où sont expulsées les emprises extérieures.

L'identité s'ancre donc dans la réalité qui lui donne naissance. Il n'est pas possible d'évoquer le procès identitaire de groupes sociaux ou d'individus en occultant les rapports que ces derniers entretiennent avec leur environnement, plus précisément avec les segments de cet environnement qui les concernent en particulier. Or, les déterminants de l'environnement ne constituent pas des invariants : ils se modifient dans le temps et l'espace, leurs transformations affectant nécessairement les processus de production et d'affirmation de l'identité, qu'elle soit collective ou individuelle.

On peut finalement voir en l'identité l'ensemble des mécanismes par lesquels les individus (ou les groupes) projettent un sens sur leur être, en reliant leur passé, leur présent et leur avenir, les images de leurs actions réelles, celles des actions qui leurs sont recommandées et celles par lesquelles ils souhaiteraient se caractériser. En réalisant une telle intégration des contraires, la dynamique identitaire opère comme un processus dialectique permettant à chacun de se rendre semblable à autrui tout en s'en distinguant simultanément. Par l'intégration de l'autre dans le même et par la réalisation du changement dans la continuité, la dynamique identitaire fonctionne comme une constance, d'où résulte le sentiment d'identité.

En autorisant les acteurs sociaux à s'édifier à la lumière du sens qu'ils se donnent à eux-mêmes, l'identité réalise une fonction ontologique ; en reliant l'individu (ou le groupe) à son environnement par l'intermédiaire de la culture, l'identité réalise une fonction instrumentale. C'est par la médiation de la culture que le sujet est informé des stimuli issus du monde environnant et de lui-même : la culture indique à chacun comment signifier les situations traversées et les modes de réactions pertinentes par rapport à celles-ci. En ce sens, la culture se confond avec un vivier de significations partagées d'où émerge l'identité collective, armature à partir de laquelle s'édifient et se diversifient les identités individuelles.

On voit finalement comment l'identité, qui paraît relever de l'ontologique, remplit essentiellement des fonctions instrumentales. Propre à fixer les êtres humains en leur donnant un sens, l'identité est en réalité prise en mains par ces derniers qui la manipulent, au gré de leurs besoins et selon les aléas des dynamiques sociales dans lesquelles ils sont pris.

Ainsi l'identité culturelle peut se constituer en arme qui permet d'attaquer, d'exclure, de dominer et de détruire autrui. Elle sert aussi à diminuer autrui, à le substantialiser, en l'enfermant dans une «identité prison» (associée, par exemple, à la notion de sexe, de race...) que cristallisent des séries de stéréotypes négatifs. De telles formations justifient la domination, l'exclusion, la destruction d'autrui et elles immobilisent le rapport social en faveur de celui à qui il profite.

L'identité représente donc un instrument de lutte autour de la réification des rapports sociaux. Elle fonctionne comme arme sociopolitique en même temps qu'elle génère l'idéologie sociopolitique et, simultanément, elle s'exprime comme mode de réaction des victimes des mécanismes précédemment décrits.

Le déploiement des stratégies qui fournissent les moyens de se définir avantageusement au sein de son environnement social, notamment en réagissant à l'aliénation et à la dévalorisation, se lie aux connotations positives de l'identité. Le sujet s'emploie à développer des procédés incitant l'autre à le reconnaître de la manière qui lui convient. C'est à la suite de menaces d'altération qu'une telle recherche d'authentification et de resubjectivation apparaît et qu'elle se différencie, en de multiples formes possibles. Les stratégies identitaires supposent donc que chacun se positionne relativement à autrui. Il s'agit de se situer soi-même tout en situant autrui, ce que rendent possible diverses opérations de catégorisations sociales. Des travaux récents de psychologie sociale cognitive et expérimentale renseignent largement sur ces processus, comme nous le verrons ultérieurement (*cf.* chapitre 6).

Les formations culturelles variées qui coexistent et s'enchevêtrent se rattachent nécessairement à des groupes sociaux qui sont distincts sans toutefois être autonomes. L'histoire montre en effet que les groupes qui composent les sociétés entretiennent entre eux des rapports qui ne sont pas de simples juxtapositions. À ce propos, H. Tajfel explique que :

> «Les caractéristiques d'un groupe (son statut, sa richesse ou sa pauvreté, sa couleur de peau, sa capacité d'atteindre ses buts) n'acquièrent de significations qu'avec les différences perçues avec les autres groupes.»

La définition d'un groupe n'a donc de sens que par rapport aux autres groupes. L'identité sociale, qui résulte de la connaissance que le sujet a de ses diverses appartenances groupales simultanées, dépend directement de la signification émotionnelle et évaluative liée à ces appartenances. Les groupes sociaux n'étant pas dotés d'une position équivalente dans la société où ils s'intègrent, l'asymétrie régule les rapports entre groupes et les interactions qui structurent le système social. L'identité dépendant de la position occupée par ceux qui la produisent et l'affirment, pour en comprendre les linéaments il est avant tout nécessaire et obligatoire de définir la position sociale de ceux qui la produisent.

### *6.2. Le choc des cultures et les stratégies identitaires pour y faire face*

Lorsqu'ils sont pris entre deux systèmes culturels contradictoires, les sujets peuvent manifester un éventail d'attitudes variables entre les extrêmes que sont la perméabilité, qui consiste à se laisser pénétrer par les éléments culturels auxquels on est confronté, et l'imperméabilité ou le refus de ces éléments. En acceptant l'envahissement par les caractéristiques étrangères, le sujet peut cesser de se reconnaître dans le système culturel de ses origines. Il s'assimile alors dans l'univers nouvellement découvert. En se fermant à l'intrusion de la nouvelle culture, il réalise au contraire une séparation de son être et il peut se trouver exclu. Entre ces deux pôles, divers positionnements sont possibles, variant selon les situations traversées et les relations vécues. Ils se traduisent par des manipulations diverses des codes culturels en présence. On comprend pourquoi, lorsqu'ils sont pris entre deux cultures, les individus s'emploient à sauvegarder leur sentiment d'identité, en transformant si nécessaire certaines représentations et certaines valeurs pour les mettre au service de leur projet ontologique, tout en répondant aux exigences du nouvel environnement culturel. Lorsque l'individu parvient à élaborer des cognitions et des conduites propres à lui assurer l'économie des tensions qui résultent de l'affrontement entre le code culturel de ses origines et celui de l'univers où il s'agit de s'adapter en demeurant pourtant ancré dans le premier, du point de vue psychologique on peut considérer qu'il réussit son intégration.

Confronté à une culture étrangère à laquelle il s'agit de s'adapter, l'acteur social développe diverses « stratégies identitaires » que l'on peut classer de la manière suivante, selon le modèle de C. Camilleri :

| Objectif visé / Attitude du sujet | Se référer à une culture unique | Articuler les références culturelles des systèmes en présence |
|---|---|---|
| Repli | Crispation identitaire, conservatisme et repli sur la culture d'origine (les immigrés peuvent, par exemple, réintroduire des rites et des mœurs qui n'ont plus cours au pays des origines). | Syncrétisme : emprunt d'éléments aux deux cultures sans souci de cohérence (l'immigré maghrébin peut, par exemple, rester musulman mais ne plus respecter le ramadan ou les interdits alimentaires). |
| Ouverture | Fluidité identitaire et opportunisme : on se coule dans la culture d'adoption, pour en acquérir les avantages préférentiellement. | Intégration : recherche d'une synthèse nouvelle et cohérente entre les deux cultures. |

### *6.3. Territorialité et identité*

#### 6.3.1. L'être vivant et sa relation à l'espace

Comment la notion de « territoire » permet-elle de lire et de comprendre les processus identitaires, indissolublement individuels et collectifs, des acteurs politiques et sociaux?

La notion de territoire permet de lire les expressions spatiales de l'identité, saisissables par l'observation, telles que le marquage des limites, confondu avec le marquage des frontières; les processus de centration des groupes; les processus de spécialisation et d'articulation des diverses aires d'activité; le balisage des trajectoires, lors des circulations et des actes d'appropriation de l'espace; les phénomènes liés à la mobilité et la stabilisation des appartenances.

La notion de territoire permet de comprendre la territorialisation, qui manifeste simultanément les contraintes que subissent les acteurs sociaux et les stratégies qu'ils déploient pour y réagir. La territorialisation renvoie donc à la dialectique aliénation/appropriation.

Du point de vue psychosocial, le territoire peut, par exemple, faire l'objet d'études concernant les marquages identitaires de l'espace, les modes de gestion identitaire du corps, le repérage des espaces de rencontres et d'interactions et l'étude des parades identitaires qui s'y déploient.

Du point de vue géosociologique, le territoire urbain peut donner lieu à l'étude des modes d'appropriations collectives différentielles des espaces urbains (appropriations langagières et appropriations pratiques; variabilité des formes de désignation des lieux; production de codes spécifiques...). Il peut occasionner l'analyse des processus de circulation et de centration (existe-t-il des lieux qui fonctionnent comme sièges décisionnels, des marginalités spatiales et qui concernent-elles?...) et l'étude des modes de différenciation entre les espaces « ethnicisés » et ceux qui sont cosmopolites.

Du point de vue anthropologique, la compréhension des phénomènes liés au territoire permet d'éclairer les dynamiques identitaires. Au cours des mouvements migratoires, par exemple, l'observation du va-et-vient entre le lieu des origines et le lieu de résidence permet d'éclairer les processus de ressourcement identitaire, que masquent le plus souvent diverses entreprises de bricolage économique. Une telle étude éclaire la dynamique des identités périodiques, combinées et/ou déchirées entre deux espaces, et les modes de référence symbolique à l'ailleurs. La décoration de l'habitat montre, par exemple, comment l'espace peut être vécu comme une métaphore possible de ce qui se passe « ailleurs », au pays des origines.

L'étude des territoires et réseaux transnationaux, d'un autre point de vue, donne accès à la compréhension de certains phénomènes démographiques et socio-économiques, qui échappent aux regards aveugles à la dynamique des identités culturelles.

Les dimensions fondamentales qui permettent de situer les objets et les êtres vivants dans le monde sont celles d'espace et de temps, dimensions cosmiques vers où se projettent les existences et à partir desquelles surgit la conscience d'exister. Chez l'homme, une large part du traitement de l'espace se réalise à un niveau conscient, de sorte que l'environnement peut être maîtrisé jusqu'à un degré élevé de technicité, voire de scientificité, ce qui n'exclut pas pour autant l'existence de certaines conduites infraconscientes, notamment perceptuelles. Si la psychologie de l'environnement s'emploie à cerner des phénomènes que peut traduire le langage, c'est vers l'éthologie qu'il faut se tourner pour mettre au jour la part inconsciente des modes de traitement de l'espace.

### 6.3.2. De l'espace au territoire : le point de vue de l'éthologie

G.N. Fischer estime que c'est la démarche éthologique qui a mis en évidence l'importance de la notion d'espace, celle-ci s'exprimant chez les animaux par des comportements directement observables. Les travaux concernant l'influence de la densité sur le comportement introduisent, par exemple, l'idée d'un « espace vital minimum », qui correspond à des normes intra et inter spécifiques, que caractérisent des distances, liées à des comportements de fuite, d'attaque ou à la simple cohésion d'un groupe. On comprend comment le manque d'espace entrave certains de ces comportements régulateurs des équilibres des populations.

À la notion d'espace vital se lie nécessairement celle de territoire. Les travaux éthologiques ne peuvent en faire abstraction, tant espace et survie se confondent. L'usage du terme « espace » dans le sens de « territoire » est ancien. Déjà Aristote et Pline en faisaient mention et, au XIXe siècle, les sociobiologistes établirent le concept de « comportement territorial ». De nombreuses définitions du territoire se sont succédé depuis. Étymologiquement, le territoire est « le lieu où l'on peut exercer sa terreur ». Cette définition n'évoque aucun comportement précis lié au territoire. Elle indique cependant le contexte du déploiement du comportement territorial ; la notion de défense de l'aire utilisée en représente l'un des aspects fondamentaux. K. Lorenz adopte toutefois le point de vue inverse, en définissant la territorialité comme « l'expression spatiale de la répulsion intraspécifique ». On a aussi défini le territoire en termes de limites, puisque les comportements qui s'y associent visent la défense d'un lieu marqué par des occupants. On évoque enfin les comportements de défense : selon une progression croissante de l'agressivité, jusqu'à ce que la zone fixe soit évacuée par les individus en qui l'on voit des intrus. La définition la plus complète est finalement celle de M. Bride, qui considère que les territoires sont des « aires maintenues, marquées et défendues contre l'intrusion par les membres de la même caste et espèce ».

Le territoire n'est donc pas considéré comme un simple objet d'approbation de l'être vivant car on lui associe presque toujours des comportements justifiant cette appropriation. Ce qui peut passer pour de la simple répulsion intraspécifique, ou même pour un instinct de propriété, répond en réalité aux exigences de lutte pour la survie, de l'individu et de l'espèce, cette lutte se rapportant à l'alimentation, à la sécurité et à la reproduction. Ainsi, le territoire augmente les chances de survie « en fractionnant les ressources du milieu ».

Mais le territoire est aussi le lieu de l'affirmation identitaire, individuelle et collective.

### 6.3.3. De la territorialité animale à la territorialité des êtres de culture que sont les humains

Les fonctions biologiques qui sous-tendent les conduites territoriales dépendent des structures corticales liant le territoire aux phénomènes hypothalamiques qu'exige la survie. Les conduites purement spatiales, comme la démarcation du territoire, procèdent de structures primitives du cerveau. Certaines réactions neurophysiologiques d'éveil ou d'alerte sont déclenchées par tout ce qui approche l'espace vital de l'animal et elles se caractérisent par une modification des ondes cérébrales, des décharges réticulaires et du tonus musculaire. Les réflexes biologiques qui s'ensuivent peuvent être regroupés en trois catégories principales, associées aux distances maintenues entre les individus : la fuite, l'inhibition et l'agression.

C'est pourquoi K. Lorenz, qui n'hésite pas à étendre à l'homme les observations réalisées sur l'animal, introduit l'éthologie humaine dans les sciences du comportement.

M. Mead observa comment le territoire répond à un besoin humain fondamental, ce qui permit de définir l'homme comme un « animal territorial ». L'analogie fut poussée jusqu'à ce que soit reconnue l'influence du statut social sur les modes de traitement du territoire, chez l'homme comme chez l'animal. Ainsi la frontière est-elle devenue de plus en plus mouvante entre le social et le biologique. Selon que l'on accorde plus ou moins de poids aux origines animales de l'homme ou à son accession au palier psychosocial, on insiste plus volontiers sur le pôle animal ou sur le pôle humain.

Les définitions du territoire humain ne diffèrent pas encore fondamentalement de celles indiquées précédemment. On peut appeler territoire toute zone personnalisée et défendue ; on peut estimer que le territoire exprime l'exercice d'un contrôle sur un segment particulier de l'espace. Certains auteurs opposent toutefois les conduites territoriales des humains et celles des animaux : les premières ne concernent pas nécessairement des comportements liés à la survie. Chez l'homme, le territoire fait l'objet d'un apprentissage ; d'un autre point de vue, les liens entre les conduites territoriales et l'agressivité ne sont pas évidents : les conduites territoriales humaines ne dépendent pas aussi étroitement et exclusivement de lois biologiques que chez l'animal. L'homme peut posséder un ou plusieurs territoires, temporaires ou non, et l'invasion du territoire humain n'engage pas la vie de façon directe. L'avènement du langage et de l'écriture comme indices de socialisation achève de différencier l'homme de l'animal, en conférant au premier un pouvoir à distance sur le monde. L'espace objectif, directement appréhendable par les sens, est dépassé et l'homme possède aussi des territoires cognitifs. Pour certains auteurs, le comportement humain n'existerait pas en dehors du langage. La territorialité serait avant tout symbolique, de sorte qu'il devient difficile de soutenir qu'un territoire exclusivement physique puisse exister…

Il est vrai que le territoire est souvent intégré dans un espace discontinu, ce qui autorise à le définir comme un rapport d'identification s'établissant entre un groupe humain et son cadre de vie, quand bien même ce groupe n'aurait pas l'exclusivité de l'espace occupé.

Le comportement territorial résulterait par conséquent de l'interaction des modes de réactions conscientes et inconscientes autour de l'enjeu que représente l'espace. Tout comportement est susceptible d'être observé sous l'angle de la territorialité dès lors qu'une unité d'espace est concernée. La territorialité constitue donc un des niveaux possibles d'interprétation du réel.

L'homme exprime-t-il des comportements de base, non spécifiques, et dans quels contextes? D'un autre point de vue, dans quels contextes se conforme-t-il, au contraire, aux réponses majoritairement exprimées dans son groupe culturel? Peut-on affirmer que certains de ces comportements sont plus spécifiquement «humains»?

La cohabitation hétéroculturelle fait surgir la diversité des modes d'occupation de l'espace, de son partage, de la tolérance du groupe dominant à l'égard des individus reconnus comme «différents» et enfin la possibilité de tisser de réels liens sociaux. Dans la mesure où il permet d'exprimer et d'assumer les identités distinctives, l'espace peut permettre l'établissement de ces liens.

On a vu que l'identité des acteurs sociaux est un phénomène multidimensionnel, largement déterminé par les conditions concrètes de la vie des groupes. Lorsqu'ils sont immergés dans un contexte échappant à leur volonté, l'identité que revendiquent les acteurs sociaux se dessine bien en deçà de leurs choix d'appartenance. G.N. Fischer explique que :

> «L'espace est […] un modèle spécifique de détermination de l'activité humaine, opérant à la fois comme technique et comme culture, comme résultante sociale et comme système d'emprise.»

En ce sens, on peut estimer, à l'instar de E. Hall, que la culture est un moyen de communication, territoire et culture étant étroitement liés. Depuis les premiers instants de vie, la communication est codée ce qui confère à la culture un pouvoir modélisateur, suppléant aux insuffisances des réponses «instinctives» qui visent la satisfaction des besoins complexes de tous les groupes.

Le code territorial est donc un langage, souvent silencieux, qui, inévitablement, rend saillantes les différences mais que l'on ne peut jamais qualifier d'hermétique. Ce peut être un appel à la communication plus qu'une dissuasion, car, une fois encore, les données du problème sont les mêmes pour tous. Certains auteurs soulignent que des mammifères à l'homme la possession d'un territoire exprime seulement la domination par rapport à un étranger. Aujourd'hui, alors

### À LA FOIS ANTILLAIS, BOSCHIMAN ET ZOULOU : QUELLE IDENTITÉ ?

« Nous conseillons l'expérience suivante : assister à la projection d'un film de Tarzan aux Antilles et en Europe. Aux Antilles, le jeune Noir s'identifie *de facto* à Tarzan contre les nègres. Dans une salle d'Europe, la chose est beaucoup plus difficile, car l'assistance, qui est blanche, l'apparente automatiquement aux sauvages de l'écran. Cette expérience est décisive. Le nègre sent qu'on n'est pas noir impunément. Un document sur l'Afrique, projeté dans une ville française et à Fort-de-France, provoque des réactions analogues. Mieux : nous affirmons que les Boschimans et les Zoulous déclenchent davantage l'hilarité des jeunes Antillais. Il serait intéressant de montrer que dans ce cas cette exagération réactionnelle laisse deviner un soupçon de reconnaissance. En France, le Noir qui voit ce documentaire est littéralement pétrifié. Là, il n'y a plus de fuite : il est à la fois Antillais, Boschiman et Zoulou. »

Franz Fanon,
*Peau noire, masques blancs*,
Seuil, 1971, p. 124.

que se multiplient les brassages interculturels, les arrangements spatiaux entre les différents groupes socio-ethniques représentent un déterminant important des relations qu'ils peuvent entretenir. On peut s'interroger sur la manière de favoriser, réprimer l'expression de leurs différences, leur communication et le développement de leur liens sociaux ; ce qui constitue un nouveau champ de recherches à l'articulation des cultures.

La proximité n'est pas l'élément exclusif qui puisse fournir les moyens de localiser le social. Si le lien social peut se déployer dans l'espace, la territorialité n'est pas exclusivement sédentaire : elle peut être nomade, et tout aussi bien se situer en des espaces symboliques…

Ainsi les sciences se partagent-elles les dimensions structurantes de la territorialité de la manière suivante : la géographie analyse comment l'organisation sociale s'articule avec l'espace, en étant à la fois structurée par lui et en le structurant. Elle permet de reconnaître des unités territoriales, plus ou moins emboîtées, et des réseaux, plus ou moins hiérarchisés, de pôles d'influences sur des zones délimitables. D'un autre point de vue, les sciences sociales – notamment la sociologie et l'économie – traitent du déploiement du lien social, mais pas dans sa dimension spatiale.

Jusqu'alors, à l'exception des courants culturalistes, la psychologie s'est peu préoccupée de mettre les cognitions et les conduites dont elle traite en relation avec les cadres physiques et symboliques de leur production et de leur expression. Les sociologues, qui regardent l'espace avec attention, proposent de leur côté des modèles qui ne manquent pas d'intérêt : « l'objet ville est une succession de territoires où les gens s'enracinent, se replient, cherchent abri et sécurité », écrit M. Maffesoli ; et il poursuit : « la recherche sur la vie urbaine contemporaine serait bien inspirée de mettre au jour la relation symbolique qui (re)structure nos quartiers […]. Les mégalopoles modernes suscitent une multiplicité de petites enclaves fondées sur l'interdépendance absolue […], on voit se développer ce que l'on pourrait appeler le village dans la ville».

On peut se demander pourquoi le souci de localiser systématiquement le social et de le traiter en termes de «territoire» apparaît si fortement aujourd'hui. Certains auteurs expliquent ce phénomène par l'effet du «vide social». Celui-ci résulterait de la «crise» dont les références sont confuses. Désemparés, les acteurs sociaux chercheraient localement comment pallier aux manques des systèmes d'analyse dont antérieurement les logiques étaient prévues pour traiter globalement de vastes étendues.

La discordance caractérise largement les liens entre la réalité vécue et les représentations sociales. Si, au cours des dernières décennies, la démarche scientifique a accordé beaucoup d'importance à l'espace et au territoire, elle s'est exclusivement préoccupée de «localiser» le social, d'ancrer dans des paysages concrets les relations entre le déploiement de la vie sociale et les identités collectives, réduisant le lien social à sa dimension spatiale, alors qu'il est multidimensionnel.

Dans les milieux urbains modernes, au XX<sup>e</sup> siècle, on peut en effet dire que la proximité spatiale n'engendre automatiquement aucune relation, aucune identité collective; même s'il peut advenir que certaines proximités facilitent la réalisation de rapprochements non spatiaux, préexistant à la proximité spatiale.

En milieu «traditionnel», les choses se déroulent d'une autre manière, puisque le fait d'être résident permanent, c'est-à-dire d'être le membre d'un groupe réel, s'accompagne automatiquement de droits et de devoirs à l'égard de ce groupe. Les modalités d'insertion au sein du groupe répondent à des règles, des normes et des rites prescrits, de sorte que les relations sociales qui se déploient sur le territoire du groupe – strictement délimité – répondent à un code partagé, y compris à propos de l'exclusion et de la marginalisation qui diffèrent absolument de l'anonymat.

Un groupe ne se fonde pas sur la seule proximité géographique. Des liens d'appartenance d'une autre nature sous-tendent sa constitution. Il suffit du reste d'observer les pratiques des habitants d'un même quartier, apparemment homogène, pour découvrir sa réelle hétérogénéité culturelle. La proximité de résidence n'engendre donc automatiquement ni relations, ni identités sociales qui concerneraient l'ensemble du groupe. Le développement de relations sociales représente seulement une possibilité, que seuls saisissent certains individus que rapprochent des proximités non spatiales.

La signification sociale de la proximité géographique n'est pas donnée, les acteurs sociaux doivent la construire. Au lieu d'exprimer des règles communes, une telle construction devient l'expression des diversités. Au sein du même immeuble, de la même famille, du même couple, chacun contribue, selon ses propres normes, à une construction sociale qui ne se confond pas avec la proximité géographique. Les tentatives de socialisation fondées sur la contiguïté spatiale sont fréquemment lourdes de déceptions. Pour aboutir, elles doivent passer par la constitution réelle d'un groupe partageant peut-être des proximités sociales, mais exigeant surtout des interventions ou la restructuration du quartier.

Il n'est donc pas pertinent d'utiliser le même mot, de quartier ou de territoire, pour signifier l'articulation d'un espace de proximité et d'une vie collective qui lui donne sens d'une part et l'appropriation individuelle d'autre part. Dans ses pratiques, ses rites, sa mémoire ou ses projets, le groupe ne porte pas le principe de l'appropriation d'un espace.

La territorialité n'existe donc pas en dehors d'un groupe. D'un autre point de vue, ce n'est pas le territoire qui fonde le groupe. Quels que soient les déterminants concrets du territoire, le lien social s'y immisce, avec ses aléas et ses éventuelles absences, sa discontinuité et la multiplicité des formes qu'en un même milieu il peut prendre.

## POUR ALLER PLUS LOIN


ALLPORT G.W., *Personnality : a psychological interpretation*, New York, Holt, 1937.

BASTIDE R., « Le principe d'individualité », in *La notion de personne en Afrique Noire*, éditions du CNRS, Paris, 1973.

BENEDICT R., *The Chrysantemum and the sword*, Boston, Hougton Miffin, 1946.

BENEDICT R., *Échantillons de civilisations*, Gallimard, Paris, 1950.

CALAME-GRIAULE G., *Ethnologie et langage. La parole chez les Dogon*, Gallimard, Paris, 1965.

CAMILLERI C., *Anthropologie culturelle et éducation*, Lausanne, UNESCO – Delachaux et Niestlé, 1985.

CARMICHAEL L., *Manuel de psychologie de l'enfant*, (traduit de l'anglais), PUF, Paris, 1952.

DIETERLEN G., *La correspondance cosmo-biologique chez les Soudanais*, J. Psychol. norm. pathol., *43*, 351-366, 1950.

DUFRENNE M., *La personnalité de base*, 3e éd., PUF, Paris, 1953.

DUMONT L., « La conception moderne de l'individu », *Esprit*, *2*, 20-54, 1978.

FREUD S., *Psychologie des foules et analyse du moi*, *Essais de psychanalyse*, nouv. trad., Paris, Payot, 1981.

GRIAULE M., *Nouvelles recherches sur la notion de personne chez les Dogon*, J. Psychol. norm. pathol., 425-431, 1947.

KARDINER A., *L'individu dans sa société*, Gallimard, Paris, 1968.

KLEIN M., *La psychanalyse des enfants*, PUF, Paris, 1959.

KOZAKAI T., *Les Japonais sont-ils des Occidentaux ?*, L'Harmattan, Paris, 1991.

LEBRETON D., « Image du corps et société », in *Apprentissage et culture*, Karthala, 1988.

LEENHARDT M., *Do kamo : la personne et le mythe dans le monde mélanésien*, Gallimard, Paris, 1937.

LINTON R., « Concepts de statuts et de rôles », *in* Levy A., *Psychologie sociale. Textes fondamentaux anglais et américains*, tome 2, Paris, Dunod, 1965.

LIPOWETSKI G., *L'ère du vide, essai sur l'individualisme contemporain*, Gallimard, Paris, 1983.

LUKES S., *Individualism*, Basil Blackwell, Oxford, 1979.

MALINOWSKI B., *La sexualité et sa répression dans les sociétés primitives*, (traduit de l'anglais), Payot, Paris, 1932.

MAUSS M., « Une catégorie de l'esprit humain : la notion de personne, celle de moi », in *Sociologie et anthropologie*, PUF, 331-362, Paris, 1938.

MEAD G.H., *L'esprit, le soi et la société*, (traduit de l'anglais), PUF, Paris, 1963.

MEAD M., *Sociétés, traditions et technologies*, Unesco, Paris, 1953.

— *Mœurs et sexualité en Océanie*, (traduit de l'anglais), Plon, Paris, 1963.

MEYERSON I., « La notion de personne », dans *Les fonctions psychologiques et les œuvres*, VRIN, 151-185, Paris, 1948.

PIAGET J., *La fonction du symbole chez l'enfant*, Delachaux et Niestlé, Genève, 1945.

— *Le jugement moral chez l'enfant*, PUF, Paris, 1957.

— *Apprentissage et connaissance*, PUF, Paris, 1959.

RABAIN J., *L'enfant du lignage*, Payot, Paris, 1979.

SARBIN T., « Role theory », *in* G. Lindzey (ed.), *Handbook of social psychology*, Addison Wesley, Cambridge Mass.,1954.

SCHUTZ W.C., *Fiso a three dimensional theory of interpersonnal behavior*, New York, Holt, 1960.

STERN P. N., *First relationships : infant and mother*, University Press, Cambridge Mass, Harvard, 1977.

TAKASHIMA M., *Conférence à l'Université de Paris V*, (inédit), 1996.

TRIANDIS H.C., BRIGLIN R-HARRY *et al.*, « Cross Cultural Training across the individualism/collectivism divide », *International Journal of intercultural relations*, vol. 12, 269-289, 1988.

# 6 Sciences de l'Homme et traitement de l'altérité en milieu pluriculturel

## 1. Le pluriculturalisme : état de fait ou idéal vers lequel on tend?

Qu'est-ce que le «pluriculturalisme»? Les modes d'approche de ce concept peuvent être descriptifs aussi bien que prescriptifs. D'un côté les anthropologues anglo-saxons considèrent qu'une société est «plurielle» lorsqu'elle comprend un ensemble de groupes séparés et qu'elle développe une politique de différenciation entre eux, tout en maintenant pour un seul d'entre eux la possibilité d'exercer le pouvoir. D'un autre côté, les sociologues américains emploient le terme «pluralisme» pour désigner tout système social que caractériseraient à la fois un consensus étendu, une forte cohésion, une accommodation mutuelle entre les différentes parties en présence et la production de valeurs favorables à l'intégration des différences.

Contrairement à ce qu'ont pu annoncer de nombreux théoriciens, qu'ils soient libéraux ou marxistes, la multiplication des échanges entre groupes étrangers n'empêche pas que se maintiennent simultanément les différences qui les séparent et les appartenances qui fondent leurs identités distinctives.

Le concept de culture n'est pas réductible à un écran idéologique qui permettrait de masquer les inégalités sociales; et l'identité n'est pas un instrument de division et d'enfermement des groupes sociaux dans l'ethnocentrisme. Les acteurs sociaux (individuels et collectifs) produisent des définitions évolutives de leurs rapports à l'Autre, ceux-ci étant eux-mêmes pris dans la dynamique d'incessants ajustements avec les éléments environnants, diversifiés et changeants.

C'est pourquoi les sociétés aux prises avec la diversité ne risquent guère de sombrer dans l'homogénéité...

La culture de l'Autre ne pouvant jamais être complètement maîtrisée, une perspective pluraliste peut viser à faire acquérir à chacun le souci de reconnaître la diversité de ses appartenances personnelles, l'opacité relative de sa propre identité et les nécessaires prises de décision qui en résultent.

En Europe, pourquoi a-t-on tellement tardé à s'interroger sur les possibilités de construction, de développement et d'expérience de rapports humains fondés sur la reconnaissance de la pluralité des cultures?

Il a fallu pour cela attendre les années 1970-1980. À cette époque, des millions d'immigrés, venus d'autres continents, se sont fixés en Europe occidentale. Avec l'exacerbation des divers sentiments d'appartenances – nationales et locales – qui en résulta, le corps social se découvrit morcelé, les identités furent menacées, ce qui transforma l'altérité en problème. Dans de telles circonstances le réel pluriculturalisme de fait fut érigé en difficulté, apparemment transitoire, à laquelle il apparut urgent de faire face.

La diversité qui marque les sociétés européennes s'ancre pourtant dans une histoire bien plus ancienne que celles des migrations récentes. Le corps social en lui-même est pluriel : en raison de la dynamique des échanges avec les cultures et civilisations extérieures, de la diversité ethnolinguistique et culturelle liée à la formation des États-nations, de l'incessante circulation des populations nomades (notamment tziganes), des nombreuses particularités historiques et culturelles régionales et, enfin, des mouvements migratoires prolongeant les épisodes de colonisation/décolonisation et de leurs stigmates dans les représentations sociales (préjugés, discrimination).

La stabilisation des populations immigrées a provoqué des turbulences au sein des modèles monoculturels instaurés en Europe avec la formation des États-nations, conçus par nature comme monolithiques. La dimension plurielle et conflictuelle de la société est ainsi devenue visible, bousculant les priorités au sein de l'institution éducative.

Dans le monde de l'éducation, et plus généralement chez les agents de l'intégration sociale, il s'agit donc désormais d'assumer la diversité, de définir des modes de gestion de la rencontre des identités, individuelles et collectives, de questionner et de réagencer les anciens projets éducatifs.

### *1.1. Quels projets sous-tendent les actions en faveur du pluriculturalisme ?*

Que l'on se trouve en Europe ou sur le continent américain, on peut observer comment les projets des agents sociaux du pluriculturalisme convergent. Tous veulent, en effet, fonder leur pratique sur la réalité sociale, faite de diversité, et qui justifie et commande cette pratique. Ils s'efforcent en l'occurrence de réaliser des principes de liberté et de démocratie.

Dans une telle optique, l'éducation représente le moyen privilégié pour former des citoyens capables à la fois de s'incorporer à la société dans laquelle ils vivent et de contribuer au renforcement de la cohésion sociale à travers l'hétérogénéité. Ainsi, le pluralisme culturel est alors soutenu et favorisé, dans un corps social où l'on cherche aussi à instaurer l'égalité et de bonnes relations entre groupes étrangers. La poursuite de ces trois objectifs donne lieu à des stratégies variables : certains courants d'éducation visent en priorité la réalisation de l'un d'eux seulement, ou des deux à la fois, alors que d'autres tendent à assurer l'équilibre entre les trois.

Bien qu'elles soient le plus souvent présentes simultanément, les logiques d'égalité et de différenciation ne sont pas aisément conciliables. Selon que la prééminence est accordée à l'égalité ou au droit à la différence, les moyens privilégiés seront ceux par lesquels on vise l'égalité des individus par-delà leurs différences (celles-ci n'étant envisagées que comme des obstacles qu'il faut surmonter), ou la promotion des traits distinctifs (l'égalité étant supposée résulter de la pleine reconnaissance du droit à la différence).

Le souci de développer des relations harmonieuses entre groupes étrangers (ce que l'on appelle en France le courant « interculturel ») est constant chez les agents de la promotion du pluriculturalisme, sans pour autant s'accompagner de la ferme volonté de lutter contre les inégalités et en faveur du maintien des identités distinctives.

### *1.2. La réduction des inégalités sociales*

Il faut comprendre qu'une logique d'égalité qui ignore les implications du pluralisme entrave directement les chances d'établir l'égalité sociale. C'est à la fin du XIX^e siècle, avec l'avènement de la société industrielle, que l'éducation fut rendue possible pour tous à partir de la notion d'égalité. La gratuité de l'école apparut, avec l'idée d'un curriculum commun pour tous et la possibilité de fréquenter les mêmes institutions indépendamment des origines de chacun. Dans cette perspective méritocratique, le sujet apparaît comme le seul responsable de sa réussite : tous les facteurs extérieurs sont apparemment contrôlés.

Pourtant, le curriculum commun est en lui-même source d'inégalités : il favorise les élèves issus des groupes dominants auxquels le code en vigueur au sein de l'école est le plus familier. Une scolarisation soucieuse de fournir à tous les mêmes instruments favorise en réalité ceux qui au départ sont les plus richement équipés pour la compétition qu'elle exige. Si l'on se soucie d'établir l'égalité des chances en tenant compte de la pluralité sociale réelle, il ne s'agit pas de se satisfaire d'un principe d'égalité d'accès à l'éducation. Ce sont les conditions de la réussite scolaire concrète qui doivent alors être prises en compte.

Dans une telle perspective l'école mérite d'être réformée pour qu'il devienne possible de prendre en considération les habiletés des élèves, leurs valeurs culturelles, leurs origines familiales, leur mode de préparation à l'école… Ce système d'éducation comprendrait les mesures nécessaires pour pallier les éventuelles carences, le faible niveau socio-économique et culturel des parents, la mauvaise estime de soi et l'absence de confiance en soi du sujet, le rejet social dont il est victime etc. Il comprendrait aussi des ressources supplémentaires, accessibles à tous ceux qui en ont besoin, pour rétablir leurs bonnes chances de succès.

Ainsi parlerait-on d'équité et non d'égalité. Il s'agirait d'augmenter les ressources là où elles sont requises. Une égalité appliquée sous la forme d'uniformisation de l'enseignement entre en effet en conflit avec le principe de liberté de choix. Ce principe, fondateur des sociétés démocratiques, est naturellement revendiqué par les acteurs sociaux, individuels et collectifs, à chaque fois qu'ils se soucient du maintien de leurs spécificités.

On ne peut assurer l'équité dans une perspective pluriculturelle qu'en veillant à la qualité, à la quantité et à la diversité des supports fournis aux élèves, quelle que soit leur origine sociale et durant tout leur parcours scolaire.

## *1.3. Quelles pratiques éducatives reconnaît-on actuellement en faveur du pluriculturalisme ?*

Les pratiques éducatives actuellement développées en faveur du pluriculturalisme peuvent se catégoriser comme suit :

### 1.3.1. Le « rattrapage »

On trouve en premier lieu les courants qui posent le problème de la diversité en termes de réalignement sur un niveau, qui serait le bon niveau : celui que définit le groupe dominant. Il s'agit alors de fournir aux minorités en mauvaise position les moyens d'accéder à ce niveau.

### 1.3.2. Le développement de la « connaissance des cultures »

Pour que des relations harmonieuses se tissent à travers les frontières des groupes étrangers et que la cohésion sociale en soit renforcée, on pense fréquemment qu'il faut multiplier les contacts entre ces groupes, en fournissant aux individus les moyens de se découvrir mutuellement. On fait alors la promotion de la connaissance des cultures.

### 1.3.3. Les « formations séparées »

Pour les tenants du maintien – voire du renforcement – des identités spécifiques, il apparaît souhaitable de développer, dans le cadre d'écoles publiques, des formations séparées à l'usage des groupes minoritaires. Ceci pourrait fournir aux populations les matériaux identitaires et symboliques utiles à leur ressourcement dans les communautés d'origine, à travers lesquelles elles sont respectivement supposées chercher à se reconnaître.

On peut remarquer qu'en fournissant une telle réponse aux revendications sociopolitiques des minorités, on les aide sans doute à s'armer contre la menace assimilationniste et à manier avec plus d'aisance le relativisme culturel. Mais les effets pervers d'une telle pratique sont connus : l'accès à certaines voies privilégiées de la compétition sociale se ferme définitivement pour les membres des groupes les plus marginalisés.

### 1.3.4. L'« antiracisme » et l'« hétérocentrisme égalitariste »

S'intéresser aux contenus de culture est une chose, faire prendre conscience aux acteurs sociaux des mécanismes psychosociologiques et institutionnels en jeu dans la rencontre entre groupes étrangers en est une autre. C'est ce dernier objectif que visent les adeptes des courants dits « antiracistes ». Pour eux, l'éducation doit en premier lieu dénoncer la discrimination, à la fois dans les formes qu'elle prend au cours des interactions sociales et à travers l'organisation mondiale par laquelle les ressources des différents pays sont inéquitablement réparties (parmi les sous-groupes socio-ethniques qui les composent).

Il s'agirait donc d'apprendre aux populations à discerner les modalités de distorsion du réel en étudiant la logique des processus sociocognitifs (stéréotypes, discrimination) et celle de la rationalité politique et administrative, ainsi que la structure de pouvoir, en jeu dans la vie sociale. Le capitalisme et le système de classes sociales sont fréquemment incriminés, par des auteurs qui proposent de lutter contre le racisme en analysant sa production historique et le contexte de lutte des classes qui le fait naître, avec la négation des droits politiques, sociaux et économiques qui l'accompagnent (au bénéfice des élites détentrices du pouvoir).

Une telle bonne volonté ne suffit pas aux yeux de tous. Certains estiment nécessaire, et urgent, de déconstruire l'actuel savoir que marque l'ethnocentrisme scientifique contemporain de la suprématie de l'homme blanc occidental. Selon un tel point de vue, seule une démarche « hétérocentrique » serait apte à neutraliser les méfaits de la vision du monde injuste et fausse qui règne, au détriment des minorités. Ainsi, la recomposition du curriculum devrait-elle obligatoirement être mise au centre de tout projet éducatif.

Dans ce cas, il ne s'agit plus seulement de formuler un appel aux bonnes volontés, mais d'engager un combat pour bouleverser l'ordre établi bien au-delà des murs de l'école, c'est-à-dire un combat politique. Les auteurs de ce courant sont fréquemment accusés de gauchisme, d'internationalisme et de tiers-mondisme quand leur action consiste exclusivement à proférer des analyses théoriques. Lorsque l'analyse critique du système de classes sociales s'accompagne d'une réelle approche pédagogique, capable d'apprendre aux acteurs sociaux à décrypter la diversité et les contradictions que subsument les représentations identitaires en jeu dans les diverses situations concrètes de contact entre groupes, en spécifiant chacun des contextes historiques et sociaux, on ne peut plus leur faire subir les mêmes accusations.

### 1.3.5. Les politiques d'« action positive »

Le souci d'œuvrer en faveur de l'égalité, dans la perspective d'un pluralisme structurel, et pas seulement culturel, peut donner lieu au développement de politiques dites « d'action positive ». On s'efforce dans ce cas de bouleverser l'ordre établi en intervenant ponctuellement, pour corriger les inégalités des chances – d'accès, de participation et de réussite scolaire – entre les groupes sociaux auxquels est destiné le système éducatif. Par voie de conséquence, on réduit les inégalités dans la société elle-même.

### 1.3.6. L'éducation civique

L'acquisition du sens civique, ou apprentissage par les acteurs sociaux des valeurs fondatrices des sociétés de droit, apparaît essentielle aux auteurs que préoccupent à la fois la logique de l'égalité et le respect des limites qui s'imposent au pluralisme et au relativisme culturel à chaque fois que leurs exigences entravent le respect des droits humains et celui des principes du contrat démocratique. Pour le courant favorable à l'éducation civique, l'intégration des minorités résulterait naturellement de l'application des conceptions de la nation moderne par lesquelles l'exacerbation de l'ethnicité devrait être dépassée sans pour autant que le joug d'une identité collective prescrite écrase les identités distinctives.

L'intégration se réaliserait à partir d'une série de mesures concernant les systèmes éducatifs, l'aménagement urbain, le marché de l'emploi, les procédures d'accès à la citoyenneté... Le pluralisme s'érige en effet comme un fait, constitutif de la réalité sociale, et non comme un idéal vers lequel on doit tendre.

Ce courant réclame donc des mesures législatives et administratives, visant à consacrer l'égalité de droit dans les faits, et une lutte simultanée contre la discrimination institutionnelle et en faveur de la transformation des représentations sociales. Il arrive en effet que dans les pratiques quotidiennes celles-ci empêchent les droits de la personne d'être respectés et l'égalité d'être instaurée autrement que par recours à des mesures punitives.

La laïcité, définie comme principe de dépassement des particularismes culturels et religieux (et non réduite à la simple négation du religieux) pourrait rendre possible l'accès de tous à l'institution scolaire, quelles que soient les appartenances. Dans sa réalisation sociale et éducative, ce serait la laïcité, ainsi conçue, qui permettrait que se fondent le pluralisme et la cohésion sociale.

La compréhension de l'ordre démocratique étant rien moins qu'innée tant chez les membres du groupe majoritaire (de la société dite « d'accueil ») que chez ceux des groupes minoritaires (spécialement les nouveaux arrivants immigrés de divers pays), il est primordial de mettre en place les moyens pédagogiques nécessaires pour que les acteurs sociaux intériorisent les notions fondatrices de la démocratie dans laquelle ils évoluent, les lois essentielles au fonctionnement du système social dans lequel ils vivent et les responsabilités, notamment politiques, qu'ils ont à assumer au titre de leur participation à la société civile.

### 1.3.7. L'éducation à la coopération

D'un autre point de vue, l'institution scolaire est envisagée comme un lieu de formation des jeunes au déploiement d'efforts orientés vers la réalisation de buts communs et d'intérêt général (et non plus individualistes, compétitifs et propres à satisfaire des intérêts exclusivement personnels). L'éducation conçue sous forme de coopération favorise en effet l'acquisition de dispositions rendant chacun apte à contribuer au fonctionnement de groupes sociaux productifs, à participer à l'établissement de consensus à propos de questions d'intérêt général, à réaliser, dans la complémentarité, des objectifs partagés.

Ainsi, l'école, dont la fonction initiale est de développer des savoirs, des ouvertures sur le monde historique, géographique… – élargi, si possible, au-delà de l'univers dont proviennent les sujets apprenants – peut-elle devenir un lieu d'apprentissage de la gestion du pluralisme à travers le maniement de liens associatifs qui permettent de transcender les identités distinctives conflictuelles. Le contrôle des disparités de statut social dans les équipes de travail peut fournir les moyens de rééduquer les attentes que les individus développent les uns par rapport aux autres, spécialement les attentes défavorables à l'égard des coéquipiers de bas statut social. Par voie de conséquence, on peut intervenir en milieu scolaire pour rétablir une meilleure estime de soi chez les jeunes issus de groupes en mauvaise position sociale. Au cours des interactions entre pairs, chacun peut utiliser autrui comme ressource, de sorte que les notions mises à l'étude peuvent être éclairées sous différents angles, ce qui décuple l'activité cognitive. Les conflits sociocognitifs se multiplient, les nécessaires restructurations qui en résultent favorisant l'intégration en mémoire. De telles expériences collectives doivent toutefois être rigoureusement organisées, car en situation de coopération les normes qui règlent les comportements ne sont pas innées, mais font l'objet d'un apprentissage progressif.

En se préoccupant, en premier lieu, d'établir une probabilité de réussite équivalente pour tous les élèves, on entre en lutte contre les inégalités de performances dans les classes hétérogènes et, donc, indirectement, contre la discrimination. Mais on bouleverse surtout les relations entre groupes étrangers, car en transformant ce qui était potentiellement conflictuel en complémentarité, on réoriente le processus de catégorisation sociale en le complexifiant. Dans cette perspective, sans quitter leur milieu socio-ethnique d'origine, les individus peuvent apprendre à s'intégrer dans un espace civil commun, plus large que leur catégorie d'appartenance initiale.

L'école s'érigerait ainsi en un lieu de reconnaissance des acteurs sociaux, le lieu où les individus apprendraient à se reconnaître comme membres d'une catégorie complexe, d'un ensemble débordant la dimension ethno-culturelle. En ce lieu chacun pourrait acquérir les moyens de sa propre image au sein d'un environnement mouvant et hétérogène. Il ne s'agirait plus de chercher à maintenir stable une identité fondée sur l'homogénéité et sur une illusion d'immobilisme.

## 2. L'école : un lieu pour former les individus à un nouveau type de contrat social?

Pour intervenir en faveur du pluriculturalisme, l'école représente un lieu stratégique : les identités collectives s'y fondent sur une durée relativement longue et par la médiation de processus cohérents et répétés.

En France, par exemple, l'école est régulièrement le théâtre d'actions dites « interculturelles », centrées sur le développement de relations positives entre individus issus de groupes ethnoculturels étrangers. Ces actions, qui sont le plus souvent motivées par la bonne volonté, par des sentiments humanitaires et généreux, sont toutefois dépourvues d'effets à long terme et en profondeur. Les seuls supports du volontarisme et de la morale demeurent inefficaces pour transformer le réel. Des entreprises soucieuses d'un véritable bouleversement des choses doivent comprendre des efforts appliqués à la transformation des déterminants objectifs de la société pour s'attaquer durablement aux structures cognitives et émotionnelles qui président à l'économie des représentations que chacun se donne d'autrui en situation d'appartenances multiples.

Dans cette perspective, le curriculum peut s'alimenter de divers courants informatifs dont il s'agit de préciser la teneur et de justifier la fonction.

### *2.1. Pourquoi des informations anthropologiques à l'école ?*

L'école ne saurait représenter le lieu d'acquisition d'un savoir encyclopédique sur les cultures du monde : toute accumulation de ce type de connaissances ne permet que de faire de vaines compilations fournissant, le cas échéant, des outils de renforcement des stéréotypes en permettant à l'individu en proie à l'anxiété face à l'inconnu de se protéger ; mais elles ne le préparent aucunement au vécu de la rencontre avec l'Autre, porteur de cultures étrangères. Se familiariser avec la notion d'existence de la diversité des univers culturels et des phénomènes d'appartenance qui en résultent, permet toutefois au sujet de découvrir les habituelles erreurs dans la perception d'autrui et dans le positionnement de soi par rapport à autrui. L'acquisition d'informations à propos de la réalité des cultures, telles qu'elles apparaissent aux anthropologues, doit donc constituer un repère de départ non pas en vue d'édifier des catégories réifiantes et hiérarchisantes, mais pour prendre conscience de leur diversité, de leur interpénétration et de leur incessant dynamisme.

Le curriculum pourrait comprendre un corpus d'informations relatives aux acteurs sociaux – étrangers et nationaux – en présence, afin que soient mises au jour les représentations et valeurs demeurées globalement importantes au sein des diverses cultures d'origine. La configuration du champ mental dans lequel sont accueillies les représentations et le savoir de type occidental chez les non-Occidentaux immigrés en Occident pourrait s'éclairer. C. Camilleri précise que :

> « Le savoir occidental est alimenté d'un humanisme rationaliste actif et conquérant, fondé sur la croyance en la toute-puissance de l'homme à l'égard d'un environnement dont les limites ne sont pas déterminables à l'avance. Un tel mode de pensée expulse toute causalité théologique et tout élément surnaturel qui seraient susceptibles de contrarier son fonctionnement et son projet. On sait que le transfert des modèles scientifiques pose de sérieux problèmes à chaque fois que l'agent du savoir occidental ignore la configuration culturelle du récepteur – non occidental – de ce savoir. »

Les représentations et valeurs princeps des cultures en contact s'éclaireraient aussi, ce qui permettrait de limiter les méfaits des malentendus entre individus provenant de groupes étrangers, par exemple lorsque ceux-ci vivent sur le mode de la vexation ou de l'offense les avatars d'un processus de communication mal maîtrisé. On interprète souvent, en effet, comme un acte raciste un impair résultant de la maladresse et dc l'ignorance et C. Camilleri remarque que l'incompréhension d'une situation réglée par un tel malentendu conduit à des interprétations à caractère paranoïde, ce qui amorce le cycle infernal de l'agression et de la persécution.

C. Camilleri estime nécessaire de délivrer des informations « sur les pratiques éducatives et types d'apprentissages familiers à ces cultures. Ce qui permet au moins de comprendre certaines résistances des jeunes issus de migrants aux apprentissages de type occidental et de ne pas les attribuer systématiquement à de la mauvaise volonté : on devine combien cette correction peut transformer la communication ».

### *2.2. Vivre et revivre l'épreuve du relativisme culturel*

Si les distorsions liées à l'incompréhension interculturelle peuvent être réduites par l'information des acteurs sociaux, d'un autre point de vue il est nécessaire d'assurer la reconnaissance et le sentiment de dignité chez les membres des divers groupes culturels en présence ; rien n'est moins aisé quand le contexte de la rencontre ne favorise pas une équitable prise en considération de la légitimité de ces cultures.

C'est en sensibilisant les individus au relativisme culturel qu'on peut développer leurs capacités à s'ouvrir à ce qui est différent, dans un sens positif et non dans le sens restrictif de la tolérance ; à éviter les jugements de valeur, à appréhender sans répugnance les codes culturels étrangers, en acceptant leur légitimité sans nécessairement avoir à les adopter pour soi.

Car nul étalon n'existe, en effet, pour évaluer les faits de culture. Les cultures sont irréductibles les unes aux autres, les options et philosophies de l'existence qui les traversent échappent à toute possibilité de hiérarchisation (sur la base d'une argumentation rationnelle qui ne soit pas discutable). Les cultures ne sont pas des entités stables, substantielles, elles doivent donc être envisagées dans la dynamique de leurs échanges et de leurs transformations.

Ainsi, d'une situation à une autre les faits de culture sont-ils produits, vécus et interprétés de manières variables. C'est pourquoi les événements culturels doivent être resitués et non pensés dans l'absolu.

La dimension historique doit donc nécessairement être introduite dans toute tentative de compréhension de ces événements. Les méfaits de l'ethnocentrisme s'amenuiseront lorsque les acteurs sociaux seront en mesure de comprendre combien leur groupe d'origine est comme tout autre, capable du pire et du meilleur, de réussites en certains domaines et d'échecs en d'autres, en n'étant jamais, en toute chose, ni tout à fait au-dessus des autres, ni tout à fait au-dessous.

L'application répétée d'un tel relativisme à des dimensions multipliées de l'univers habitue les sujets simultanément à réduire leurs représentations de la prétendue supériorité du groupe majoritaire (celui des nationaux) et à rattacher des représentations positives aux groupes minoritaires qui s'y confrontent (principalement les populations issues des pays anciennement colonisés par la France et marquées des stigmates d'une identité négative).

Un tel travail permet que se développent des habiletés cognitives, mais celles-ci ne peuvent être opérationnelles de la manière souhaitée que dans la mesure où aucun blocage motivationnel – tels que l'hétérophobie – ne les entrave.

### *2.3. Recourir aux sciences cognitives pour combattre l'hétérophobie et le racisme*

Pour C. Camilleri, l'hétérophobie résulte d'un :

> « complexe de représentations qui aboutissent à des réactions négatives envers tel groupe d'individus, depuis la formation de stéréotypes et préjugés mensongers à leur égard jusqu'à leur exclusion. C'est une disposition générale qui peut s'exercer à l'encontre des sujets ou groupes de sa propre société, en dehors de toute référence culturelle, car elle a ses causes spécifiques ».

Ces causes sont inhérentes à l'habituel fonctionnement sociocognitif et émotionnel des humains, elles sont inéluctables et leurs effets néfastes ne peuvent être combattus qu'à l'aide d'un travail de conscientisation : les individus doivent découvrir les lois du traitement de l'information sociale, pour devenir lucides sur les distorsions que chacun y introduit en la recevant et en l'interprétant. L'hétérophobie résulte à la fois d'un besoin d'autovalorisation – dans la nécessaire quête d'identité positive qui s'obtient à travers des comparaisons sociales réalisées au bénéfice du sujet – et de divers épisodes d'infériorisations, insécurisations, frustrations et culpabilisations. Les cliniciens ajoutent encore à cela les effets d'angoisses primitives ou d'une relation défectueuse au refoulé. Il se peut que l'économie de tous ces phénomènes conduise l'acteur social à rechercher à l'extérieur une cible de projection du négatif – souvent individus et groupes œuvrent donc laborieusement pour gérer ces avatars et la solution la moins coûteuse consiste alors à élaborer un équilibre compensatoire aux dépens d'autrui, qu'il soit extérieur, étranger à soi-même ou étranger au groupe d'appartenance. Dans ces circonstances, la catégorie nationale fournit aux individus l'instrument de séparation entre « nous » (dotés du confort de la légitimité) et « eux » (ceux qui sont démunis de légitimité) que l'on transforme volontiers en boucs émissaires sur lesquels se projette la causalité de l'ensemble des mauvais éléments susceptibles de « nous » affecter.

D'un autre point de vue, lorsque la comparaison sociale entre « eux » et « nous » se fait au bénéfice du groupe d'appartenance, elle permet de dilater le narcissisme de chacun, l'image et le statut du groupe d'appartenance s'en trouvant survalorisés.

Étant donné que le groupe national entretient avec les minorités immigrées des rapports inégalitaires, voire de domination et d'exploitation, il lui est nécessaire de développer des arguments propres à lever la culpabilité que cet état de fait peut faire surgir. L'un des moyens les plus courants pour réduire la culpabilité que génère l'injustice sociale consiste à se persuader que les victimes des inégalités sont elles-mêmes les responsables du sort qui leur est fait en raison de diverses causalités, externes (liées à des circonstances fâcheuses), ou internes (imputées à un état de nature déplorable de ces populations). Autrement dit, les mieux nantis se persuadent aisément que l'inéquitable distribution des ressources n'est qu'une juste reconnaissance des mérites de chacun.

Tous ces mécanismes visent à construire un imaginaire propre à combler les lacunes de l'ignorance et à introduire de la cohérence dans le réel qui en est dépourvu. Il s'agit donc d'éclairer leur fonctionnement. C. Camilleri estime que l'on doit recourir à tous les modèles possibles d'analyse de la psychologie clinique et sociale si l'on veut se donner de réelles chances d'efficacité contre les sentiments hétérophobes.

Enseigner l'existence de ces mécanismes ne suffit pas car chacun doit avoir l'occasion de vivre leur émergence et d'en analyser la montée en soi-même, par-delà l'harmonie sociale de surface. Le contentieux entre les porteurs de cultures étrangères ne doit pas demeurer latent ; les partenaires en présence s'empareraient alors des différences (culturelles ou autres) comme d'autant de matériaux utilisables pour rétablir à bon compte un équilibre – personnel ou collectif – menacé. L'extériorisation des griefs représente toutefois une opération délicate. La maîtriser requiert l'intervention d'agents sociaux rompus au maniement des contacts entre porteurs de cultures distinctes. En effet, il ne s'agit pas de traiter des connaissances, mais de se familiariser avec l'expérience des situations de contact et d'échanges vécus.

### *2.4. Examiner les faits concrets qui font surgir les conflits entre groupes*

Les conflits qui surgissent entre groupes nationaux et communautés étrangères ne sont pas réductibles au seul niveau du traitement par l'imaginaire. Certains, on ne peut plus concrets, peuvent se regrouper en trois catégories : les conflits de droits ou d'intérêts au niveau collectif, les conflits inhérents aux incompatibilités entre mœurs et coutumes étrangères et les conflits entre valeurs fondamentales sous-jacentes aux systèmes culturels en présence.

Dans les sociétés européennes, on accuse fréquemment les immigrés de faire de la concurrence déloyale dans le travail, d'être la cause du chômage, des charges sociales accrues, de l'insécurité, de la délinquance… Ces accusations alimentent des discours où des données, éventuellement exactes, s'enchevêtrent avec les ignorances, les stéréotypes, les déformations involontaires et volontaires. On comprend l'utilité d'une analyse précise de la situation concrète qui permettrait de confronter les faits réels aux productions de l'imaginaire collectif. Le curriculum pourrait prévoir d'une part l'analyse du contentieux au niveau de l'imaginaire collectif (tel qu'il se traduit dans les médias, etc.), et d'autre part l'étude des faits réels, rapportés dans des dossiers d'informations scrupuleusement construits. À travers la confrontation des deux corpus, on séparerait le réel et l'imaginaire, pour distribuer de nouveaux savoirs dans les différentes disciplines : histoire, économie, éducation civique… qui traiteraient désormais des migrations, de leurs causes, de leurs modalités et conséquences.

Il convient de ne pas cacher les faits exacts qui permettent de reformuler et d'analyser les problèmes réels, et il ne faut pas les éviter non plus, ce qui est dangereux. Il faut, au contraire, réfléchir à la construction de solutions justes et impartiales aux divers problèmes sociaux concrets. Ainsi conçue, l'entreprise interculturelle éviterait la dérive idéaliste naïve ou démagogique, qui lui a souvent servi d'alibi pour éviter l'engagement dans la quête de solutions aux problèmes concrets.

Une telle entreprise s'insère dans une construction élargie, intégrant une analyse et un effort multiformes qui incluent tous les aspects de la vie de la cité et pas seulement les questions relevant de l'assimilation/exclusion des minorités immigrées. Les systèmes culturels sont en effet attachés à des individus et des groupes, eux-mêmes insérés dans des structures sociales traversées par les inégalités et les nécessaires conflits d'intérêts et de pouvoirs, les problèmes économiques, sociaux, politiques.

Pour C. Camilleri, dans la pratique, les rapports à aménager se situent donc moins entre les cultures qu'entre leurs porteurs, la science la plus pertinente n'étant pas celle des cultures, mais celle « des cultures dans leurs porteurs ».

### *2.5. Gérer les conflits qui surgissent avec les disparités de mœurs, de coutumes et de valeurs*

Les disparités de mœurs et de coutumes font surgir des problèmes qui ne sont pas les mêmes selon qu'il s'agit de la manière de se mouvoir, de faire du bruit ou des odeurs, d'occuper les espaces dans les unités d'habitation ou de faire face aux avatars de la polygamie, de l'excision des fillettes… plus généralement de contrevenir aux droits de l'Homme tels que nous les entendons en milieu occidental.

La gêne éprouvée à l'occasion de conflits de coutumes incompatibles doit donc donner lieu à la recherche de solutions négociées, au coup par coup (au niveau des agents de politiques locales), en veillant à ce que tous les partenaires s'expriment et puissent prendre part aux décisions.

L'antagonisme des valeurs fondamentales soulève d'autres problèmes. Comment, en effet, édifier des conditions de coexistence lorsque les protagonistes en présence véhiculent des valeurs fondamentalement incompatibles? Pour C. Camilleri, le relativisme culturel n'est alors d'aucun secours, car, par définition, il ne peut fournir aucune indication permettant de retenir telles représentations-valeurs plutôt que telles autres. Ce relativisme assure les conditions de légitimation des valeurs en cours dans l'humanité donc de la reconnaissance de ceux qui les portent. Il ne peut toutefois aucunement assurer les conditions satisfaisantes de leur mise en relation dans la rencontre interculturelle…

En ces circonstances, une première possibilité pourrait consister à identifier la valeur en jeu à travers les conduites conflictuelles, en deçà des divers moyens employés pour la réaliser dans les cultures respectives. Si une telle valeur existe, il s'agit de chercher un modèle de conduite capable de rallier les suffrages des acteurs sociaux en présence, pour actualiser cette valeur partagée. Si la valeur n'est pas partagée, le relativisme n'étant d'aucun secours, on doit imaginer une solution au conflit. En conscience, elle doit être admissible par chacun… La quête d'une telle solution exige la scrupuleuse confrontation des codes en présence. La saisie des modèles et logiques dont ces codes procèdent nécessite de la part des partenaires un niveau approfondi de réflexion, car il s'agit non seulement de s'accorder sur les moyens de réalisation d'une valeur commune, mais aussi à propos de cette valeur elle-même.

Il est donc question de faire surgir une réflexion comparative, aboutissant à des formations nouvelles, aptes à articuler diversement les systèmes confrontés. En cas d'échec de cette démarche, toujours d'après C. Camilleri, le respect du principe d'E. Kant, selon lequel le sujet humain doit être considéré comme une fin et non comme un moyen, préconise le repli sur la position majoritaire : sur les principes du vote démocratique. Remarquons toutefois que, puisque le modèle démocratique procède des valeurs « occidentales », une fois encore ces valeurs l'emportent sur les autres…

Les valeurs choisies au terme d'un conflit pourraient l'être seulement en fonction d'une nécessité « technique ». Il ne s'agirait pas de leur attribuer une supériorité intrinsèque. On a, en effet, la liberté de refuser un tel choix si l'on accepte de s'isoler les uns des autres, en réalisant la communication dans un contexte dit « multiculturel ». Mais celui-ci présente l'inconvénient de ne pas légitimer équitablement les diverses cultures en présence et de les maintenir irréductiblement hiérarchisées.

Un curriculum conçu selon ces principes devrait procurer les moyens d'équiper les acteurs sociaux de manière à ce qu'ils perçoivent la culture de leur groupe d'origine comme légitime, ce qui est la condition nécessaire et élémentaire de l'élaboration d'une identité sociale favorable. Du fait de l'hétérogénéité des appartenances et de la multiplication des échanges qui en résulte, le développement de l'habileté à la prise de distance par rapport à sa propre culture fournit à chacun le moyen d'éviter l'immersion et l'enfermement dans un univers culturel monolithique tout en créant sa propre « formule culturelle » individuelle, en interprétant et en ajustant les éléments propres à satisfaire des aspirations personnalisées.

Il ne s'agit donc plus de la culture comme on l'entendait anciennement, c'est-à-dire dictée par le groupe, s'imposant aux individus comme une « transcendance » ; mais d'un processus dialectique : une culture en dialogue avec les autres et avec soi-même, en incessante transformation. L'interculturel ainsi compris est un lieu de créativité, permettant de passer de la culture-« produit » à la culture-« procès ».

L'école peut être conçue comme le lieu du mouvement dialectique par lequel se mettraient en place des systèmes d'attitudes à la fois fondées sur le respect des cultures et autorisant des dépassements

Un tel projet s'inscrit dans un mouvement de fond qui perdure en Europe depuis plus de deux siècles. Parallèlement à la réalisation de l'uniformité, sur bien des points, un tel mouvement a pris en compte un nombre croissant de différences (idéologiques, religieuses, politiques, de condition sociale, de sexe, d'âge…). C. Camilleri estime qu'un contrat social d'un type nouveau s'est fait jour, non pas en termes d'une association « totalisante » (uniformisation obligatoire des représentations et des règles à suivre), mais dans les termes « dialectiques » suivants : l'acceptation d'un minimum d'uniformité (dans les représentations/valeurs) et de contraintes (dans les règles à observer) conduit à l'obtention d'un maximum de diversité (dans les représentations/valeurs) et de liberté (dans les comportements).

## 3. Psychologie cognitive et altérité

### *3.1. Percevoir : c'est saisir, identifier, signifier…*

Les modes de traitement des différences qui surgissent de la rencontre entre groupes ethnoculturels distincts résultent largement de l'orientation des idéologies dominantes et des mouvements de pensée en œuvre dans les sociétés qui s'affrontent. La compréhension des systèmes d'attitudes et de représentations régulant la vie collective constitue donc l'un des préalables nécessaires à l'analyse des comportements des acteurs sociaux confrontés à la découverte de la différence.

Cette approche ne suffit pourtant pas : la perception de la différence ne procède pas exclusivement de mécanismes collectifs. Les récentes recherches des psychologues cognitivistes montrent en effet comment chaque sujet reprend les contenus de l'interprétation sociale initiale, pour leur faire subir un nouveau traitement, individuel cette fois, répondant à un « conditionnement » dont il est nécessaire de préciser les lois.

Pour un acteur social donné, le monde environnant se compose d'une multitude d'éléments perceptibles en tant que « stimuli ». Nul objet n'est simplement reçu tel qu'il serait en lui-même. Pour être perçu, il est obligatoirement soumis à certaines opérations qui, en premier lieu, le rendent recevable et par lesquelles il acquiert ensuite un sens, une signification. L'objet ne parvient pas à la conscience du sujet percevant comme un élément isolé, issu d'un univers chaotique. Aussitôt saisi, il est pourvu d'un destin, d'une place qui lui est assignée au sein d'un ensemble organisé où l'activité signifiante se déploie incessamment, ce qui permet de réaliser l'économie du désordre, donc de l'anxiété. Orienté dans le monde où il se meut, l'acteur social peut ainsi déduire les conduites qui lui permettront de s'adapter.

Les choses étant observées sous ce jour, il ne s'agit pas de considérer que pour un organisme donné tout stimulus déclenche invariablement la réponse attendue. L'acteur social est un être total, capable d'élaborer des réactions intégrant ses multiples dimensions dans les représentations qu'il se donne à la fois des stimuli reçus et de la situation qui les englobe, lui-même et ces stimuli.

La perception des objets, physiques et sociaux, résulte donc du traitement que chacun fait subir aux éléments et situations à percevoir, les lois de cette opération dépendant nécessairement des contraintes de l'appareil psychique dont le sujet est pourvu. Ainsi, l'information est, en premier lieu sélectionnée : nul n'a les moyens de s'emparer de la masse exhaustive des informations à percevoir. Sous l'effet des limites des organes sensoriels récepteurs se réalise un filtrage initial. Un autre suit : celui des catégorisations liées aux apprentissages successifs du sujet tout au long de son enculturation et de son histoire personnelle.

Les déformations qui marquent l'objet à percevoir au cours des étapes de son passage de la réalité concrète à la conscience qui s'en saisit ne s'arrêtent pas là. La perception et la connaissance d'un objet se confondent en effet avec le rapport entre cet objet à saisir et le sujet qui le découvre. Dans ce rapport, la place du sujet est centrale, à tel point qu'il en résulte des distorsions spécifiques, particulièrement marquées lorsque l'objet est autrui. Les cognitivistes nomment de telles déformations des « biais d'égocentration ». Si de tels biais peuvent sans doute se corriger, sous l'effet d'apprentissages éducatifs, ils ne sont pas absolument irréductibles et leur émergence spontanée est inéluctable.

### *3.2. Percevoir : c'est déformer, confondre et discriminer*

Depuis les travaux de J. Bruner (1957), la perception est envisagée comme une activité subordonnée à l'édification de divers systèmes catégoriels grâce auxquels les stimuli sont classés, identifiés et interprétés, en vue de permettre l'adaptation au réel. Les individus qui perçoivent des éléments provenant de l'extérieur, ou d'eux-mêmes, sont équipés d'hypothèses concernant ce qu'ils doivent percevoir. Toute perception est donc assimilable à une prise de décision, comprenant une induction – l'attribution d'un stimulus à la classe de percepts avec lesquels celui-ci est groupé – et une déduction – par laquelle sont normalement associées au stimulus perçu les caractéristiques assignées à la classe des stimuli dans son ensemble. En ce sens, percevoir c'est décider de ce qui doit être perçu, sur la base d'indices discriminatifs, à la fois d'après les attentes motivant le sujet et les exigences de la situation.

H. Tajfel et ses coéquipiers (H. Tajfel et A.L. Wilkes 1963; H. Tajfel, A.A. Scheikh et R.C. Gardner, 1964; H. Tajfel, M. Billig, R.P. Bundy et C. Flament, 1971...) ont conduit de nombreuses expérimentations dans le but d'éclairer certains phénomènes de perception physique, plus précisément visuelle. Une de leurs principales études mérite d'être connue, car c'est à partir des résultats qu'elle a fournis que se sont fondées la plupart des hypothèses liées à la catégorisation sociale. Elle fut conduite avec A.L. Wilkes, en 1963, et son objectif consistait à repérer les effets d'une classification de stimuli physiques – des segments de droite, présentés par séries de diagonales regroupées en deux catégories A et B – sur les modalités d'appréciation de leurs dimensions respectives. H. Tajfel postulait que l'imposition d'un regroupement de stimuli physiques engendrait des effets de stéréotypie dans les jugements des observateurs. La longueur réelle des segments présentés variait en progression géométrique et les séries comportaient huit éléments, tracés chacun sous forme d'une diagonale centrée sur un carton de dimension invariable. Une première condition expérimentale prévoyait la présentation des segments selon une modalité en réelle correspondance avec leur longueur (A accompagnant les petits segments et B les grands). Dans la seconde condition, les lettres étaient accolées au hasard, alors qu'une troisième condition, de contrôle, n'associait rien aux segments. Les résultats (qui mettent en relation les longueurs perçues des segments et leurs longueurs réelles) confirment l'hypothèse initiale : la surimposition d'une classification (d'après les caractéristiques physiques de plusieurs séries de stimuli) induit chez le sujet percevant l'élévation de la différence perçue entre des éléments provenant des diverses catégories.

Accordant une grande validité à ces résultats, les auteurs imaginèrent qu'il était possible d'extrapoler les mécanismes aux processus en jeu dans la formation des stéréotypes sociaux.

Qu'est-ce qu'un « stéréotype »? L'usage de ce mot remonte à la fin du XVIIIe siècle. On l'employait alors pour désigner un procédé de reproduction typographique. En psychiatrie, la stéréotypie se confond avec un comportement pathologique d'incessantes répétitions des mêmes mimiques et postures. En psychologie sociale, W. Lippman (1922) développa les premières études traitant des stéréotypes : il prétendait observer les phénomènes d'opinion publique et « les images dans les têtes » dans la rencontre entre groupes ethniques distincts. On considère aujourd'hui que le stéréotype correspond à l'aspect cognitif des préjugés : il rassemblerait des caractères appliqués régulièrement, et de manière rigide, à tout membre d'un groupe social donné, précisément en raison de cette appartenance. Le stéréotype suppose donc un consensus, relatif à des traits. C'est ce qui explique que les nombreuses études réalisées sur cette question occasionnèrent le développement d'une méthodologie spécifique : elle

## « CATÉGORISATION MINIMALE » ET THÉORIE DE L'IDENTITÉ SOCIALE

H. Tajfel, M. Billig, R.P. Bundy et C. Flament (1971) entreprirent d'observer expérimentalement les effets d'une catégorisation sociale transitoire sur le comportement d'individus qu'ils engagèrent dans une situation où des groupes sociaux avaient été divisés à partir d'une population mère, sur la base d'un critère minimal dépourvu de tout enjeu de compétition ou de lutte visant l'obtention de buts incompatibles. Les auteurs avaient initialement cherché à repérer chez un sujet la tendance à favoriser le groupe auquel il appartient (favoritisme envers l'intragroupe) sur la base d'une tâche d'estimation perceptive d'un nuage de points et pour laquelle deux conditions expérimentales étaient prévues : dans la première, « neutre », deux groupes de sujets étaient informés de leur prétendues tendances à être respectivement « surestimateurs » ou « sous-estimateurs »; dans la seconde, de « valeur », des sujets dits « estimateurs plus exacts » étaient séparés d'« estimateurs moins exacts ». Une telle division de la population ne permit pas aux auteurs d'observer la différenciation des conduites en faveur du groupe auquel on avait assigné les sujets.

Une seconde entreprise fut plus fructueuse et leur permit de montrer que la simple répartition d'individus en plusieurs catégories provoque des phénomènes de discrimination entre groupes, bien que le facteur de cette répartition ne soit relié à aucune sorte d'intérêt particulier.

Cette seconde expérience porta sur 48 élèves d'une même école : des garçons âgés de 14 ans, se connaissant bien. Ces élèves furent d'abord invités à participer à une tâche dite « de perception » : chacun devait choisir, sur la base de diapositives représentant des tableaux, son peintre préféré entre Klee et Kandinsky. Les sujets pensaient qu'en fonction de leur choix ils seraient répartis en deux groupes distincts : le groupe Klee et le groupe Kandinsky. C'est donc sur la base de ce critère d'une importance minimale que la catégorisation s'opérait. La répartition en deux groupes était en réalité faite au hasard et les sujets étaient informés de leur catégorie d'appartenance après avoir rejoint une cabine où ils devaient réaliser individuellement la seconde partie de leur tâche.

L'anonymat étant préservé, les sujets étaient en l'occurrence invités à partager de l'argent entre deux autres participants que désignaient le nom de leur groupe d'appartenance (Klee ou Kandinsky) et un numéro individuel. Chaque sujet distribuait donc des sommes d'argent entre des participants issus des deux groupes et, en retour, il était doté d'une fraction de la somme totale attribuée à son groupe d'appartenance. Il pouvait donc y avoir un intérêt pécuniaire à favoriser son propre groupe, mais pas nécessairement; pour réaliser le partage de la rémunération, les participants disposaient en effet de grilles d'attribution – des carnets de matrices, comportant des séries de paires de chiffres (représentant des dixièmes de penny) : les sommes respectivement attribuées aux deux destinataires, l'un de l'intragroupe, l'autre du hors-groupe.

Voici un exemple des matrices qui pouvaient être utilisées :

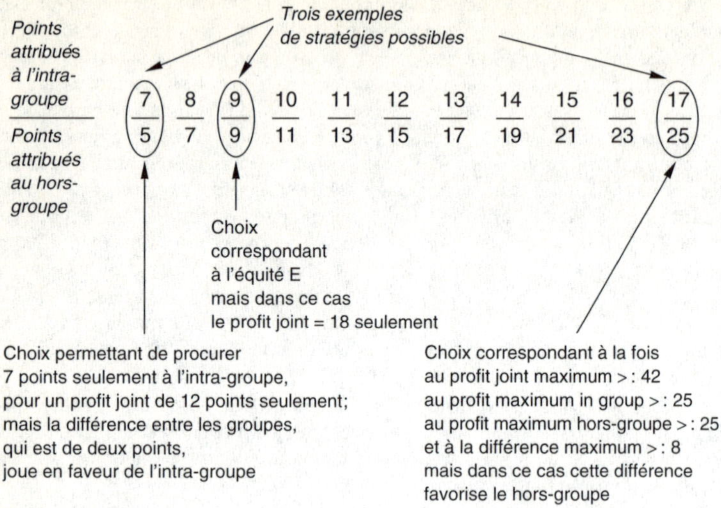


Le matériel comprenait différents types de matrices offrant la possibilité d'adopter cinq sortes de stratégies : la stratégie du profit maximum joint (PMJ), la stratégie du profit maximum intra-groupe (PMI), la stratégie de la différence maximum (DM), la stratégie de l'égalité (E) et la stratégie de l'altruisme (A) (ou du profit maximum pour le groupe auquel le sujet n'appartient pas).

La question que se posait initialement Tajfel était la suivante : une catégorisation minimale provoquée induit-elle nécessairement un processus de discrimination intergroupes avantageant le groupe d'appartenance par rapport au hors-groupe? En d'autres termes, la catégorisation minimale occasionne-t-elle le choix d'une stratégie PMI ou DM en faveur du groupe auquel le sujet appartient? Les premiers résultats montrèrent que dans des situations où il était possible de se montrer équitable tout en obtenant les gains les plus avantageux pour soi (ce qui correspondrait au choix de la stratégie PMJ, profit maximum joint pour les deux groupes), les sujets se préoccupaient avant tout de favoriser leur groupe d'appartenance; c'est-à-dire que pour un profit qui n'était pas nécessairement supérieur, un phénomène apparut clairement : un nouvel examen des résultats permit en effet d'observer que 84 % des sujets répondaient de sorte à discriminer les groupes. Ils préféraient gagner contre les autres, distinguer le plus possible leur groupe d'appartenance du hors-groupe, plutôt que d'obtenir le gain maximum au bénéfice de ce groupe d'appartenance. Cette attitude se traduisait par l'élévation des choix en faveur de la stratégie DM (de différence maximum).

Les sujets ne cherchaient donc pas à maximiser systématiquement le gain de leur propre groupe – en conséquence leur propre gain; ils poursuivaient une stratégie consistant parfois à sacrifier une partie de la récompense monétaire promise à leur propre groupe – en conséquence à eux-mêmes – en vue d'acquérir une distinction positive par rapport à l'autre groupe. Autrement dit, pour eux l'objectif majeur était la différenciation entre groupes. Le désir d'avantager l'intragroupe apparaissant ensuite seulement.

Tajfel et ses coéquipiers ont donc montré par là qu'une catégorisation sociale basée sur un critère peu important occasionne une discrimination en faveur du groupe d'appartenance. Non seulement une telle discrimination n'est pas basée sur des intérêts économiques, mais elle peut au contraire les sacrifier directement. De plus, dans la procédure expérimentale décrite, la seule variable qui rende compte des résultats est l'acte de catégorisation explicite entre les deux groupes : nulle hostilité préalable n'existait entre ceux-ci.

S'appuyant sur la théorie de la comparaison sociale de Festinger, Tajfel expliqua ses résultats à partir de la notion « d'identité sociale » : l'individu qui cherche à préserver ou à accéder à une image positive de soi participerait à une compétition sociale entre groupes. C'est en éprouvant la valeur de son groupe d'appartenance qu'il peut acquérir une autovalorisation positive. Dans l'expérience précédente, l'identification avec un groupe représentait l'unique moyen par lequel les sujets pouvaient accéder à une évaluation positive de soi, c'est pourquoi chacun se comportait comme si la catégorisation sociale subie, transitoire et relativement dérisoire, devait nécessairement occasionner l'établissement d'une identité distincte et positivement valorisée.

L'étude suivante de Billig et Tajfel (1973) montre que la similitude interindividuelle perçue ou déclarée ne se confond pas avec le sentiment d'une appartenance groupale. Conformément au paradigme précédent, ces auteurs demandèrent à une population de 75 élèves d'une école de Bristol, âgés de 14 à 16 ans, de choisir leur peintre préféré, après observation de deux reproductions sur diapositives n'indiquant pas l'identité des auteurs (toujours Klee et Kandinsky). Comme précédemment les participants étaient répartis au hasard en deux groupes, puis ils étaient invités à distribuer des sommes d'argent entre deux sujets, de l'*in-group* et du hors-groupe, et sur la base des matrices précédentes qui offrent des possibilités stratégiques variables. Les conditions observées étaient : de catégorisation/non-catégorisation (réalisée à partir d'un tirage au sort de sujets distribués en deux ensembles X et Y) et de « similarité/non-similarité » (les sujets étant informés de leurs préférences partagées, soit pour Klee, soit pour Kandinsky). Cette manipulation permit aux chercheurs de montrer que la mise en place de groupes distincts génère plus efficacement les effets discriminateurs que le simple constat de ressemblances interindividuelles.

recourt souvent à des listes de descripteurs de personnes, que l'on fait généralement juger par un premier groupe d'individus, puis distribuer entre plusieurs populations-cibles par un second groupe équivalent au précédent. L'expérience que D. Katz et K.W. Braly réalisèrent en 1933 en représente le modèle initial. Ces auteurs invitèrent des étudiants à choisir, parmi une liste de 84 items, les traits qui leur paraissaient le mieux convenir pour décrire successivement dix groupes « ethniques » distincts. Les sujets devaient ensuite sélectionner les cinq traits les plus pertinents pour chacun de ces groupes et les données étaient élaborées à partir de ce second choix. Les 12 traits les plus fréquemment attribués à chacune des populations-cibles furent retenus comme éléments constitutifs de leur stéréotype respectif.

À la différence du préjugé, qui désignerait une attitude, une tendance à évaluer favorablement ou non un objet, le stéréotype ne comprendrait que des croyances et des opinions concernant les attributs véhiculés au sein d'un groupe social. Dans la rencontre conflictuelle entre groupes étrangers, on a pu remarquer comment les évaluations portées sur les groupes auxquels le sujet n'appartient pas sont le plus souvent défavorables et comment les dispositions qui en résultent sont volontiers connotées d'hostilité. L'attitude se confondant avec une entité latente, sous-jacente au comportement, sa mise au jour est nécessaire si l'on veut établir des prédictions à la fois à propos des conduites que l'on doit s'attendre à voir surgir lors de rencontres entre groupes et sur les interactions sociales susceptibles de dériver du conflit et de l'agression.

Les cognitivistes se sont efforcés de repérer des effets de structure, inhérents aux contraintes propres aux sujets durant l'accomplissement des activités perceptives, pour chercher ensuite à établir des lois identiques à celles de la physique. Dans une telle perspective, les modalités de la perception stéréotypée seraient donc indépendantes de tout facteur motivationnel et socioculturel.

Les recherches classiques de M. Rothbart *et al.* (1978) et de D.L. Hamilton et R.K. Guifford (1976) invitent, par exemple, à prêter attention à l'un de ces processus capables d'opérer sans se rattacher à des coordonnées spatio-temporelles spécifiques : les « corrélations illusoires ». Celles-ci consisteraient en des inférences erronées à propos de relations supposées entre deux catégories d'événements. La corrélation illusoire n'exigeant aucun fondement objectif particulier pour qu'à son apparition se déclenche, quasi mécaniquement, la réaction comportementale prévue, l'analyse des stéréotypes sociaux ne renverrait pas à la réalité concrète, l'individu tendant à mémoriser les événements rares et tout ce qui est extrême avec une plus grande aisance que ce qui est habituel et modéré ; et la formation des impressions sur les événements étant soumise à la loi de l'ordre de leur mémorisation, les comportements négatifs seraient les mieux reconnus et leur taux d'apparition serait surestimé. La corrélation illusoire, qui affecte le jugement, influencerait aussi la mémoire.

### 3.3. *Comment on s'efforce d'introduire de l'ordre dans le chaos qui se donne à voir, pour échapper au désarroi*

On comprend aisément qu'une telle façon d'envisager les choses ne soit pas acceptée par tous. Loin des simplifications de laboratoire, la prise en compte de la complexité du réel peut au contraire inciter l'observateur à cerner une multitude de variables, sans lesquelles les phénomènes constitués en objets de science ne peuvent se maintenir. Ainsi, les lois de la perception n'autoriseraient-elles l'explication de l'activité perceptive humaine que dans la mesure où elles s'ancrent dans la vie motivationnelle, là où s'articulent besoins, désirs

## Bicatégorisation sociale par le sexe et attributions

Deaux et Emswiller (1974) invitèrent des étudiants des deux sexes à écouter le compte-rendu de performances d'hommes et de femmes ayant réussi lors d'une tâche d'identification d'objets. Ces objets étaient classés selon le sexe de leurs utilisateurs présumés. Il s'agissait, soit d'outils mécaniques, la tâche était alors considérée comme typiquement masculine, soit d'ustensiles de ménage, la tâche étant considérée comme typiquement féminine. Le succès à la tâche féminine n'occasionna pas de variations significatives des réponses. Pour la tâche masculine, une tendance à favoriser le groupe d'appartenance apparut chez les hommes, tandis que les femmes défavorisèrent leur propre groupe.

Feldam-Summers et Kiestler reprirent ce paradigme expérimental, en observant les attributions d'étudiants des deux sexes à propos de trois niveaux de réussite à une tâche fictive, allant du plus élevé au plus bas, chez des hommes et chez des femmes. La tâche consistait, soi-disant, à solutionner un problème académique perçu comme favorisant les hommes, (les attributions étaient exprimées à partir des quatre dimensions de Weiner). L'effet majeur du sexe de l'acteur-stimulus sur la dimension de motivation attribuée fut le seul effet visible : indépendamment de leur sexe, les sujets attribuèrent une motivation plus forte aux personnages de sexe féminin qu'aux personnages de sexe masculin, quel que soit le succès obtenu lors de la réalisation de la tâche présumée.

Compte tenu du fait que l'effort accru n'est généralement pas associé à l'échec, il est sans doute prudent de ne pas conclure en l'existence de phénomènes de favoritisme/défavoritisme envers le groupe d'appartenance parmi les populations de cette étude.

Les mêmes auteurs imaginèrent une nouvelle procédure : des hommes et des femmes devaient lire la description d'un acteur en situation de brillante réussite sociale. Il pouvait s'agir d'un homme ou d'une femme, pédiatre ou chirurgien, et qui avait choisi ou non de reprendre le métier paternel. Les modèles d'attributions proposées aux sujets pour exprimer leurs réponses comportaient de nouveau les quatre possibilités de Weiner, mais combinées de sorte à ce qu'un score élevé à l'une des propositions abaisse nécessairement le score d'une autre proposition. Comme cela avait déjà été le cas précédemment, les sujets s'accordèrent pour attribuer une plus forte motivation aux femmes qu'aux hommes. Certains effets intergroupes modifièrent toutefois la forme des interactions significatives entre le sexe des sujets et le sexe des acteurs-stimulus : les hommes attribuèrent plus d'habileté au médecin de leur sexe qu'au médecin de sexe féminin, et ils voyaient une plus forte motivation dans le second cas. Dans la condition de reprise d'une pratique paternelle, la tâche du médecin de sexe féminin était perçue par les hommes comme plus facile que celle d'un homme de même condition. De leur côté, les femmes se montrèrent conscientes de l'infortune de leur groupe : elles percevaient la tâche du médecin de sexe masculin comme plus facile, et en même temps elles attribuaient une plus forte motivation à la femme médecin.

De tels résultats illustrent bien l'ambiguïté des attributions liées à l'effort : celles-ci peuvent avoir aussi bien un sens péjoratif (« certes elle a réussi, mais en déployant beaucoup d'efforts ») que valorisant (« avec l'effort, on parvient à surmonter les handicaps), tout dépend de la personne à qui elles s'appliquent…

et intérêts, tout ce qui dynamise les êtres sociaux dans le monde ; autrement dit, tout ce qui les inscrit dans leurs « finalités » humaines…

D'après J.P. Codol (1987), l'une des finalités des acteurs sociaux consisterait à pallier les manques instrumentaux en jeu dans le traitement de l'incessant flux d'informations qui submergent le sujet. Les déformations subies par les objets lors de leur saisie résulteraient de l'incapacité du sujet à saisir correctement chacun d'eux. « La formation mentale médiatrice, précise toutefois C. Camilleri (1992), s'élabore chaque fois que nécessaire de manière à répondre à divers besoins des individus, qui ne relèvent plus seulement de notre organisme mais sont des expressions de notre dynamisme psychique. Ce qui achève de nous ancrer dans la perspective (d'après laquelle) les écarts ("les biais d'égocentration") observables entre les séquences représentatives qu'engendre cette formation intermédiaire et le réel (les différences présentées par autrui, par exemple), sont instrumentaux. Ils peuvent être considérés, au moins au départ, comme fonctionnels et donc normaux pour l'homme. On demeurera ainsi d'accord avec le mouvement cognitiviste, à condition de le saisir dans son acception la plus compréhensive, la cognition étant considérée comme préélaboration mentale du réel en fonction de tout le sujet ».

Après avoir expliqué en quoi l'approche cognitive est utile pour comprendre les phénomènes de la perception humaine, et après en avoir précisé les principales limites, voyons ce que cette approche nous apprend sur ce qui se joue dans la découverte de l'altérité.

Lorsqu'un acteur social est confronté à la découverte de l'altérité, il n'échappe pas au désarroi que suscitent l'absence de familiarité et donc l'absence de la reconnaissance par laquelle son action devient possible. Il doit alors inventer « des stratégies de domestication de la différence, pour la débarrasser de son caractère éprouvant et/ou menaçant » (C. Camilleri, 1992). Chacun se livre par conséquent sans le savoir au travail mental qui fera surgir du chaos un certain ordre, rendant supportable ce qui ne le serait pas sans un tel traitement. Dans ces circonstances, la défense la plus élémentaire contre l'envahissement par le stress peut consister à ignorer la différence qui en est la cause. Il s'agit alors de réduire l'écart séparant l'Autre de soi, pour l'absorber, en quelque sorte, dans les schémas familiers aptes à le rendre semblable à soi. Grâce à cette assimilation, le sujet économise à la fois une décentration coûteuse et la mise en place des modèles sans cesse renouvelés qu'exige une réelle compréhension d'autrui.

L'évitement de la perception des différences est cependant bien souvent irréalisable. Un grand nombre de différences sont repérées et cernées et l'opération qui l'emporte alors consiste à s'efforcer d'agir au plus vite pour diminuer l'incertitude que suscitent les discordances entre la réalité perçue et les séries de stimuli déjà familiers. Ceux-ci sont structurés en des catégories distinctes qui s'intriquent les unes les autres pour former le canevas nécessaire aux prises de décision concernant les actions qu'il convient d'entreprendre pour traverser les situations à vivre.

Le positionnement d'autrui au sein de l'édifice d'un système de catégories déjà existantes exige que le sujet se livre à des réductions de la complexité à saisir. Il s'agit donc de gommer les nuances, qui font la singularité de l'individuel, pour faire coïncider l'image de l'autre avec les formations mentales dont on est déjà pourvu. Simplifiées, condensées, rigides, ces configurations de référence sont abusivement appliquées à autrui et c'est sur la base d'un enfermement dans de telles configurations stéréotypées que se révèlent les éléments, les traits qui servent à faire les inférences par lesquelles se réalisent la rencontre avec autrui, la compréhension des conduites qu'il est susceptible de manifester et auxquelles on se prépare à répondre d'une manière pertinente.

Ainsi le sujet percevant dispose-t-il de ce que certains auteurs appellent des « théories implicites de la personnalité » (J.L. Beauvois, 1979, J.L. Beauvois et R. Joule, 1981). Si on se réfère aux études classiques de S.E. Asch (1941), on comprend comment les individus peuvent se donner d'autrui des images complètes et cohérentes alors qu'ils ne disposent pour cela que d'informations morcelées et fragmentaires. Ces images, surgies sous l'impulsion d'un élément perçu, sont structurées : elles comportent un agencement d'éléments hiérarchisés et interdépendants et sont véhiculées par chacun comme des savoirs préalables. Pour mettre ce phénomène en lumière, S.E. Asch utilisa la méthode suivante : il donna aux participants de deux groupes expérimentaux une liste d'adjectifs supposés décrire une personne. Un premier groupe recevait, par exemple, la liste suivante : « intelligent, habile, ingénieux, chaleureux, résolu, pratique et prudent » ; le second groupe recevait la même liste, mais le mot « chaleureux » y était remplacé par « froid ». Après avoir pris connaissance de ce matériel, les sujets brossaient le portrait de la personne concernée par les précédents descripteurs, en choisissant, dans une nouvelle liste d'adjectifs, les traits qui pourraient la caractériser. Les résultats montrèrent que les images du personnage évoqué sont complètes et cohérentes, alors que les indices fournis sont morcelés et disparates.

Équipés des précieux instruments que sont les théories implicites de la personnalité, dès qu'ils découvrent qu'une personne rencontrée possède tel trait et non tel autre, les gens savent à quoi s'en tenir. Ils se montrent capables de décrire la personne entrevue, d'attribuer une signification à la situation dans laquelle elle est impliquée, de faire des inférences sur ce qui peut advenir, etc. À l'instar de la catégorie, la théorie implicite réduit la complexité du réel, elle systématise notamment la diversité humaine en la ramenant à un nombre limité de grandes classes, à la fois descriptives et évaluatives. Si un tel outil n'a rien de scientifique, il opère comme une catégorisation parmi d'autres, permettant à chacun d'appréhender son environnement humain, de le contrôler et d'y émettre des prévisions.

Les opérations de catégorisation, qui permettent de simplifier les choses, sont fondées sur des regroupements d'objets qui sont (ou paraissent) similaires entre eux sur certaines dimensions (tandis qu'ils divergent sur d'autres points) et qui sont distincts des autres objets sur ces mêmes dimensions. Si une telle activité structurante aboutit à rendre le réel plus compréhensible et mieux contrôlable, elle présente certains inconvénients, car avec la systématisation de l'information, les mécanismes déformants de l'assimilation et du contraste surgissent immanquablement. Le premier vise à accroître les similitudes perçues entre les objets d'une même catégorie, tandis que le second accroît les différences perçues entre objets issus de catégories distinctes. Autrement dit, les effets majeurs de la catégorisation sont l'augmentation perçue des différences entre les catégories respectives d'une part – aboutissant à la discrimination sociale – et l'augmentation des similitudes à l'intérieur de chacune des catégories d'autre part – aboutissant à la stéréotypie cognitive.

De nombreux travaux illustrent ces conséquences, souvent regrettables, de l'activité de catégorisation. On peut citer, par exemple, l'étude de N. Cantor et W. Mischel (1977), qui porte sur une tâche de mémorisation de listes de traits de personnalité. Ces auteurs présentèrent à des sujets des portraits composés de traits de personnalité se rapportant à un personnage fictif, caractérisé soit comme très introverti, soit comme très extraverti, ou encore de caractère indéterminé eu égard à cette dimension introversion/extraversion. Au cours d'une épreuve ultérieure de reconnaissance, N. Cantor et W. Mischel remarquèrent que les sujets avaient tendance à « reconnaître » certains traits que ne comportaient pas les portraits initialement brossés mais qui, en revanche, correspondent à l'idée que l'on peut se faire d'un introverti ou d'un extraverti. Les sujets tendaient d'un autre côté à ne pas se remémorer d'autres traits, présents dans les portraits mais discordants avec ces types respectifs de personnalité.

Les précédents auteurs ont montré que les individus peuvent aller jusqu'à reconstruire les stimuli qui ne leur apparaissent pas suffisamment congruents avec la catégorie d'appartenance à laquelle ils sont assignés. Certaines études révèlent combien les déformations qui apparaissent dans ces circonstances peuvent être graves : une mauvaise identification initiale d'images floues – bien qu'il s'agisse d'images familières aux sujets – et les fausses hypothèses qui surgissent avec l'entrave du processus de leur reconnaissance empêchent toute identification correcte de l'objet présenté, même lorsque par la suite l'image visible se précise. La falsification initiale d'une catégorisation est donc si importante que l'erreur de perception qu'elle occasionne perdure, aussi exactes que puissent être les informations fournies ultérieurement.

Il semble que les phénomènes liés à la catégorisation apparaissent uniformément, que les objets soient des personnes et non des choses et que les catégories soient sociales et non physiques. C'est ce que H. Tajfel s'est efforcé de montrer, au cours d'un grand nombre d'expériences menées avec divers coéquipiers. Par exemple, au cours d'une étude réalisée avec A. Scheik et H. Gardner (1964) il observa les processus de différenciation catégorielle en action dans une situation de rencontre entre Canadiens et Hindous. Des observateurs canadiens appréciaient d'un côté des partenaires d'interviews – des

Hindous et des Canadiens – sur la base d'une liste de 25 adjectifs; des groupes équivalents aux précédents traitaient d'un autre côté la même liste, en séparant, parmi les dimensions désignées, ce qui généralement se rapporte d'une part aux Hindous, d'autre part aux Canadiens. Il s'agissait en premier lieu de chercher à reconnaître la manière dont la population observée partageait certaines qualités humaines entre les Canadiens et les Hindous et en second lieu de provoquer des attributions dans la rencontre entre ces groupes. La tâche expérimentale invitait des Canadiens à qualifier le comportement d'autres Canadiens confrontés à des Hindous, lors de discussions obligeant chaque interlocuteur à défendre publiquement son point de vue. Les hypothèses, qui furent vérifiées, portaient sur le processus de catégorisation, sur l'accentuation simultanée des différences entre Canadiens et Hindous et des similitudes entre les membres de chacune de ces deux populations. Les différences des moyennes entre les scores pour les traits typiques comparées aux différences de moyennes entre les scores pour les traits non typiques montrèrent, aussi bien pour les Canadiens que pour les Hindous, que les sujets tendent à accentuer les similitudes intracatégorielles. Le personnage à évaluer présentait pour eux une forte similitude avec les caractéristiques stéréotypées du groupe d'appartenance, ce qui n'apparaissait pas avec les caractéristiques non stéréotypées.

Le découpage de l'environnement social ne se fait pas au hasard. Le critère principal d'assignation à telle catégorie ou à telle autre repose sur des différenciations évaluatives. H. Tajfel a insisté sur le rôle des valeurs dans les systèmes de catégories de nature sociale, en considérant que la genèse de la catégorisation sociale s'articule sur des valeurs, les catégories sociales étant d'autant plus stables que les valeurs qui les sous-tendent elles-mêmes sont stables.

En ce sens, une expérience importante que G.W. Allport et B.M. Kramer avaient conduite parmi des étudiants aux USA (1946; *cf.* ci-dessus chap. 4, p. 86) avait déjà éclairé certains effets possibles des valeurs sociales sur les processus de catégorisation. Rappelons qu'après avoir répondu à une échelle d'attitudes qui fournissait les moyens d'évaluer les dispositions relatives à l'antisémitisme, les sujets avaient été invités à reconnaître des Juifs parmi une série de photographies comportant divers personnages (juifs et non juifs). Les résultats avaient montré que, lorsqu'ils étaient antisémites, les sujets étaient plus fréquemment disposés à identifier des Juifs. Ils classaient en outre dans la catégorie « Juifs » des portraits de non-Juifs. Ce qui signifie qu'ils surincluaient des non-Juifs dans la catégorie évaluée négativement, tandis qu'ils surexcluaient de la catégorie non dévalorisée les individus dont l'identité était pour eux douteuse. On a là affaire à un exemple de distorsions perceptives : la surinclusion et la surexclusion, qui dans la réalité sociale opèrent régulièrement en s'accompagnant des conséquences ségrégationnistes connues.

On peut finalement dire que l'environnement social est subdivisé en catégories qui sont des regroupements chargés de significations pour le sujet. Les systèmes individuels de catégories sociales résultent d'un échange dialectique

### Attributions causales et discrimination raciale : exemple d'un protocole de recherche (M. Hewstone et J. Jaspars, 1982)

Les auteurs se sont montrés soucieux de réaliser une recherche directement articulée à des problèmes sociaux qui secouaient l'Angleterre au moment de leur entreprise. Ils retinrent donc la question de la discrimination raciale et firent porter leur observation sur deux populations précisément concernées par ce problème : des Noirs, issus des Caraïbes, et des Blancs, coexistant avec les premiers dans un même milieu socio-économique défavorisé de la banlieue londonienne. Les auteurs estimaient que la ségrégation raciale qui sévit en Angleterre mérite d'être étudiée : il est spécialement intéressant de reconnaître la manière dont les gens rendent compte de ce phénomène institutionnalisé. De nombreuses études expliquent comment les populations victimes de préjugés et de discrimination éprouvent le sort qui leur est fait, mais aucune d'entre elles ne portait alors sur les attributions en liaison avec la position des groupes concernés dans la société élargie.

La discrimination raciale peut se comprendre de deux manières. Du point de vue des Blancs racistes, le taux élevé du chômage chez les Noirs, par exemple, résulterait de leurs dispositions personnelles – de leur paresse; alors que du point de vue des Noirs, victimes du racisme, le même phénomène résulte de la politique des Blancs responsables du système en place.

M. Hewstone et J. Jaspars ont fondé leur recherche sur une hypothèse d'après laquelle les deux populations devaient développer des attributions différentes à propos de diverses situations-stimulus qui leur étaient présentées : les Noirs incriminant plus le système blanc que leurs propres dispositions, les Blancs agissant dans le sens contraire.

Les situations-stimulus, présentées sous la forme d'un questionnaire, étaient les suivantes :

1) Beaucoup plus de Noirs sont arrêtés sur suspicion que de Blancs.

– Est-ce parce que les Noirs provoquent plus de troubles que les Blancs?

– Est-ce parce que la police est raciste?

(d'après les chiffres du ministère de l'Intérieur, 42 % des personnes arrêtées sur suspicion en Grande-Bretagne auraient alors été des Noirs, bien que cette population représentât seulement 3 % de l'ensemble des Britanniques).

2) Le taux de chômage chez les jeunes Noirs est de 17 %, alors qu'il n'est que de 9 % chez les jeunes Blancs.

– Est-ce parce que les Noirs sont paresseux pour travailler?

– Est-ce parce que les patrons blancs font de la discrimination contre les Noirs?

3) 40 % de la population blanche accède à des emplois dans des bureaux (par exemple comme directeur) contre seulement 8 % pour les Noirs.

– Est-ce parce que les Noirs manquent d'ambition?

– Est-ce parce que les patrons blancs ne donnent pas d'avancement aux Noirs?

4) 17 % des jeunes Blancs reçoivent une qualification professionnelle contre 9 % pour les jeunes Noirs.

– Est-ce parce que les Noirs sont moins intelligents que les Blancs?

– Est-ce parce que les professeurs sont injustes envers les Noirs?

Les réponses étaient fournies sur des échelles de 10 cm allant du pôle « pas du tout » au pôle « tout à fait ».

entre les conceptions que les individus se donnent des groupes et celles que l'environnement social leur en tend. Elles s'associent donc à des représentations de groupes, collectives, subjectives et intériorisées, c'est-à-dire à des images partagées à l'intérieur des cultures respectives. La catégorisation sociale fournit à l'individu les moyens de se positionner dans la société d'après ses diverses appartenances, car de sa qualité de membre d'un groupe le sujet déduit les caractéristiques que les autres lui attribuent, la manière dont sa propre conduite sera comprise et l'interprétation que lui-même doit faire des réactions que les autres exprimeront en retour. La perception des autres et le comportement que l'individu manifeste à leur égard s'infléchissent donc en chacun sous l'effet de l'information catégorisée véhiculée à ce propos. Les systèmes d'attentes ainsi élaborés s'intriquent de manière complémentaire, pour former des modèles dans le tissu social. Un comportement non conforme au modèle prévu encourt la sanction sociale des mauvaises appréciations et des évaluations négatives, tandis qu'un comportement correctement aligné sur le modèle en vigueur procure au sujet qui le manifeste les avantages de la facilitation sociale.

Les mécanismes inhérents à la catégorisation sociale sont inéluctables, car elle constitue une opération fonctionnelle nécessaire, sans laquelle l'acteur social serait condamné à l'engloutissement dans un insupportable chaos. Ce n'est pas la catégorisation en elle-même mais certains usages particuliers et certaines dérives de cette opération (stéréotypes, préjugés négatifs et ségrégation) qui s'accompagnent de conséquences humainement néfastes et déplorables.

### *3.4. Ce mode subtil de traitement de l'information par lequel on inflige des nuisances à autrui*

Lorsque le sujet percevant s'emploie à faire coïncider l'objet à saisir avec les images préformées dont il est équipé et qui s'en rapprochent, on a vu comment les distorsions surgissent immanquablement, portant spécialement préjudice à cet objet lorsqu'il s'agit d'autrui.

> « De la nuisance, qui provient du défaut d'ajustement au réel par sa méconnaissance, on peut passer à la "nocivité" par traitement de ce réel. Ce qui se traduit par les diverses formes de "négativisation" de l'autre : dévalorisation, rejet, oppression, et autres "manipulations" fâcheuses. »
>
> C. Camilleri, 1992.

De nombreuses études, réalisées dans des conditions plus ou moins semblables à celles du laboratoire, apportent un éclairage précis sur les phénomènes liés à la perception des appartenances groupales et à celle des similitudes et des différences qui s'y rattachent. Dès la fin de la Seconde Guerre mondiale, un riche courant d'études s'est fait jour à ce propos, notamment à la suite des travaux de M. Sherif, et il se prolonge aujourd'hui, avec le souci d'intégrer les connaissances de la psychologie cognitive à celles, plus anciennes, qui se rapportent aux effets des idéologies et des luttes de pouvoirs sur les relations entre les groupes sociaux. Toutes ces études se préoccupent de souligner l'importance de la saillance des appartenances groupales et de la frontière entre ce qui est vécu comme le groupe propre par opposition aux autres groupes, ceux auxquels on n'appartient pas. Les conditions des rapports entre ces entités peuvent varier : enjeux conflictuels ou enjeux de coopération, présence ou absence de l'autre groupe, statuts égaux ou inégaux, et, dans le cas des inégalités de statut, existence ou inexistence d'une légitimation de l'inégalité, stabilité ou instabilité de cette inégalité… Toutes ces conditions fournissent autant de variables à manipuler dans le cadre de protocoles dont l'objectif vise l'établissement des lois des phénomènes psychosociaux de la confrontation entre groupes et de la discrimination sociale.

On peut désormais affirmer que lorsqu'un acteur social est situé en référence à l'une de ses appartenances groupales, il se montre disposé à sous-estimer les similitudes qui pourraient rapprocher son groupe d'appartenance du (des) groupe(s) au(x) quel(s) il n'appartient pas, et, simultanément, à surestimer, au contraire, les différences qui séparent ce groupe des autres. Ce mécanisme qui accentue à la fois l'hétérogénéité entre les groupes en présence et l'homogénéité à l'intérieur de chacun d'eux creuse le fossé entre soi et l'étranger, ce qui fait surgir les effets négatifs de la discrimination.

Lorsqu'il ne peut échapper à la reconnaissance des similitudes (reconnaissance d'autant moins aisée que le soi est en jeu et qu'il est menacé de décentration) le sujet admet ces similitudes entre les membres d'un groupe étranger bien plus volontiers qu'il ne les admet au sein du groupe dont il fait lui-même partie. La stéréotypie, avec ses conséquences désindividualisantes et déformantes, sévit donc préférentiellement à l'encontre des groupes auxquels on n'appartient pas : les groupes étrangers.

Les effets d'assimilation et de contraste résultant du traitement des distances entre les stimuli à percevoir (par exemple entre les individus étrangers et les membres du groupe d'appartenance) ne sont pas les seuls moyens de manier l'écart entre soi et autrui. Dans la confrontation entre groupes étrangers, la distribution des valeurs entre les entités en présence constitue l'ultime opération par laquelle se confirme l'écart entre les groupes, et, en conséquence, le fossé qui sépare ces groupes s'élargit. Les acteurs sociaux sont en effet enclins à apprécier favorablement ce qui caractérise leur propre groupe et ses productions, tandis que leurs opinions sont instables, voire négatives, dès qu'il s'agit de juger un groupe étranger et ce dont il est porteur. Ils peuvent à son propos manifester un certain *fair play* en l'appréciant favorablement s'il n'est pas menaçant pour eux (en temps de stabilité sociale). Ce groupe étranger est toutefois facilement l'objet d'évaluations réservées, voire défavorables, à la moindre perspective d'enjeux sociopolitiques conflictuels.

Le même phénomène de déplacement des valeurs se traduit à travers le maniement des causalités : les événements sociaux désirables sont bien volontiers associés au groupe d'appartenance, tandis que les événements indésirables tendent à être rejetés au dehors et à être imputés à l'étranger. Si malgré tout un événement social désirable apparaît chez les étrangers, ou si un événement indésirable est malencontreusement le fait indéniable du groupe d'appartenance, un mode de gestion spécifique des valeurs se fait jour. Le sujet s'emploie alors à dichotomiser les causalités d'après leur nature. Les causes invoquées peuvent en effet procéder soit des circonstances (causalité externe) soit de la constitution des acteurs sociaux (causalité interne), l'alternative choisie jouant régulièrement en faveur du groupe d'appartenance et en défaveur du groupe étranger. Ainsi, au sein du groupe d'appartenance c'est préférentiellement aux circonstances que l'on fait appel pour rendre compte des événements indésirables et aux dispositions naturelles des acteurs pour expliquer les événements désirables ; alors que les choses se passent dans le sens contraire pour le groupe étranger, les dispositions des acteurs rendant alors compte des événements indésirables et les circonstances expliquant les événements désirables.

> « Par cette "ontologisation", tout se passe comme si les individus visaient un double objectif : d'une part ils "surpositivent" leurs pairs et "surnégativent" les autres en enracinant le bien et le mal dans l'intimité de leur substance ; d'autre part ce bien et ce mal sont convertis en des propriétés inaliénables dont ils ne sauraient être dépossédés, ce qui est de nature à les sécuriser totalement quant à la valeur et à la supériorité de leur groupe. »
>
> C. Camilleri, 1992.

Les études portant sur diverses situations d'inégalités sociales confirment ces considérations. On a par exemple montré qu'aux États-Unis les Blancs rendent fréquemment compte des inégalités sociales en incriminant les Noirs et les défauts qui marquent leurs personnes (causalité interne) plutôt qu'en accusant le système social (causalité externe) dont ces derniers sont les victimes. De sorte que ces Noirs sont perçus comme portant la responsabilité du sort qui les accable, tandis que les Blancs, de meilleure condition, sont innocentés. La pérennité du statut qui privilégie les Blancs est ainsi assurée. De récentes études européennes montrent comment, en période d'instabilité sociale, si l'on met en cause la légitimité du statut du groupe privilégié, alors qu'objectivement certaines perspectives de bouleversement du système social se font jour, ce groupe menacé de perdre ses privilèges renforce les mécanismes de contraste par lesquels il accroît la distance avec le groupe le moins bien nanti. Les différences à son avantage sont alors accrues, de sorte qu'un confortable écart se rétablit jusqu'à élimination de tout risque d'assimilation avec le groupe indésirable (A.F. Van Knippenberg et N. Ellemers, 1990).

Lorsqu'on considère la manière dont un sujet traite l'information disponible dans la rencontre entre groupes étrangers, on constate que les arrangements déployés visent uniformément à favoriser au mieux le groupe d'appartenance. En gérant les événements de sorte à différencier positivement son propre groupe comparativement aux autres, l'individu obtient les moyens d'améliorer sa propre image : à chaque fois qu'il avantage le groupe auquel il s'identifie, le sujet s'avantage lui-même ! H. Tajfel s'est efforcé de donner une cohérence aux nombreux travaux empiriques réalisés à ce propos, en élaborant sa fameuse « théorie de l'identité sociale ». Cette théorie fournit un modèle explicatif du maniement des images de soi chez les individus qui se livrent à la comparaison entre les groupes dont ils sont membres et ceux auxquels ils n'appartiennent pas. Tous les comportements ainsi observés apparaissent sous-tendus par une même motivation, toute-puissante : la quête d'une identité sociale satisfaisante.

Une force motrice capable de dynamiser de la sorte les conduites humaines échappe au cadre strict des effets de structures familiers du cognitivisme. Elle pourrait bien cependant rendre compte de la logique d'égocentration qui semble être mise en œuvre dans l'épreuve de l'altérité…

## POUR ALLER PLUS LOIN


ALLPORT G.W., KRAMER B.M., « Some roots of prejudice », *Journal of Psychology*, *22*, 9-39, 1946.

ASCH S.E., « Forming impressions of personality », *Journal of Abnormal and social Psychology*, 258-290, 1941.

BEAUVOIS J.L., *La psychologie quotidienne,* PUF, Paris, 1979.

— et JOULE R., *Soumission et idéologies*, PUF, Paris, 1981.

BOURHIS R.Y., LEYENS J.P. (éds), *Stéréotypes, discrimination et relations intergroupes*, Liège, Mardaga, 1994.

BRUNER J.S., « On perceptual readness », *Psychological review*, *64*, 123-152, 1957.

CAMILLERI C., *Anthropologie culturelle et éducation*, Lausanne, UNESCO - Delachaux et Niestlé, 1985.

— « Différences culturelles et laïcité », *Hommes et migrations*, n° 1129-1130, 1990.

— *La différence et son traitement*, manuscrit inédit, 1992.

— « Rencontre des cultures et formation interculturelle », in *Sociétés interculturelles, Sociétés pluriculturelles*, Colloque du MRAP, p. 17 à 41, 16-17 avril 1993, Bagnières de Bigorre, 1994.

— « Sociétés pluriculturelles et interculturalité », in *Différence et cultures en Europe*, sous la dir. de C. Camilleri, éditions du Conseil de l'Europe, 85-153, 1995.

CANTOR M., MISCHEL W., « Traits as prototypes : effects on recognition memory », *Journal of Personality and Social Psychology*, *35*, 38-48, 1977.

CODOL J.P., « Comparability and incomparability between oneself and others : means of differenciation and comparison reference points », *Cahiers de psychologie cognitive*, *7*, 87-105, 1987.

COLLOT A., DIDIER G., LOUESLATI B. (sous la direction de), *La pluralité culturelle dans les systèmes éducatifs européens*, Nancy, CRDP de Lorraine, 1993.

HAMILTON D.L., GUIFFORD R.K., « Illusory correlations in interpersonal perception : a cognitive basis of stereotypic judgements », *Journal of Experimental Social Psychology*, *12*, 392-407, 1976.

KATZ D., BRALY K.W., « Racial stereotypes of one hundred college students », *Journal of Abnormal and Social Psychology*, *28*, 280-290, 1933.

LIPPMAN W., *Public opinion*, Mac Millan, New York, 1922.

LORCERIE F., OUELLET F. (sous la direction de), *Pluralisme et école*, Québec, Institut québécois de recherche sur la culture, 223-271, 1988.

PAGÉ M., *Courants d'idées actuels en éducation des clientèles scolaires multiethniques*, éd. Direction des Communications du Conseil Supérieur de l'Éducation, Sainte Foy, Québec, 1993.

ROTHBART M., JENSEN C., HOWARD J., « From individual to group perspectives : availability heuristics in stereotype formation », *Journal of Experimental Social Psychology*, *11*, 237-255, 1978.

SHERIF M., *Des tensions intergroupes aux conflits internationaux*, Paris, ESF, (pour la traduction française), 1971.

TAJFEL M., WILKES A.L., « Classification and quantitative judgment », *British Journal of Psychology*, *54-2*, 101-114, 1963.

TAJFEL H., SCHEIKH A.A., GARDNER R.C., « Content of stereotypes and the inference of similarity between members of stereotyped groups », *Acta Psychologica*, *22*, 191-201, 1964.

TAJFEL H., BILLIG M., BUNDY R.P., FLAMENT C., « Social categorization and intergroup behaviour », *European Journal of Social Psychology*, *1*, 149-178, 1971.

VAN KNIPPENBERG A.F., ELLEMERS N., « Social identity and intergroup Differentiation Process », *in* Stroebe W., Hewstone M. (eds), *European Review of Social Psychology*, vol. 1, Huchm Way & Sons, 1990.

VINSONNEAU G., « Psychologie sociale et conflit interethnique », *in* « Les relations interethniques », *Migrants-Formation*, n° 80, 17-41, 1990.

# *Conclusion À propos de la nécessité de comprendre et de constituer l'interculturel...*

En cette fin de XX^e siècle, plus que jamais les sociétés occidentales sont traversées par la diversité. L'idée selon laquelle il est nécessaire de prendre en compte cette diversité pour réguler les phénomènes psychosociaux liés à la rencontre entre groupes étrangers et ceux de l'intégration sociale est désormais familière.

Il ne faudrait pourtant pas croire que l'expression de la seule tolérance à l'égard des différences existantes peut suffire pour éviter que surgissent les conflits entre groupes et le cortège des effets nocifs de la discrimination sociale.

La coexistence pacifique de groupes socio-ethniques et culturels distincts et leur intégration dans un corps social élargi ne constituent pas un phénomène qui va de soi : il ne s'autogénère pas naturellement et le développement de la connaissance mutuelle ne conduit pas uniformément à accroître la communication, la compréhension et le désir de coopération entre groupes étrangers.

D'un autre point de vue, il faut se garder d'imaginer que les codes culturels en présence seraient potentiellement compatibles à l'infini. D'irréductibles incompatibilités peuvent, au contraire, maintenir les groupes séparés, s'érigeant en réelles sources de conflits, indépendamment de tout principe de distance sociale et/ou culturelle (dont les finalités idéologiques sont bien connues).

Laisser libre cours à la défense des particularismes à la seule lumière d'un principe abstrait de respect des différences risque de laisser également libre cours au développement d'adversités destructrices entre les groupes en présence et à d'insolubles conflits de légitimité propres à entraver gravement le fonctionnement social.

Autrement dit, en situation de pluriculturalisme, la survie du système social global tient à un fragile équilibre, car dès lors que les dissensions entre les diverses séries de normes et de valeurs dépassent un certain seuil, elles s'érigent nécessairement en forces désintégratrices. L'équilibre du système social ne peut pas perdurer par le fait d'une simple adhésion à quelques principes humanistes, tels que celui du respect des différences. La volonté délibérée d'œuvrer dans le sens de l'édification collective d'un système de valeurs et de normes apte à rallier les suffrages des groupes culturels en présence, en transcendant les particularismes et en intégrant les différences, constitue une condition nécessaire à l'instauration de la cohésion.

C'est ainsi que le problème de l'universalisme se trouve posé.

On peut imaginer qu'il est possible de construire un système de normes et de valeurs tendant à être universelles, qui se réaliserait par l'effet d'une dynamique de transformation mutuelle des diverses formations culturelles en présence.

Nul modèle dominant à prétention universaliste ne s'imposerait alors aux groupes sociaux, puisqu'ils contribueraient eux-mêmes à produire une réalité véritablement interculturelle.

Pour accéder à la compréhension des phénomènes interculturels, comme l'affirme C. Camilleri (1990, p. 40), il faut donc concevoir des formations « amenant les jeunes à assimiler ce qu'est une culture au sens anthropologique ; à comprendre le point de vue de l'autre même si on ne le partage pas, ce qui implique une intelligence correcte du "relativisme" ; à légitimer l'identité culturelle tout en empêchant sa sacralisation, en montrant qu'elle est seulement la dimension culturelle de l'identité. Et surtout [...] à protéger les échanges, aider à assumer sans culpabilisation les prises de distance et positionnements personnalisés qu'ils favorisent. Autrement dit, cette éducation vise un projet dialectique : assurer le respect des différences, mais dans le cadre d'un système d'attitudes autorisant leur dépassement ».

# Bibliographie générale


BASTIDE R., *Sociologie et psychanalyse*, PUF, Paris, 1950.

— *Problèmes de l'entrecroisement des civilisations et de leurs œuvres*, PUF, vol. II, Paris, 1963.

— *Anthropologie appliquée*, Payot, Paris, 1971.

BATESON G., *Vers une écologie de l'esprit*, trad. fr. de Drosso F., Lot L. et Simiom E., (deux tomes), Seuil, Paris, 1977-1980.

BERRY J.W., POORTINGA Y.H., SEGALL M.H. et DASEN P.R., *Cross cultural psychology : research and applications*, Cambridge University Press, Cambridge, 1992.

BOESCH E.E., *L'action symbolique, fondements de la psychologie culturelle*, L'Harmattan, Paris, 1995.

BONTE P. et IZARD M., *Dictionnaire de l'ethnologie et de l'anthropologie*, 6e éd., PUF, Paris, 1990.

BRILL B., LEHALLE H., *Le développement psychologique est-il universel ?*, PUF, Paris, 1988.

BRUNER J.S., *Car la culture donne forme à l'esprit*, Eschel, Paris, 1991.

CAMILLERI C., COHEN-EMERIQUE M., (sous la direction de), *Chocs de cultures : concepts et enjeux, pratiques de l'interculturel*, L'Harmattan, Paris, 1989.

— *et al.*, *Stratégies identitaires*, PUF, Paris, 1990.

— VINSONNEAU G., *Psychologie et culture, concepts et méthodes*, Armand Colin, Paris, 1995.

COSLIN P., VINSONNEAU G. (éds), « Contacts de cultures : identité, intégration, exclusion », *Bulletin de Psychologie*, t. XLVIII, 419, 1994.

DASEN P.R., INHELDER B., LAVALLÉE M., RETSCHITZKI J., *Naissance de l'intelligence chez l'enfant baoulé de Côte-d'Ivoire*, H. Hubor, Berne, Stuttgart, Vienne, 1978.

DEVEREUX G., *Essais d'ethnopsychiatrie générale*, Gallimard, 2e éd., Paris, 1973.

DOISE W., *L'explication en psychologie sociale*, PUF, Paris, 1982.

GODELIER M., *Horizon, trajets marxistes en anthropologie,* Maspéro, Paris, 1973-1977.

HALL E., *La dimension cachée*, Seuil, Paris, 1971.

— *Au-delà de la culture*, traduit de l'anglais, Points Seuil, Paris, 1976.

HOFSTEDE G., BOLLINGER D., *Les différences culturelles dans le management*, Éditions d'Organisation, Paris, 1987.

JAHODA G., *Psychologie et anthropologie*, Armand Colin, Paris, 1989.

JODELET D., « Représentation sociale : phénomènes, concepts et théories », *in* S. Moscovici (éd.), *Psychologie Sociale*, PUF, Paris, 1984.

KLINEBERG O., *Psychologie sociale*, 2 volumes, PUF, Paris, 1957-1959.

LADMIRAL J.P., LIPIANSKY E.M., *La communication interculturelle*, Armand Colin, Paris, 1989.

LÉVY A., *Psychologie sociale, textes fondamentaux*, tomes 1 et 2, Dunod, Paris, 1965.

MALINOWSKI B., *Une théorie scientifique de la culture et autres essais*, trad. par Clinquart P., Maspéro, Paris, 1968.

— *Trois essais sur la vie sociale des primitifs*, Payot, Paris, 1975.

— *La sexualité et sa répression dans les sociétés primitives* (trad.), Paris, Payot, 1932.

MERLEAU-PONTY M., *Phénoménologie de la perception*, Gallimard, Paris, 1945.

MUELLER F.L., *La psychologie contemporaine*, Petite bibliothèque Payot, Paris, 1963.

SEGALL M.H., DASEN P., BERRY J.W. et POORTINGA Y.H., *Human behavior in global perspective; an introduction to cross-cultural psychology*, Allyn et Bacon, Boston, 1990.

SERVIER J., *L'ethnologie*, Que sais-je?, PUF, Paris, 1986.

STOETZEL J., *La psychologie sociale*, Flammarion, Paris, 1967.

TAJFEL H., *Human Groups and Social Categorie*s, The university Press, Cambridge, 1981.

TRIANDIS H.C., ed., *Handbook of Cross-cultural Psychology*, 6 volumes, Boston, Allyn and Bacon, 1980.

VINSONNEAU G., *Appartenances culturelles et subculturelles, inégalités sociales et variations des expressions identitaires, études expérimentales réalisées parmi quelques populations en position sociale défavorable*, Doctorat d'État, Paris V, 1993.

# *Glossaire*

**Acculturation** : processus de réagencement des éléments culturels initialement véhiculés par un acteur social issu d'un univers culturel donné, lorsqu'il se confronte à un ou plusieurs autres univers, distinct(s) du précédent : qu'il s'agisse de la rencontre avec un (des) groupe(s) culturel(s) étranger(s) ou de l'émergence d'une transformation de sa propre culture, sous l'effet d'une rupture et/ou d'un changement social brutal.

**Altérité** : phénomènes qui se rapportent à l'existence et à la reconnaissance de l'Autre, différent de soi.

**Appartenance** : phénomène par lequel la réalité des acteurs sociaux se relie intimement à celle des groupes où s'inscrit leur destin : quelle que soit la dimension qui fait que les individus appartiennent à un groupe (sexe, religion, territoire…), le fait d'être membre de ce groupe induit chez eux et chez les autres des séries d'attentes et de prescriptions, de cognitions et de conduites, séparant d'une part l'ensemble des membres du groupe auquel le sujet appartient (nous) et d'autre part l'ensemble des individus n'appartenant pas à ce groupe (eux). Les phénomènes identitaires et les prises de rôles sociaux se fondent sur une telle opération, reliée à la nécessaire « catégorisation » du monde physique et social, sans laquelle nul être ne pourrait organiser son action de survie et d'adaptation à l'environnement.

**Assimilation (ethnoculturelle)** : processus unilatéral par lequel les membres d'un groupe social (généralement minoritaire) s'approprient les éléments culturels d'un autre groupe (généralement majoritaire) aux dépens des leurs, pour s'adapter aux exigences d'une situation inégalitaire de rencontre entre groupes n'autorisant pas la libre expression des appartenances multiples.

**Attitude** : configuration dispositionnelle sous-tendue par des éléments cognitifs, évaluatifs et comportementaux, résultant à la fois de la structure de la personnalité du sujet qui la véhicule et de l'histoire : de celle des interactions sociales qu'il a personnellement vécues et de celle de son groupe d'appartenance. L'attitude se caractérise par sa valence, positive ou négative et par son degré d'intensité, que la psychologie sociale s'emploie fréquemment à mesurer.

**Caractère national** : configuration de cognitions et de conduites, repérable chez les membres d'une société donnée. Il s'agirait d'un noyau de structure caractérielle, résultant du type d'expériences communément traversées par ces individus, spécialement dans leur enfance, et les préparant à fournir des réponses similaires aux situations identiques auxquelles ils ont à faire face à l'âge adulte. Une telle formation s'érige en ciment de la structure sociale :

elle en est le produit et contribue largement à sa reproduction (voir Personnalité de base).

**Catégorisation** : opération par laquelle un ensemble est partagé en un système de catégories, sur la base d'une dimension distinctive. Une catégorie rassemble des éléments semblables entre eux sur cette dimension (ils peuvent ou non différer sur les autres dimensions) et différents des éléments des autres catégories sur cette dimension (mais éventuellement semblables à eux sur les autres dimensions). La catégorisation du monde à percevoir, physique et social, constitue une opération vitale pour l'être qui doit se situer et organiser son action en vue de s'adapter à son environnement

**Culturalisme** : courant de recherches anthropologiques, principalement nord-américaines, préoccupé d'études comparatives. Ce courant s'est intéressé à des sociétés humaines de petite dimension, au changement apparemment lent, ce qui devait permettre de révéler les parts respectives de la nature et de la culture dans les comportements humains. Les culturalistes ont eu le grand mérite de réduire considérablement la part de l'inné dans les explications en sciences de l'homme. Ils ont toutefois brossé des tableaux abusivement homogènes et figés des cultures. Ils incitent à confondre celles-ci avec des substances dépourvues de dynamisme et incrustées dans les êtres, comme de secondes natures inamovibles.

**Culture** : système relativement cohérent – à la fois du point de vue synchronique et diachronique – des productions symboliques et pratiques d'un groupe humain, historiquement constitué, rassemblé le plus souvent par une territorialité physique. Certaines cultures sont toutefois le fait de populations vivant en « diaspora » ; dans ce cas leur territorialité est symbolique.

**Différenciation** : ensemble des mécanismes par lesquels l'individu fait l'expérience de la différence (ou introduit ou accroît cette différence) entre lui-même et autrui, qu'il s'agisse d'un individu ou d'un groupe social (ou entre deux catégories, physiques ou sociales, extérieures à lui).

**Diffusionnisme** : théorie visant à rendre compte des développements ethnoculturels d'après les divers contacts auxquels ont été soumises les populations dans le monde ; ces contacts ayant permis la diffusion des éléments culturels d'une société à l'autre au cours de l'histoire.

**Discrimination** : processus par lequel les individus reconnaissent, en les accentuant, les différences qui s'érigent entre deux entités, notamment entre des groupes sociaux étrangers et entre leurs membres. Ce processus est particulièrement sévère lorsque le groupe d'appartenance du sujet est concerné et que la dimension en jeu dans la catégorisation qui sous-tend les groupes en présence (idéologie, religion, ethnicité…) fait l'objet d'enjeux sociopolitiques conflictuels.

**Enculturation** : appropriation par l'individu, tout au long de son existence, des éléments de(s) culture(s) au sein de laquelle (desquelles) il évolue. Les corps, les esprits et les dynamiques identitaires et psychosociales prennent forme au cours de l'enculturation, opération qui permet à chacun de reconnaître, de sélectionner, d'interpréter, de valoriser différentiellement, de reconstruire… l'infinie étendue des stimuli que la (les) culture(s) met(tent) incessamment à sa disposition.

**Ethnicité** : complexe amalgamant un ensemble de facteurs d'appartenances diverses : socio-économiques, culturelles et physiques (couleur de peau…) ; il est confondu avec une variable identitaire non clairement explicitée, que l'on associe à des groupes historiquement constitués. Ce concept ambigu est fréquemment invoqué, à des fins idéologiques, pour rendre compte des phénomènes socio-économiques et culturels qui précisément le fondent, aussi bien que des dynamiques identitaires qui s'y rapportent.

**Ethnocentrisme** : disposition générale consistant, chez un acteur social individuel ou collectif, à rapporter uniformément à soi les événements concernant autrui ; de sorte que le soi ou le groupe d'appartenance s'érige en prototype : modèle, globalement positif, auquel autrui est comparé, toujours en sa défaveur et au bénéfice du sujet.

**Ethnocide** : phénomène lié à la destruction des productions symboliques et pratiques d'un groupe culturel en mauvaise position dans la rencontre entre cultures, notamment dans la rencontre avec la culture occidentale.

**Évolutionnisme** : théorie d'après laquelle le développement d'un peuple et de sa culture serait unilinéaire : partant d'un stade initial archaïque (« primitif ») il tendrait à évoluer jusqu'à un degré supérieur (de « civilisation »).

**Identification** : ensemble des mécanismes par lesquels l'individu fait l'expérience de la similitude (c'est-à-dire qu'il reconnaît cette similitude, qu'il l'introduit ou qu'il l'accroît) entre lui-même et autrui, qu'il s'agisse d'un individu ou d'un groupe social. On parle également d'identification à propos de l'opération de reconnaissance des objets.

**Identité** : désigne à la fois l'ensemble des phénomènes par lesquels les acteurs sociaux reconnaissent et/ou revendiquent les aspects de leur être, en leur donnant un sens, et le contenu auquel ces phénomènes aboutissent. L'identité se réalise par la médiation de processus dialectiques (faits de l'intégration de contraires) où les similitudes s'articulent avec les différences, pour relier le passé, le présent et l'avenir ; ce que chacun est réellement (identité de fait) ce qu'il voudrait être (identité revendiquée) et ce qu'il est tenu d'être (identité assignée ou prescrite). Une telle formation est puissamment ancrée dans la réalité concrète ; elle répond notamment à la dynamique des conflits sociaux, c'est pourquoi l'identité des individus est parfois analysée en termes d'« identité-appartenance ».

**Intégration (ethnoculturelle)** : processus d'échanges bilatéraux d'éléments culturels entre des membres de groupes distincts, en situation de rencontre et de coexistence favorables à l'expression et au maintien des particularités ethnoculturelles.

**Interculturel** : caractérise l'ensemble des connaissances et des pratiques développées en situations culturellement hétérogènes. Dans le domaine de l'éducation, la perspective interculturelle vise à favoriser, en milieu scolaire, le développement des bonnes relations entre les individus provenant de groupes ethnoculturels distincts.

**Introjection** : processus par lequel l'individu introduit en lui-même certains éléments de la réalité extérieure pour se constituer.

**Laïcité** : principe préconisant le dépassement de tous les particularismes (culturels, religieux...) en vue de rallier les acteurs sociaux autour d'un projet (qui vise à réaliser l'homogénéité à l'aide de programmes d'apprentissages variés) inscrit en institution scolaire : l'école laïque a pour fonction, en principe, de préparer les jeunes à la fois à réaliser leur intégration dans la vie socioprofessionnelle et à jouer leur rôle de citoyens au sein d'un État nation (conçu par nature comme monolithique). Par un effet de dérive historiquement située, la laïcité est parfois comprise comme un principe antireligieux et anticlérical.

**Multiculturalisme** : désigne un système social où coexistent divers groupes socio-ethniques qui maintiennent leurs particularités respectives; à la fois en raison du volontarisme des acteurs sociaux, préoccupés par la sauvegarde des identités distinctives, et en raison de l'impossibilité concrète de réaliser une intégration (ou leur assimilation) dans le corps social élargi.

**Norme** : formation modale (au sens statistique), repérable chez les acteurs sociaux en quête de repères. La norme, qui résulte de la répétition des mêmes conduites sociales, possède donc à la fois une valeur descriptive et prescriptive : elle indique ce que sont généralement les conduites sociales au sein d'un groupe donné, dans des circonstances spécifiées, et ce qu'elles doivent être pour être acceptables (« normales »).

**Occidentalisation** : phénomène d'acculturation par lequel les éléments de la culture occidentale dominante pénètrent unilatéralement les univers culturels non occidentaux.

**Personnalité de base** : configuration à valeur de modèle, à la fois individuelle et collective, de cognitions et de conduites humaines, théoriquement repérable chez les acteurs sociaux et logiquement déductible de leur appartenance à un univers culturel donné (voir Caractère national).

**Pluriculturalisme** : désigne un état d'hétérogénéité des appartenances culturelles rassemblées dans un corps social élargi; c'est le cas notamment dans les sociétés occidentales, où se sont stabilisées et où coexistent des populations immigrées d'origines variées et productrices de cultures distinctes. Le pluriculturalisme désigne aussi un modèle social idéal, préconisant de favoriser les conditions d'intégration des minorités socio-ethniques dans un souci d'altérité; les principes de l'égalitarisme, du maintien des particularités culturelles au sein des groupes respectifs et du développement des bonnes relations interpersonnelles entre les groupes étrangers devraient permettre l'instauration du « pluriculturalisme ».

**Projection** : processus par lequel l'individu extrait de sa réalité intérieure des éléments qui lui sont propres, pour les attribuer à autrui, qu'il s'agisse d'un individu ou d'un groupe social donné.

**Séparation (ethnoculturelle)** : pratique visant à tolérer l'expression des identités ethnoculturelles distinctives, dans la mesure seulement où le groupe majoritaire est préservé : les minorités sont respectivement maintenues à l'écart, selon des pratiques de ségrégation plus ou moins sévères (susceptibles de dériver jusqu'à l'exclusion, voire la destruction physique, le génocide).

**Socialisation** : dynamique évolutive par laquelle, tout au cours de son existence, l'individu tisse les liens avec son environnement social, en vue de s'approprier les statuts et les rôles qui lui sont prescrits et/ou qu'il convoite face à autrui au sein des divers groupes constitutifs de la société élargie.

**Stéréotype** : formation cognitive ayant une fonction à la fois descriptive et prescriptive : les stéréotypes indiquent comment sont les gens, comment on doit s'attendre à ce qu'ils soient et, en conséquence, comment ils doivent être. Le stéréotype comprend une série de traits, reliés entre eux (c'est le contenu du stéréotype) et il s'applique, de manière rigide, automatique et consensuelle, à un groupe social dans son ensemble et à ses membres. Le contenu du stéréotype peut être socialement désirable ou non. Fréquemment les autostéréotypes (produits au sein du groupe d'appartenance du sujet qui en fait usage et concernant ce groupe) sont positifs, alors que dans la rencontre entre groupes étrangers, les hétérostéréotypes (produits par le groupe d'appartenance à l'encontre des autres groupes) sont généralement négatifs, d'autant plus que le contexte de la rencontre est conflictuel.

**Territorialité** : phénomène lié à l'appropriation d'un espace donné, à sa défense et au traitement de l'altérité en cet espace, parmi les membres d'un groupe humain historiquement constitué : ils y assurent leur survie, leur descendance, et y déploient (de manière privilégiée) leurs liens sociaux et diverses productions collectives (pratiques et symboliques). La territorialité et l'identité sont étroitement liées ; le territoire s'érigeant en ressource identitaire et l'identité déterminant largement les conduites territoriales et les modes de traitement de l'espace (balisage des frontières, centration des aires d'activité…). Si la territorialité se déploie dans un espace physique, elle se déploie aussi dans un espace symbolique, non moins important que le précédent.

**Universalisme** : point de vue préconisant l'édification de principes susceptibles de rallier les acteurs sociaux à travers le monde, par-delà les diversités socio-historiques, ethniques et culturelles.

# *Index thématique*

# *Table des encadrés*

# *Table des matières*

Masson & Armand Colin Éditeurs
34 bis, rue de l'Université. 75007 Paris
N° 1528/01
Dépôt légal : mai 1997

SNEL S.A.
rue Saint-Vincent 12 - B-4020 Liège
tél. 32(0)4 343 76 91 - fax 32(0)4 343 77 50
avril 1997